© Smaragd Verlag, 57614 Woldert (Ww.)
www.smaragd-verlag.de
Deutsche Erstausgabe 2000
Cover: XPresentation, Boppard,
nach einem Bild von Angelica
Satz: DTP-Service-Studio, Rheinbrohl
Printed in Czech Republic
ISBN 3-934254-07-1

Silvia Mutti

Kosmische Essen

Tore zum göttlichen
ICH BIN

Silvia Mutti

Kosmische Essenzen

Tore zum göttlichen ICH BIN

Smaragd Verlag

Die *Kosmischen (La Sylphide-)Essenzen* ersetzen nicht die Betreuung durch einen Arzt, Heilpraktiker oder Psychotherapeuten, wenn Verdacht auf eine ernsthafte Gesundheitsstörung besteht.
Die Informationen dieses Buches sind nach bestem Wissen und Gewissen dargestellt. Die Autorin wie auch der Verlag übernehmen keinerlei Haftung für Schäden irgendwelcher Art, die direkt oder indirekt aus der Anwendung der *Kosmischen Essenzen (La Sylphide-Essenzen)* oder dieses Buches entstehen.

Die *La Sylphide-Essenzen* sind ein geschütztes Warenzeichen von Silvia Mutti.

Bezugsquellen für die Essenzen finden Sie hinten im Buch.

INHALT

Ich bin in dieser Welt, aber nicht von ihr 9
Die Spirale der Dualität und ihre Entstehung 12
Die neue Zeit / Beginn des Lichtzeitalters 17
Der geistige Auftrag 23

Erste Toröffnung 29
Der Essenzenweg ins Licht 29
1. Sternenessenzen 30
Die zwölf Sternenessenzen 35
- Sonne und Mond mit Merkur 36
- Sonne 38
- Mond 44
- Merkur 51
- Venus und Mars 58
- Venus 60
- Mars 67
- Jupiter und Saturn 72
- Jupiter 74
- Saturn 79
- Chiron 86
- Uranus, Neptun und Pluto 92
- Uranus 95
- Neptun 100
- Pluto 109
- Isis 115

Zweite Toröffnung 122
2. Die Licht-Energieessenzen /
Ich verbinde mich mit dem Licht 123

- Upy 128
- Sim 131
- Rix 133
- Tis 136
- Yps 140
- Su-Su 143
- Urka-Qusa 147
- Plejaden 151
- Tux 159
- Tupa 164
- Uvqurta 167
- Putulas 171
3. Die Energetischen Transformationsessenzen 174
4. Die Meisteressenzen 188

Dritte Toröffnung 212
Dritte Toröffnungsessenz 213
5. Die Gewürz-Energieessenzen 214
- Sternanis .... ???
- Bockshornklee 224
- Weißer Pfeffer 226
- Myrrhe 228
- Oregano 231
- Wachholder 234
- Süßholz 236
- Dill 239
- Kümmel 242
- Gewürznelke 245

- Paprika 247
- Cayenne 250
- Safran 252
- Kurkuma 254
- Zimt 257
- Vanille 259
- Sesam 262
- Ajowan 266
- Rescue 269
- Rescue-Öl 273

Vierte Toröffnung 275
Aufbruch zur inneren Vision 276
Vierte Toröffnungsessenz 280

Schwingungsmittel für die äußere Anwendung 283
Die Wirkung der *La Sylphide*-Essenzen 288
Die Schwingungsskala der *La Sylphide*-Essenzen ... 305
Jesus Christus und das Christusbewußtsein 310
Jesus Christus begleitet uns auf dem Lichtweg 316
Botschaft von Jesus Christus 323
Der Weg ins Licht 325
Erfahrungsberichte 327
Zum Ausklang 338
Über die Autorin 340
Danksagung 341

ICH BIN IN DIESER WELT, ABER NICHT VON IHR

Wer von uns hat nicht schon einmal das Gefühl gehabt, auf dieser Erde nicht ganz zu Hause zu sein? Oder das Empfinden, hier fremd zu sein oder nicht wirklich auf diese Erde zu gehören? Diese Gefühle sind normal, denn sie resultieren nicht daraus, daß wir diese wunderschöne Erde nicht mögen oder gar das Leben hier auf Erden ablehnen. Vielmehr vernehmen wir aus unserem Herzen heraus zeitweilig eine Sehnsucht, nach Hause, in die Einheit, in das Paradies, oder wie wir es sonst nennen mögen, zurückzukehren. Diese Sehnsucht läßt uns in die Ferne schauen oder zu den Sternen hinaufschauen, um von dort Antwort, Wissen oder Erkenntnis zu bekommen, wonach denn es uns in diesem Moment so sehr dürstet.

Eine solche Sehnsucht rührt von unserer Seele her. Sie ist es, die uns erinnert und mit einem Wissen verbinden möchte, das weit über das Tagesbewußtsein hinausführt. Viele Menschen, die zur Zeit auf diesem Planeten inkarniert sind, haben Zugang zu diesem Wissen. So wissen sie, daß sie schon viele Leben hier auf diesem Planeten verbracht haben, aber ihr wirkliches Zuhause nicht hier auf Erden, sondern irgendwo in einem Sternenbild am Himmel zu suchen ist.

Wir sind Wesen von den Sternen. Dieses Bewußtsein schlummert in vielen von uns und wartet darauf, erweckt zu werden. Nun ist die Zeit angebrochen, solch ein Bewußtsein wieder ganz aufflammen zu lassen. Denn die Sterne rufen uns. Viele Lichtwesen, die in der Sternenwelt beheimatet sind, wollen uns unterstützen und mit uns zusammenarbeiten. Sie wollen dem Planeten - und damit auch uns - zu einem Quantensprung in eine höhere Dimension hinein verhelfen.

Viele von uns haben sich in dieser Inkarnation das Ziel gesetzt, die geliebte Mutter Erde in eine höhere Dimension hinein zu gebären. Aber für dieses Unterfangen brauchen wir die Hilfe der geistigen Welt. Darum werden viele Engel zu uns auf die Erde gesandt und hohe Lichtwesen nehmen uns an der Hand, inspirieren uns und weisen uns den Weg. Die verschiedensten Energien vom Kosmos, die dem Lichte angehören, zum Beispiel die Energien unserer geistigen Sternenfamilie, die Energien der Großen Weißen Bruderschaft, die Energien der Erzengel oder vieler anderer Engel, die Energien der Raumbruderschaft usw. – sie alle offenbaren sich und geben uns nun ihre Energien. Mit ihnen und zusammen mit unseren hier inkarnierten Sternengeschwistern werden wir es schaffen, auf dieser Welt große Lichtarbeit zu tun. Ein gemeinsames Werk im Zusammenspiel mit der geistigen Welt wird es sein. Viele von uns sind in dieser bedeutungsvollen Zeit inkarniert, um an der Erfüllung des göttlichen Planes hier auf Erden mitzuhelfen. Diese Zeit ist bereits seit längerem angebrochen. Seit dem Jahre 1991 konnten wir zusehends erkennen, daß viel Neues - auch in unserem Leben - in Bewegung geraten und weltweit ein neuer Ruf ertönt ist.

Wir sind es, die auf den Plan gerufen werden. Schritt für Schritt werden wir nun an die Aufgaben herangeführt, die sich unsere Seele gestellt hat. Dieses Unterfangen wird von Jahr zu Jahr konkreter. So sollten wir es zulassen, wenn Veränderungen in unser Leben kommen, auch wenn sie von größerem Ausmaß sind. Loslassen ist das Zauberwort von heute. Wenn wir loslassen können, werden wir an neue Plätze gerückt, die bereits auf uns warten. Vieles wird dabei zerbrechen und neu zusammengesetzt. Viel Altes wird über Bord geworfen, denn wir brauchen den Ballast von gestern nicht länger. Die Wege von vielen Menschen werden auseinandergehen, viele werden sich neu finden und dabei merken, daß sie zusammengehören. In Zukunft brauchen wir eine größere Handlungsfreiheit, eine verstärkte Haltung des Geschehenlassens und des Vertrauens. Auch lernen wir, Geduld zu üben, denn auf dieser Erde ist ein Sturm ausgebrochen und wir werden merken, daß wir ihn nicht mehr stoppen können. Dieser Sturm bringt uns vermehrte Unruhe, denn zeitweise fegt er über Straßen, über alles hinweg und schüttelt und rüttelt an uns und an allem. Er wirkt in Intervallen und prüft, was wirklich fest und standhaft ist und ob genügend Wurzeln und Standhaftigkeit vorhanden sind. Alles Lose und Lockere wird fortgefegt, auf die Reise geschickt und neu verteilt.

Die große Chance einer solchen Reise besteht, da zu landen, wo wir wirklich hingehören. Wir können aus diesem Sturm gestärkt hervorgehen, denn in all dem Chaos werden wir merken, daß durch die Belastungen des Sturmes ein erhöhtes Zusammengehörigkeitsgefühl unter uns Menschen entstanden ist und sich die Menschen, die sich zusammengehörig fühlen, noch fester die Hände gegeben haben.

Nach jedem Chaos entsteht eine neue Ordnung. Keiner weiß, wann dieser Sturm vorbei sein wird. Eines Tages ist es soweit, und danach werden sich eine wunderbare Ruhe und Frieden einstellen, wie wir es hier auf der Erde noch nie erlebt haben. Die Sturmzeit wird Erlösung bringen, und dafür werden wir nachhaltig große Freude und Dankbarkeit empfinden.

Die Sterne prangen für uns gut sichtbar am Himmel. Aber nicht nur dort. Sie sind auch in unserem Körper gelagert, in Form von Wissen, denn eine große Formel des Kosmos lautet: Wie innen, so außen. Oder auch: wie oben, so unten. Wir tragen die Sterne und damit ein großes Sternenbewußtsein in uns. Es darf neu geweckt werden. Die Zeit ist reif dazu. Dieses Sternenwissen bildet Tore, durch die wir, eines nach dem andern, hindurchschreiten können, in eine innere, größere Präsenz hinein und gleichzeitig zurück zu unserer wahren Heimat.

DIE SPIRALE DER DUALITÄT UND IHRE ENTSTEHUNG

Ursprünglich kamen wir von den Sternen. Wir sind nach hier auf diesen Planeten gekommen, um zu lernen und unser Bewußtsein zu erweitern. Wir sind also nur als Besucher hier. Unser Sonnensystem, in dem diese Erde eingebettet ist, symbolisiert durch seine Sternenplaneten, welche Potentiale wir Menschen in unserem Innern tragen. Von all diesen Sternenplaneten sind wir geprägt und durch diese Kräfte werden wir geleitet. Der Planet Erde hat eine dichtere Schwingung als die Sternenplaneten, was natürlich auch für die Menschen gilt, die hier leben. Dieser Planet zeigt uns, welche Wege der Mensch schon gegangen ist, wie viele Zivilisationen er schon erlebt hat.

Die Erde ist ein Entwicklungsplanet. Sie wurde eigens dafür geschaffen, damit in einem verstärkteren Maße Evolution stattfinden kann. Sie hat schon viele Epochen durchlebt. Und wir mit ihr. Wir selbst haben diese Epochen und Kulturen kreiert, denn wir sind unsere Vergangenheit, unsere Gegenwart, und wir werden auch unsere Zukunft sein.

Der Plan des All-Einen war, aus der Einheit, aus der wir alle ursprünglich stammen, eine Spirale der Dualität zu erschaffen, um auf der Basis dieser Erfahrung Erkenntnis und erweitertes Bewußtsein zu erlangen. Die Einheit, das Licht, die Verbundenheit, ja, die Verschmelzung – das alles war damals für uns selbstverständlich, aber uns nicht bewußt. Es war einfach da.

Es verhielt sich genau so, wie man es jetzt bei den Naturvölker hier auf der Erde beobachten kann. Sie haben Riten und leben nach Grundsätzen, von denen viele der Einheit entsprechen, und – noch - zum Teil im Einklang mit der Natur. Diese Völker haben dieses Wissen mit auf die Erde gebracht. Von Generation zu Generation wurde es weitergegeben. Sie kennen gar nichts anderes. Für sie ist es "die Welt", und sie erleben sie als selbstverständlich. Sie wissen nicht, ob es gut ist oder nicht. Es *ist* einfach. Es ist ihnen nicht bewußt, WAS sie haben. Erst, wenn sie etwas anderes kennenlernen, sich aus dieser Einheit entfernen und Elemente in ihr Leben lassen, die nicht der gewohnten Einheit und dem Einklang entsprechen, lernen sie mit der Zeit, neu zu sehen, zu unterscheiden und zu verstehen. Und dann wird ihnen bewußt, welches Bewußtsein hinter ihrer überlieferten Lebenshaltung steckt.

In dem göttlichen System, in dem wir leben, ist es ein normaler Evolutionsschritt, sich aus der unbewußten Einheit hinaus in eine Getrenntheit zu begeben, um dann Unbewußtes bewußt werden zu lassen.

Aus der Dunkelheit, die zu Beginn herrschte, wurden nun erste Lichtpunkte erschaffen: DIE STERNE. Sie stellten das erste Licht dar.

Es wurden Galaxien geboren. Unser Sonnensystem wurde kreiert, als Ausgangspunkt für den Prozeß mit der Dualität. Die Verdichtung, in die wir eintreten, wenn wir auf dieser Erde inkarnieren, reduziert unser kosmisches Bewußtsein beachtlich. Wir erleben eine Beschränkung, und eine Schwere. Das Licht und das Bewußtsein sind hier nicht mehr, wie in der feinstofflichen Welt, gegeben, sondern müssen erst erschaffen werden aus einer anderen Welt, die vor allem Materie ist. Hohe Schwingungen sind nur an bestimmten Punkten auf der Erde zu finden, die schon geweiht sind, wo geistige Prinzipien und hohe Schwingungen von Menschen verankert wurden.

Wir haben uns vor langer Zeit entschlossen, dieses Entwicklungsspiel mitzumachen. Unsere Seelen haben sich freiwillig entschieden, aus der Einheit herauszugehen, um das Spiel der Dualität zu spielen. Voller Freude haben wir begonnen, auf diesem Planeten zu inkarnieren. Viele Male sind wir inkarniert, oft Tausende von Malen, damit wir dieses Spiel immer besser beherrschen und seine verschiedensten Facetten kennenlernen können, um letztendlich einen Erfahrungsschatz über dieses Spiel der Polarität und Erkenntnis zu erlangen. Die meisten von uns haben bereits in jeder höheren Zivilisation gelebt - sei es in Griechenland, Ägypten, Indien, Tibet, bei den Inkas usw., um mitzuhelfen, den göttlichen Plan auf Erden zu manifestieren und zugleich keine "Bildungslücke" in der Evolution dieses Sternenplaneten zu riskieren. Denn nur das, was die Seele erlebt, bleibt der Seele als Wissen erhalten. Es ist dann tief im Menschen, in jeder Zelle, gespeichert und bleibt ihr über alle Zeit hinaus erhalten. Je älter die Seele ist, umso erfahrener ist sie. Aus diesem Erfahrungsschatz heraus entsteht ihre innere Weisheit. Diese innere Weisheit ist nicht zu vergleichen mit angelerntem Wissen. Das angelernte Wissen ist im Mentalkörper, aber es wird nicht durch die Seele verewigt. Der Plan des All-Einen ist, uns - trotz dieser Verdichtung, trotz der Verlockungen der Materie auf Erden -, den Weg nach Hause zurückfinden zu lassen, damit wir nicht im Materiellen oder Abgetrennten haften bleiben, sondern mit viel neuen Erkenntnissen und einem größeren Bewußtsein nach Hause, zu den lichten Ebenen, zurückkehren können.

Mit diesem Spiel, das ein Erfahrungs- und Erkenntnis-Spiel ist, und mit dem Vorsatz, das Göttliche auf die Erde zu bringen, wird es uns nicht so einfach gemacht, denn es gibt nicht nur Kräfte, die dem Höchsten zustreben. Es gibt auch große Mächte, dunkle Mächte, die genau das Gegenteil wollen. Ihr Ziel ist es, uns an die Materie zu binden und uns von ihr abhängig zu machen. Der Mensch soll sich immer mehr vom großen Ganzen abtrennen, den Zugang zu seiner Seele verlieren und immer mehr nur die materielle Realität akzeptieren. Das Ego des Menschen ist für die Aktivitäten der dunklen Seite sehr geeignet, denn aus dem Ego heraus will der Mensch etwas darstellen, hat er Anspruch auf Erfolg, auf Konsum und Gewinn, auf Karriere usw. Der Verlockungen sind derer viele. Diese Seite, die dunklere, bildet den Gegenpart des Lichtvollen, das Liebe, Einheit und Vollkommenheit anstrebt.

Diese beiden verschiedenen Mächte bilden aber letztendlich trotzdem eine Einheit, ein Ganzes, denn beide wurden aus Gott erschaffen, um das Spiel der Dualität überhaupt spielen zu können. Lösen sich nun die Pole der Gegensätzlichkeit immer mehr auf - und genau das geschieht im Moment - und finden zu einer größeren Einheit zusammen, werden sich auch die dunklen Kräfte wieder mehr dem Licht zuwenden.

Die göttliche Abmachung mit dieser dunklen Macht ist, daß sie uns auf dem Weg ins Licht immer wieder prüfen darf. Vor allem, wenn wir wichtige, neue Schritte ins Licht machen wollen oder sie gerade gemacht haben. Sie darf dann prüfen, wie sicher wir auf dem neu gewonnenen Boden stehen. Wie ernst es uns damit ist, auch wenn plötzlich Schwierigkeiten auftreten. So wird unser Wille immer neu geprüft, und unsere Entscheidungen werden es auch. In diesen Prüfungen zeigt es sich dann, welchen Kräften wir mehr Gehör schenken.

Wir können den Weg ins Licht fühlen. Dieses Fühlen geschieht über unsere Seele und über unser Gewissen. Es ist ein Weg des Vertrauens und des Glaubens. Der Glaube soll aber nicht auf etwas Äußeres gerichtet sein, so wie die Kirche es uns früher gepredigt hat, sondern hier ist der Glaube an die eigene Wahrnehmung und die Sprache des inneren Gefühls gefragt. Beides bringt uns der inneren Göttlichkeit näher. Sehen können wir auf unserem spirituellen Weg lange nichts, nur erspüren können wir es.

Die *La Sylphide*-Essenzen, ein Geschenk aus der geistigen Welt, werden uns dabei helfen, wieder vermehrt als ganzheitliches Wesen den Weg ins Licht zu finden.

Sie sind aus dem Kosmos gegeben und gründen auf den Prinzipien, auf denen der ganze Kosmos aufgebaut ist. Darum erwecken diese Essenzen Schicht um Schicht das Sternenwissen, das tief in uns liegt.

DIE NEUE ZEIT / BEGINN DES LICHTZEITALTERS

Begonnen mit den ersten, bereits so viel erwähnten neuen Schwingungen auf unserem Planeten hat es mit der Harmonischen Konvergenz am 17. August 1987. Seit diesem Zeitpunkt ist eine neue Strahlung, eine neue Energie, auf unserem Planeten entstanden. Die Harmonische Konvergenz war der Auftakt für den Eintritt in lichtvollere Zeiten. Jose Arguilles war es, der dazu aufgerufen hat, aufgrund eines Datums, das im Mayakalender verankert war. Das erste Mal ging eine Lichtbotschaft um die Welt, mit Informationen über einen neuen Lichtweg, der nun begangen werden konnte. Viele Menschen haben daran teilgenommen und damit die Erde in der vierten Dimension verankert. Damit war eine neue Ära angebrochen. Als Gruppe mit etwa vierzig Teilnehmern haben wir an diesem Tag in der Emma Kunz Grotte, einem Kraftplatz in der Schweiz, meditiert und den Tag zelebriert.

Fünf Jahre später kam ein zweiter Aufruf an alle Lichtarbeiter und Sterngeborenen: Von Solara aus Amerika, die folgende Information medial empfangen hatte: Das große kosmische Tor 11:11 sollte am 11.1.1992 geöffnet werden. Schon vor diesem Datum begann ein Wirbel. Plötzlich gab es neue Begegnungen mit Menschen, die auch *auf dem Weg* waren. So ergab sich auch eine Gruppe in Aarau, neben vielen anderen Gruppen rund um die Welt, mit denen wir uns geistig vernetzten. Den 11. Januar 92 verbrachten wir gemeinsam, meditierten und zelebrierten. Wir alle trugen weiße Kleider, als Symbol für den Weg des Lichtes und der Einheit. Das Tor ging auf, zur Freude aller, denn es war gesagt worden, daß sich mindestens 144 000 Menschen verbinden sollten, nur dann würde das Tor aufgehen.

Mit dieser kosmischen Öffnung wurde eine neue Zeit spürbar. Viele Menschen wurden bereits ein paar Monate vor der

Toröffnung von der geistigen Welt "geweckt". Ganz neue Energien kamen auf unseren Planeten. Die Zeit des New Age hatte nun auch in Europa aktiv begonnen. Viele neuartige Seminare wurden angeboten, neues und altes Wissen vermittelt und mehr naturheilkundlich ausgerichtete Therapieformen praktiziert. Man konnte plötzlich buchstäblich von *Gruppe zu Gruppe "surfen"*. Für viele war die Zeit der ersten Toröffnung, auch wenn sie darüber nichts wußten, eine einschneidende Zeit. Viele sagen heute, wenn sie zurückschauen: Ja, in dieser Zeit hat es auch bei mir begonnen.

Dieser Toröffnungsweg beinhaltet insgesamt elf Tore, von 1992 bis zum Jahr 2012. Jedes Tor hat eine bestimmte Thematik, die vermehrt in das Leben des Lichtschülers einwirken wird, damit er sich mit diesen Themen auseinandersetzen kann. Das erste Tor war der Startschuß für diesen Weg. Die Spirale der Einheit hat sich mit der Spirale der Dualität verbunden, die alte mit der neuen. Die alte Spirale ist jene Evolutionsspirale, die wir bisher kannten. Sie verankert das Muster der Dualität, was bedeutet, daß wir den Gesetzen von Raum, Zeit und Karma unterstellt sind. Und daß alles von der physischen Ebene aus wahrgenommen wird, so nach dem Motto: Wenn es physisch erscheint, ist es real. Wenn es nicht physisch ist, ist es nicht real und existiert nicht.

Der Weg in die Einheit wurde mit diesem Zusammenschluß beider Spiralen nun frei. Die ersten Stufen des Aufstiegs konnten erklommen werden. Das zweite Tor, am 5.6.1993 geöffnet, brachte das Thema: SELBSTLOSE UND BEDINGUNGSLOSE LIEBE mit. Das dritte Tor öffnete sich an drei verschiedenen Daten, vom Mai bis zum Oktober 1997, mit dem Thema: WIR SIND ALLE EINS. Am 11. August 1999 öffnete sich das 4. Tor mit dem Thema: DIE TIEFSTE, EIGENE REALITÄT. So wird es weitere Tore mit weiteren Themen geben, die in ein neues Bewußtsein führen.

Mit jeder Toröffnung werden neue, immer höher schwingende Schwingungsmuster auf unseren Planeten gesendet und damit einhergehend neue Essenzen gegeben, welche die Entwicklung der neuen Themen unterstützen.

Es sind Tore, die geöffnet werden, um unser Sternenbewußtsein zu aktivieren. Diese neuen Energien dekodieren auch das alte Wissen in unseren Zellen. Von vergangenen Zeiten bis über die Evolution des Planeten und der Menschheit. Die Öffnung des dritten Tores zum Beispiel dekodierte das alte Wissen und die Themen aus der Zeit von Atlantis. Darum ist nicht verwunderlich, daß Themen wie Gen-Manipulation, Mißbrauch von spirituellen Kräften oder Guru-Gehabe derzeit so aktuell sind.

Je weiter wir uns in die lichtvolle Zukunft hinein bewegen, deso mehr werden wir zurück in die Vergangenheit geführt, damit wir die ganze Inkarnationskette, die wir durchlaufen haben, bearbeiten und bereinigen können. So werden wir mit der Zeit wieder zu den halbätherischen, galaktischen Menschen werden, die wir ursprünglich zu Beginn unserer Inkarnationskette waren. Wir holen uns das Wissen und die Erfahrung wieder zurück und schaffen eine Synthese aus vielen Inkarnationen. Unsere Fähigkeiten und unser altes, selbsterarbeitetes Wissen, tief in uns verborgen, lassen sich auf diese Weise zurückholen. Damit schließt sich der Kreis. Wenn wir wollen, können wir ganz ins Licht gehen und unsere Meisterprüfung ablegen in dem Fach, das wir schon vor Beginn unserer Inkarnationskette gewählt haben. Wir sind viele Inkarnationen eingegangen, haben viele Experimente und Erfahrungen gemacht, um letztendlich Meister eines Gebietes zu werden und seine Fähigkeiten perfekt zu beherrschen. Wenn wir die Meisterprüfung schaffen, können wir endgültig in die Hierarchie der geistigen Welt eingehen.

Mit diesem Abschluß legen wir dann das von uns Erarbeitete der Göttlichkeit zu Füßen - auch als Dank für die wunderbare

Führung und Begleitung, die uns über diese lange Zeit zuteil wurde. Das Erarbeitete - Wissen, göttliche Fähigkeiten, Licht und Liebe - werden auch das Göttliche größer werden lassen und machtvoller noch dazu. Es wird ein Zuwachs an Wissen, Licht und Liebe geben. Diese Entwicklung wird möglich, wenn wir den ganzen Prozeß bis 2012 durchlaufen. Wir können wählen, wie viele Stufen wir während dieser Übergangszeit ins Licht gehen wollen. Voraussetzung ist - und dies sollte bis 2012 geschehen sein -, daß unser Herz geöffnet ist, daß wir aus unserem Herzen heraus denken, sprechen, handeln. Alles andere fügt sich dann von selbst.

Nach diesem Zeitpunkt schließt sich dieses große kosmische Tor wieder und die Spirale der Einheit entfernt sich von der Spirale der Dualität. Wir stehen also jetzt in einer Zeit, in der ein Aufstiegsprozeß möglich ist. Das heißt, wir können die Kette unserer irdischen Leben beenden, sie endgültig zu einem Abschluß bringen, der in eine Meisterschaft münden wird. Wir können aufsteigen und einen Sitz in der geistigen Hierarchie einnehmen. Wir können aber auch als Aufgestiegene weiterhin auf der Erde bleiben, ihr weiter dienen und bei ihr sein, weil wir sie lieben und sie noch nicht endgültig verlassen wollen.

Das letzte Mal war eine solche Aufstiegsmöglichkeit mit dem Erscheinen und der Bewegung Jesu Christi möglich. Es waren damals nur einige wenige, die aufgestiegen sind. Dieses Mal werden es viele sein, denn bis zum nächsten Mal dauert es dann wieder etwa 2000 Jahre. Wir haben die Wahl, was wir mit unserem Leben machen, wie wir es gestalten und verbringen wollen. Aber in solchen außergewöhnlichen Zeiten ist deutlich ein Sog registrierbar, der uns in eine gewisse Richtung zieht. Das Licht ruft! Alle, deren Seele reif ist dazu, denen der Weg, trotz Aufstiegs, eher mühelos gelingt, die dem Ruf des Herzens folgen und die Sehnsucht spüren, sie sollen aufsteigen können. Die

Sehnsucht, nach Hause zurückzukehren, sollte also der wahre Beweggrund sein. Sind solche Symptome noch nicht vorhanden, sollte man nichts erzwingen. Für diese Seelen gibt es auf der Erde andere, wichtige Dinge zu erleben, und der Weg zurück ins Göttliche steht noch nicht auf ihrem Zeitplan.

Jeder trägt seinen eigenen Plan in sich, in dem das Ziel dieses Lebens klar angelegt ist. Ist die Seele reif, wird sie es merken. Dann wird sie zum Licht geführt, kommt mit diesen Themen vermehrt in Kontakt, wird aufmerksam gemacht auf neue Wege, die sie begehen kann, wenn sie es will.

Dieser Weg wird gelenkt von der geistigen Führung, die jeder von uns hier auf der Erde genießt. Auf keinen Fall sollte dieser Weg beschritten werden, nur weil *es andere tun*. Man würde zum Mitläufer, und eine "Zangengeburt" wäre die Folge.

Dieser Weg aber ist eigentlich etwas ganz Natürliches, das Natürlichste überhaupt. Er ist in unseren Zellen angelegt. Wir wollen uns immer weiter entwickeln, suchen die Evolution. Wenn die Zeit reif ist, werden wir von unseren feinstofflichen Helfern dekodiert, damit das große Wissen um Gott und unsere Herkunft wieder geweckt wird. Dennoch muß dieser Weg gegangen werden.

Mit diesem Buch möchten wir Ihnen Mut machen, damit Sie nicht unnötig stehenbleiben in einem alltäglichen Trott, sondern Wege finden, in einen kosmischen Gleichklang zu kommen, damit Sie die Wanderschaft beginnen können, die immer mehr ins Licht führen wird. Jeder von uns, seine Seele, entscheidet selbst, wieweit er sich darauf einlassen will. Die Aufstiegs-Essenzen in diesem Buch möchten eine Hilfe sein, damit diese spirituelle Geburt natürlich, unproblematisch und schmerzlos vonstatten gehen kann.

EINE KURZE BESCHREIBUNG DER DIMENSIONEN 3 – 5

DRITTE DIMENSION
Die dritte Dimension beinhaltet, wie schon vorhin erwähnt, das Thema der Dualität, mit den Gesetzen von Raum, Zeit und Karma. Die Lernaufgabe der dritte Dimension ist, die verdichtete Materie dieser Dimension kennenzulernen und zu lernen, mit ihr umzugehen und sie positiv zu nutzen.

VIERTE DIMENSION
Durch das Eintreten in die vierte Dimension lernen wir, daß alles, was ist, Energie oder Schwingung ist. Es geht also darum, die verschiedenen Energien kennenzulernen. Welche Energien tun mir gut, welche nicht? Denn nur wer die unterschiedlichen Energien unterscheiden gelernt hat, kann sich mit den richtigen Energien verbinden. So machen wir uns den Weg frei, um in die lichten Ebenen der fünfte Dimension aufzusteigen. Die vierte Dimension ist also ein Scheideweg, auf dem sich die Spreu vom Weizen trennt. Sie ist ein "Kurs in Schwingungen".

FÜNFTE DIMENSION
Alles in dieser Dimension ist auf Liebe gegründet. Die einzigen Motivationen im Leben werden Liebe und Freude sein. Viele neue Lebensarten und Lebensformen werden entstehen. Wir gleichen uns den kosmischen Gesetzen an und lernen, mit ihnen in Harmonie zu schwingen.

DER GEISTIGE AUFTRAG

Wie sind nun die Essenzen entstanden?
Über zehn Jahre habe ich mit Bachblüten und anderen Blütenessenzen gearbeitet, sie an viele Menschen weitergegeben und Kurse zu diesem Thema gehalten. Mir selbst und auch meiner Tochter haben die Bach-Blüten eine wichtige Entwicklung ermöglicht.

Eines Tages, im Sommer 1992, wurde ich während einer Meditation von der geistigen Welt gefragt, ob ich für sie Sternenessenzen herstellen wolle. Für mich war es sofort klar, daß die Fortsetzung der Bach-Blüten feinstofflichere Essenzenarten sein würden, in denen kosmische Energien und Informationen enthalten sind.

Nachdem ich bereits vor Jahren eine astrologische Ausbildung absolviert und lange mit Klienten entsprechend gearbeitet hatte, waren mir die Sterne schon vertraut – und da ich ohnehin ein Essenzen-Fan bin, sagte ich spontan und freudig zu.

In der anschließenden Meditation wurde mir von geistiger Seite genau durchgegeben, wie ich diese Essenzen zu machen hätte. Neben anderem war eines wichtig: Alle Essenzen werden unter freiem Himmel in der Natur hergestellt. Auf diese Weise sind in diesen Essenzen, über die Natur, die Informationen des kosmischen Flusses enthalten. Auch ein guter Bezug zur eigenen Natürlichkeit ist somit dabei. Es waren immer sehr besondere Plätze, an denen die Herstellung stattfinden sollte - Plätze, an denen bestimmte Energien verankert waren, die mit der Essenz, die entstehen sollte, etwas zu tun hatten. Störfaktoren wie Elektrizitätswerke, Hochspannungsleitungen usw. wurden, das war sehr wichtig, unbedingt ausgeschlossen.

Die Sternenessenzen sind auf einer Hochebene im Engadin/ Schweiz entstanden, etwa 1700 m über dem Meer. An diesem Ort war ich dem Weltlichen entflohen und den Sternen wirklich um etliches näher. Während einer der ersten Schöpfungen dieser Sternenessenzen wurde mir bewußt, daß durch diese Essenzen eine geistige Geburt stattfand, denn nach der Toröffnung 11:11 waren genau neun Monate vergangen. Zugleich wußte ich plötzlich intuitiv, daß diese Essenzen mit dem Torweg 11:11 in direktem Zusammenhang stehen.

DIE HERSTELLUNG DER ESSENZEN

Die Herstellung geschieht auf folgende Art und Weise:

Ich versetze mich an dem ausgewählten Platz in Meditation und bin umringt von Hunderten von Lichtwesen, die einen Kreis um mich bilden. Die Wesen, die für die nun entstehende Essenz verantwortlich sind, werden zusätzlich von der geistigen Welt gesandt und stehen während des Vorganges in nächster Nähe dabei und geben ihre Energie mit hinein.

Viele hohe Lichtwesen sind immer dabei, unabhängig davon, welche Essenz entsteht, weil sie die ganze Essenzenlinie aktiv mit ihrer Schwingung unterstützen möchten, wie zum Beispiel Jesus Christus oder auch Hilarion, der Meister des grüngoldenen Strahles, alle Erzengel und noch viele andere.

Schon Tage vorher werde ich intensiv vorbereitet, um diese neuen Energien empfangen zu können. Bei jeder Gattung der Essenzen ist die Herstellung anders. Während des meditativen Zustandes kanalisiere ich die reine Energie von oben herab und leite sie über meinen Kanal in Quellwasser. Das geschieht so lange, bis alle Energie durch diesen Kanal geflossen ist. Wenn die Essenz entstanden ist, füge ich zum Quellwasser Cognac hinzu, um die Essenz zu "versiegeln", damit keine weiteren Informationen mehr in die Essenz hineinfließen können. (Würde ich die erhaltene Schwingung nur im Wasser lassen und dieses dann nach Hause tragen, würden immer noch weitere Informationen in das Wasser hineingeraten, denn Wasser ist ein Energie- und Informationsträger und nimmt überall und jederzeit Informationen auf, egal woher sie stammen).

Diese nun frisch geborene Essenz nennt man eine Mutteressenz. Von dieser werden einige Tropfen in die Fläschchen gegeben, die dann später in den Verkauf kommen. Je höher der Energielevel der Essenz ist, umso schwieriger wird, in einem gewissen Sinne, die Herstellung, weil auch die Prüfungen immer schwerer werden. Zudem versucht die andere Seite, die dunkle, eigentlich immer, eine solche neue Lichtgeburt zu verhindern. So gibt es einige ganz spannende Geschichten, die ich im Zusammenhang mit den Herstellungen erlebt habe.

Zum Beispiel die Essenz *KORNFELD*. Diese Essenz wird zwar erst im Fortsetzungsbuch beschrieben werden, aber dennoch möchte ich Ihnen hier die Geschichte erzählen:

1995 war ich in den Ferien in Griechenland und wußte, daß nach meiner Rückkehr eine Essenz von einem Kornfeld entstehen sollte.

Vor der Landung, über Zürich packte mich der Schrecken: Alle Kornfelder waren bereits abgemäht! Bis jetzt hatte ich meiner Führung immer vertrauen können. Also begann ich zu suchen, fuhr hierhin und dorthin, fand aber keines mehr. Also fragte ich bei der geistigen Welt nach. Es hieß, ich solle ins Entlebuch (ein Gebiet in der Zentralschweiz) fahren. Gemeinsam mit einer Kollegin, die dieses Gebiet gut kannte, starteten wir. Je weiter wir das Tal hinaufkamen, umso weniger Felder gab es. Ein Kornfeld sah ich auf der ganzen Fahrt nicht. Oben erkundigten wir uns bei den Einheimischen. Diese erklärten, dies sei kein Gebiet, in dem Getreide gepflanzt würde. Ich konnte mir das auch gut vorstellen, da wir bereits in bergigem Gebiet waren. Wir machten lange Gesichter! Dennoch fuhren wir weiter talaufwärts und erkundigten uns erneut bei einem Bauern, der uns schon von weitem freundlich zulachte, als würde er bereits auf uns warten. Der sagte prompt, es gebe eines in der Gegend, das vielleicht noch nicht abgemäht sei. Großes Bangen und Hoffen. Die Spannung stieg. Es war schon Spätnachmittag, um fünf Uhr sollten wir mit der Herstellung beginnen. Wir telefonierten mit dem Bauern, dem dieses Kornfeld gehörte. Das Feld stand noch! Punkt fünf Uhr waren wir oben. Es hatte auf die Minute geklappt, und ich konnte mit der Herstellung beginnen.

Während der vielen Herstellungsvorgänge habe ich eines gelernt: Wenn es bei einer Essenz um sehr viel Christus-Energie geht, wie bei KORNFELD, sind die Glaubensprüfungen immer besonders groß. Ich komme dann nur mit einem großem Glauben und dem Vertrauen in meine Führung ans Ziel. Würde ich in einer solchen Situation auf den Verstand horchen, wäre ich oft längst umgekehrt.

In der Regel verhält es sich so, daß eine neue Essenz kurzfristig angekündigt wird. Also nicht Monate im voraus, sondern erst, wenn ich selbst schon in die jeweilige Zeitqualität eingetreten bin. Auch die Informationen, wo es stattfinden und wie ich es tun soll, werden mir erst einen Tag vorher, während meiner Abendmeditation, durchgegeben.

Die Arbeit mit der geistigen Welt läuft stark über das Vertrauen. Wäre ich noch sehr im Mentalen verhaftet, würde es mich sicherlich ungeduldig oder unsicher oder nervös machen, weil ich bis fast zuletzt nicht weiß, wo ich hin muß, zu welcher Zeit und auch, wie die Essenz enstehen soll. Aber die geistige Welt und ich sind inzwischen ein gut eingespieltes Team. Ich kann ihr wunderbar vertrauen, und ich weiß auch, daß alles richtig laufen wird, wenn ich wachsam auf alle Zeichen achte, die mir gegeben werden.

Die Essenzen stammen alle von ganz oben der göttlichen Hierarchie, vom göttlichen *Kernpunkt*, von Shekinah. Sie bildet die weibliche Seite dieses Kernpunktes und wird als "weibliche

Gegenwart Gottes" tituliert. Sie ist der heilige Geist, der auch durch die weiße Taube symbolisiert wird. Shekinah ist die weibliche Essenz Gottes. Gott wiederum ist die Quelle allen Seins. Sie ist das Bewußtsein, aus dem heraus alles geboren wird und Gestalt annimmt. Sie umhüllt in einem eigenständigen Universum unser Universum.

Von dort aus werden die Energien über die zuständigen Orte und Wesen in der geistigen Welt, die diese Energiequalitäten ausmachen und vertreten, weiter zu mir gesandt.

Allerdings würde ich niemandem raten, eine solche Herstellung auf eigene Faust zu versuchen, da der Wunsch, das zu tun, dem eigenen Ego entspringt – und das könnte ins Auge gehen! Solch ein Auftrag muß, wenn er Segen bringen soll, von oben gegeben sein.

Sonst gilt es Erfahrungen zu machen. Diese können sehr unschön sein, weil ganz andere Energien dann in das System eintreten und den Kanal nutzen wollen. Diese sind nicht immer lichtvoller Natur, sondern oft graue oder nebulöse und illusionäre Energien. Solche Energien haben wir, weiß Gott, schon genug auf unserem Planeten. Es würde für denjenigen, der solch eine Essenz herstellt, anschließend eine große Energiearbeit und Reinigungsarbeit bedeuten. Sein ganzes System müßte wieder durchgeputzt werden. Würden dann diese Essenzen auch noch verkauft und vertrieben, würden andere Menschen dadurch verschmutzt, anstatt erhellt und geklärt.

Man muß sich bewußt sein, daß derartige Aktionen von der geistigen Seite ausgehen sollen und man sich dann als Werkzeug für eine gottgewollte Schöpfung hingibt. Wenn dem aber so ist, dann kann man sich der vollen Unterstützung, des Schutzes und der liebevollen Führung durch die geistige Welt gewiß sein.

Ich habe diesen Auftrag sehr gerne übernommen und bin noch heute darüber sehr glücklich. Allerdings war mir die ganze

Tragweite dieses Auftrages zu Beginn nicht bewußt. Er hat vieles in meinem Leben ausgelöst, mein Leben verändert, mir auch manches Mal viel abverlangt und mich vielen Prüfungen unterzogen. Auch von Angriffen wurde ich nicht verschont, denn dieses Projekt wurde immer wieder angegriffen.

Die ganze Essenzenherstellung dauerte sieben Jahre, es ging immer weiter und weiter. Mit der Zeit wurde mein ganzes Energiesystem in mir umgebaut, um mich auf immer noch höhere Bewußtseinsebenen einstellen zu können. Die Essenzen haben mir dabei sehr geholfen. Dadurch kam ich mit immer höheren Dimensionen in Kontakt und wurde dann jeweils dort angekoppelt, um die von dort stammenden Energien aufnehmen zu können. Die Energien der Wale und Delphine zum Beispiel sind mir aus der neunten Dimension gegeben worden.

Diese Jahre der Herstellungszeit haben eine große Umstellung meiner Lebensart erfordert. Zeitweise mußte ich gänzlich auf ein gutes Glas Wein oder sogar auf Kaffee (den ich so liebe) verzichten. Über diesen Prozeß sind in mir ein großes Harmonievermögen und eine große Feinstofflichkeit entstanden. Das wiederum hat zur Folge, daß ich mehr als andere Menschen auf meine Energien hören und schauen muß. Über diese neu entstandene Feinstofflichkeit registriere ich alle Ebenen von Energien und reagiere auf sie. Viele Menschen können dies nicht verstehen, weil sie vieles selbst noch nicht wahrnehmen können.

Ich möchte an dieser Stelle betonen, daß mich dieser Weg weit gebracht und sehr glücklich gemacht hat. Ich bin heute mit dem Kosmos gut im Einklang, und das ist ein wunderbares Geschenk – als Dank sozusagen für diesen Auftrag. In diesem Zusammenhang möchte ich der geistigen Welt danken, daß sie sich immer wieder auf mich eingelassen hat und dadurch über die Jahre dieses Werk entstehen konnte. Ich selbst labe immer weiter an den Essenzen, und sie tun meinem Wachstum enorm gut!

ERSTE TORÖFFNUNG

11. Januar 1992

THEMA: ÖFFNUNG DES GROSSEN KOSMISCHEN TORES

DAS BEWUSSTSEIN WIRD GEBOREN:

WIR SIND STERNENWESEN

UNTER DIESER TORÖFFNUNG ENSTANDENE ESSENZEN:

STERNENESSENZEN
LICHT-ENERGIEESSENZEN BLAU

DER ESSENZENWEG INS LICHT
1. Sternenessenzen

Die ersten Begriffe, die die geistige Welt in Verbindung mit den Essenzen genannt hat, waren: Erweckung und Neuorientierung. Genau darauf laufen sie auch hinaus. Erweckung in dem Sinne von Erwachen und Bewußtseinserweiterung. Dies geschieht über die Persönlichkeitsentwicklung, die auch zu einer Persönlichkeitsfindung führt. Neuorientierung stellt sich über die Einnahme der Essenzen ein, weil sich dadurch viel von unserer Sicht verändert. Der Mensch schaut dann nicht mehr nur auf den Boden oder geradeaus, sondern er hebt seinen Blick, bis hinauf zum Himmel. So gerät er automatisch aus einer gewissen Verhaftung, einer zu großen Verdichtung seiner Energie, hinaus, denn es besteht die Gefahr, nur diese Realität hier unten, das Erdenleben, zu registrieren und als einzige Realität anzusehen. Das bedeutet aber, ein Wissen zu vergessen, das besagt, daß wir hier nur zu Gast und irgendwo im Kosmos wirklich zu Hause sind. Diese Erde ist ein Lernplanet. Wir kommen hierher, um zu lernen, mit den Energien, die hier existieren, umzugehen.

Die Energien der Sternenessenzen stammen aus unserem Sonnensystem, und zwar von den zwölf Sternenplaneten. Diese bieten uns eine Palette verschiedener Energien an und damit auch die Möglichkeit, etwas daraus zu machen und mit diesen Energien umzugehen.

Diese zwölf Sternenplaneten, klar sichtbar im Außen, tragen wir auch in unserem Innern, nach dem Prinzip: Wie innen, so außen, oder auch nach den Begriffen Mikrokosmos und Makrokosmos. Wir tragen also das ganze Sonnensystem in uns, das im Grunde genommen das äußere Symbol für unsere inneren Potentiale ist.

Unsere Potentiale sind unsere Werkzeuge, mit denen wir unseren Seelenauftrag, den wir in uns tragen, erfüllen können.

Die Erde, auf der wir leben, ist das Symbol für uns selbst. Die äußeren Kräfte rufen die inneren Kräfte hervor. Dadurch geraten wir in einen Prozeß. In der Astrologie wird das so veranschaulicht: Jeder Mensch hat ein individuelles Geburtshoroskop, in dem die zwölf Planeten so eingezeichnet sind, wie sie am Himmel zum Zeitpunkt seiner Geburt gestanden haben. Diese sind wie ein Abbild dessen, was wir in uns tragen und worauf wir ausgerichtet sind. Diese Kräfte sind unsere Werkzeuge, mit denen wir in unserem jetzigen Leben geeignet sind das ausführen, was wir uns vor dieser Inkarnation vorgenommen haben. Die Konstellation haben wir so gewählt, um auf dieser Grundlage zu wachsen und zu lernen.

Nun sind wir auf diesem Planeten. Von Geburt an tragen wir den Stempel des Augenblickes in uns. Dieser Augenblick ist unverrückbar, außer wir machen im Laufe des Lebens größere Transformationen. Dann können mit der Zeit Blockaden und Spannungen gelöst und günstig fließende Potentiale vergrößert werden. Durch innere Arbeit an uns ist dies möglich. Je freier und größer wir werden, umso mehr entwachsen wir unserem fixen Horoskop. Gelöste Konflikte und Probleme zeigen sich mit einer veränderten Persönlichkeitsstruktur, die sich auch durch ein verändertes Horoskopbild ausdrückt.

Nun werden über die Transite (Transite sind in der Astrologie die laufenden Gestirne am Himmel) zu gewissen Zeiten bestimmte Aspekte zu unseren Planeten im Horoskop gebildet. Diese lösen dann von außen Prozesse aus, die sich durch eine aktuelle Problematik, aber auch durch die Sichtmachung des gut fließenden Potentials bemerkbar machen. Nun gilt es, sich mit diesem aktivierten Potential zu befassen. Wenn ein Transit aktiv wird, ist die Zeit reif, das zu tun, denn die Transite sind mit unserem Seelenauftrag gekoppelt und lösen ihn aus. Darum ist die Bereitschaft wichtig, immer mit dem zu gehen, was im Moment aktuell ist. Indem wir diesen Prozeß mit den Sternenessenzen unterstützen, können wir vieles aufarbeiten, richtigstellen, reinigen und in Ordnung bringen, das heißt, der kosmischen Ordnung anpassen, was wiederum möglich macht, zu unseren "wahren" Potentialen, die göttlichen Ursprungs sind, zurückzufinden. Da Astrologen mit diesen Potentialen und mit laufenden Transiten arbeiten, sind die Essenzen von *La Sylphide* für sie sehr geeignet.

Anhand der Rubrik "Potential" können wir sehen, wie dieses Potential aus der Sicht der kosmischen Ordnung richtig schwingen würde und wo Fehlhaltungen aus dem Ego entstanden sind. Dieses Fehlverhalten äußert sich durch Blockaden und Schwierigkeiten und Unklarheiten oder Illusionen gegenüber einem Potential. In jeder Essenz von *La Sylphide* sind Informationen eingespeichert, die uns mit der göttlichen Kraft des jeweiligen Potentials verbinden. In jeder Essenz ist die Information aus der kosmischen Ordnung enthalten. Diese Essenzenlinie ist ein Vermächtnis der Sterne, das uns die geistige Welt überreicht hat. Durch diese Essenzen bekommen wir Hilfe, schneller aus einer falschen Haltung, die durch eine Blockade gekennzeichnet ist, herauszukommen und finden so bald den richtigen Dreh, das Potential richtig und positiv leben zu können.

Unser Unterbewußtsein weiß, wenn wir früher mit solch einem Potential falsch umgegangen sind. Wir verdrängen dann gerne das ganze Potential und wollen nichts mehr davon wissen. Wir wenden uns dann anderen Fähigkeiten in uns zu, zu denen wir ein unproblematischeres Verhältnis haben und mit denen uns mehr gelingt. Das heißt: Wir verdrängen dieses alte Wissen und unterdrücken es. Und es braucht harte innere Arbeit, bis alle unsere Potentiale wieder aus der Versenkung hervorgeholt sind und zum Zuge kommen können. Belastendes muß dabei aufgelöst und verarbeitet werden. Dann haben wir alle unsere Potentiale wieder zu unserer Verfügung und können sie in einem erhöhten Maße einsetzen, zu unserem eigenen Wohl und dem der anderen.

Durch die Sternenessenzen, die nicht mit Planetenessenzen gleichzusetzen sind, weil Sternenkraft mit hineingespeist wurde, beginnen wir uns wieder zu erinnern, wer wir wirklich sind und welche Absicht uns hierhergebracht hat.

Wir sind Sternenkinder, hier geboren, aber von den Sternen gekommen, um der Erde, aber auch uns, zu helfen, in eine höhere Schwingung zu gelangen. Automatisch rücken wir mit diesem Bewußtsein unserer gewählten Aufgabe, die diesen Sternenplaneten Gaia betrifft, um etliches näher. Ein solcher Ruf, den wir innerlich vernehmen, geht dann über das Persönliche hinaus, weil wir unsere Sicht auf etwas Größeres ausgerichtet haben. Dadurch lösen wir uns aus unserer Verhaftung mit der Erde und aus dem aufs Irdische bezogenen Denken. Plötzlich erkennen wir unser Leben in einem größeren Rahmen und erwachen. Die Seele möchte wachsen und der Begrenztheit entfliehen. Indem wir erkennen, daß wir eine Seele haben, entsteht ein Gefühl für das Ewige, das, genau wie das Vergängliche, Teil dieser Erde ist. Die Seele atmet auf, denn sie weiß natürlich, daß sie nicht vergänglich ist und meist auch schon viele, viele Leben auf dieser Erde verbracht und viele Epochen mit anderen Menschen durchlebt hat. So findet eine Erweiterung des Bewußtseins statt. Wir lösen uns also vom Irdischen und beginnen, unsere Potentiale auf das Geistige auszurichten, was die geistige Seite mit Neuorientierung meint. Das ist der Beginn der Reise ins Licht und einer Bewußtseinserweiterung.

Eigentlich nutzen wir unser gesamtes Potential nur zu zehn bis fünfzehn Prozent. Wir können aber mehr aktivieren, was nur zum Vorteil ist, denn wenn wir uns und unseren Seelenplan realisieren, werden wir mit der Zeit glücklich und zufrieden, weil wir dem Ziel, das sich die Seele vor dieser Inkarnation gesetzt hat, näherkommen.

Die zwölf Sternenessenzen werden in persönliche und überpersönliche Kräfte aufgegliedert.

Die als ‚persönlich' bezeichneten wirken vermehrt auf unser persönliches Leben ein. Die als ‚überpersönlich' bezeichneten, auch die geistigen Sternenkräfte genannt, öffnen uns vermehrt für die kosmischen Kräfte und lassen diese in uns einfließen. Sie bilden das große Tor zu unserer Seele, die durch diese Energien mehr zum Ausdruck kommen kann. Durch diese Energien nähern wir uns dem Seelenauftrag, den wir in uns tragen, und dadurch automatisch auch unserem kosmischen Auftrag.

EINNAHME

Täglich drei bis vier Tropfen unverdünnt auf die Zunge einnehmen. Eine Viertelstunde nichts trinken und nichts essen.

Neues Chakrasystem

Da die Essenzen von *La Sylphide* stark auf unsere Energiezentren, die Chakren, wirken, wird bei jeder Gattung Essenzen eine Grundfigur gezeigt, auf der zu ersehen ist, auf welche Chakren die jeweilige Gattung Essenz wirkt.

Abbildung 1 zeigt das neue Chakrasystem auf, welches sich bei uns immer mehr öffnet. Die Hauptchakren werden in diesem Bild auf die althergebrachte Art tituliert. Die neuen Chakren (um keine unnötige Verwirrung über das Chakrasystems des Menschen zu stiften), werden hier zu den Nebenchakren gezählt. Die Hauptchakren sind rechts neben der Abbildung aufgelistet, die Nebenchakren links davon.

Sternenessenzen

Die Abbildung 2 zeigt auf, daß die Energiebahnen zu den Chakren sowie die Chakren im Körper durch die Sternenessenzen aktiviert und miteinander verbunden werden (auf einzelnen Bildern der Essenzen ersichtlich).

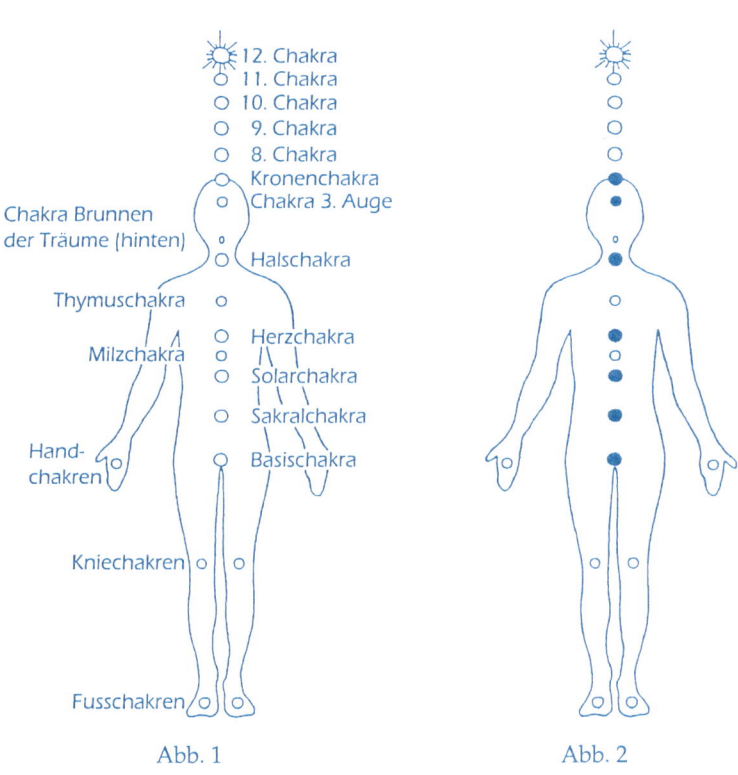

Abb. 1   Abb. 2

DIE ZWÖLF STERNENESSENZEN
SONNE UND MOND MIT MERKUR

Sonne und Mond gelten in unserem Horoskop als die Sternenplaneten, die am meisten über die Persönlichkeit eines Menschen aussagen.

Obwohl Sonne und Mond bei unserer Essenzenlinie gleich zu Beginn stehen, brauchen wir sie für den Beginn dieses Weges von allen Sternenessenzen am wenigsten. Zuerst kommen meist andere Essenzen dran, die bei den Menschen nicht so sehr in die Tiefe gehen, sondern mehr allgemeiner Natur sind. Sonne und Mond symbolisieren in unserem Horoskop auch Vater und Mutter. Wir werden erst allmählich, im Laufe unseres Lebens, zu diesen Prinzipien von Sonne und Mond. Wichtig dabei ist, daß wir die Probleme, die wir mit unseren Eltern hatten und noch in uns tragen, immer mehr aufarbeiten. Das geht tief.

Erst dann, wenn wir unsere Eltern überwunden, alles Belastende mit ihnen aufgelöst haben, sind wir wirklich frei - frei von den Prägungen der Vergangenheit. Wir werden erwachsen. Erwachsen in einem positiven Sinne; wir sind dann keine Kinder mehr. Kindhaftes Verhalten wie Schmollen, Trotzen, Sichsperren, Bocken und so weiter, löst sich über diesen Prozeß automatisch. Wir sind dann aus den "Kinderschuhen" herausgewachsen und haben die Verantwortung für unser Leben übernommen, sind von nun an unser eigener Vater und unsere eigene Mutter. Wir entscheiden, wo unser Leben hingeht und wie wir es gestalten werden. Wir können natürlich auch niemandem mehr die Schuld geben, wenn es nicht klappen sollte, sondern wir tragen die Verantwortung für uns, wir ganz allein.

Sonne und Mond stellen die größten Pole in uns dar. Sie symbolisieren unseren männlichen und unseren weiblichen Teil, also unsere rechte und die linke Körperhälfte. Meistens lebt der

Mensch den einen Pol mehr als den anderen, der ihm Probleme bereitet. Wir brauchen aber beide, um ausgewogen zu sein und im Gleichgewicht zu bleiben.

Wenn zwei so unterschiedliche Pole vorhanden sind, ist es nur logisch, daß unser Schöpfer als drittes ein Element schaffen mußte, das diese Gegensätze optimal miteinander verbindet: Das geschieht durch die Merkur-Energie. Sie bringt Pole jeglicher Art in Bezug zueinander. Sie fördert die Kommunikation. Die Merkur-Energie ist eine sehr neutrale Energie, die Verbindungen schafft und Gegensätze vereinigt. So wird die Merkurenergie oft eingesetzt, wenn zwei Pole sich nicht mehr verstehen und immer mehr auseinanderstreben. Merkur spürt die gemeinsamen Interessen wieder auf und aktiviert sie.

SONNE	MOND	MERKUR
Bewußtes	Unbewußtes	Vermittlung
Gedanken	Instinkt	Kommunikation

* * * * *

SONNE-BEWUSSTSEIN / DER INNERE VATER

Die SONNE ist der Sternenplanet des Sternzeichens Löwe
UMLAUFZEIT durch alle Sternzeichen ein Jahr
AUFGABE: Hüter des eigenen Wesenskerns, der eigenen Schöpferkraft
ELEMENT: Feuer
LEITSATZ: Ich will
CHAKREN: Solarplexus, Herz
TAROT-KARTEN: *Der Magier, Die Sonne*
ARCHETYP: Der griechische Gott Helios und Apollo, der römische Sonnengott Sol

ASTROLOGIE

Die Sonne ist ein persönlicher Sternenplanet. Die Energie wirkt auf die männliche Seite in uns. Sie symbolisiert unseren eigenen, inneren Kern, der alle Potentiale, die wir in uns tragen, beleuchtet und uns mit seiner Strahlkraft und Energie kräftigt. In unserem Sonnensystem ist die Sonne mit allen anderen Sternenplaneten verbunden. Sie bildet den Mittelpunkt, die Zentrale, und hält das ganze Sonnensystem zusammen. Aus dieser Zentrale heraus stammt ihre Kraft. Alle anderen Sternenplaneten umkreisen die Sonne. Sie symbolisiert die göttliche Urkraft, die alles in sich trägt und diese Kraft zum Ausdruck bringt.

DIE ESSENZ UND IHRE WIRKUNG

Mit *SONNE* finden wir zurück zu uns selbst. Unsere wahre Identität kommt zum Vorschein. Wir nehmen die Energien wieder zu uns zurück, damit wir uns selbst besser spüren und fühlen können. Dadurch erlangen wir Klarheit über uns selbst, entdecken uns selbst.

Wer bin ich? Was will ich? Selbstfindung ist bei dieser Essenz das Zauberwort. Die Suche nach uns selbst beginnt. Die Suche nach dem heiligen Gral geht über den eigenen Kern, denn letztendlich ist die Suche nach dem Gral die Suche nach uns selbst. Haben wir uns gefunden, stehen wir voll in unserer Kraft, können aus ihr heraus kraftvoll handeln, der Welt auf unsere Art begegnen und unseren Beitrag leisten.

Haben wir uns nicht gefunden, werden wir durch andere gelebt. Andere übernehmen die Rolle der Führenden, sie bestimmen unser Leben. Wir stehen im Schatten eines anderen, der Autorität ausstrahlt und andere, in diesem Fall uns, leitet. Wir trauen uns nicht, aufzubegehren, aufzumucken, denn wir könnten Führung und Schutz verlieren. Aber irgendwann möchten wir erwachsen werden, unser eigener Herr und Meister sein und unser Leben so gestalten, wie wir es wollen. In voller Freiheit und Unabhängigkeit. Aber um das zu bekommen, müssen wir uns von fremden Leitbildern, die unser Leben bestimmen, freimachen. Keiner weiß so gut wie wir, was wir auf dieser Welt brauchen und was wir wollen. Wir müssen es selbst herausfinden.

Ichfindung setzt ein. Die Verwirklichung unseres Selbst, die automatisch zu neuer Ausstrahlung und neuem Lebensschwung und Selbstbewußtsein führt. Wir haben uns gefunden! Nun gilt es zu zeigen, wer man ist. Das ist schön, denn nun werden wir auch für andere erkennbarer.

Sein oder Nicht-Sein. Das ist hier die Frage. Eine gesunde Durchsetzung des eigenen Wesens ist nötig, um in dieser Welt bestehen und sich darin behaupten zu können. Es liegt an uns, wie weit wir uns verwirklichen.

Aber vielleicht haben wir früher manchmal eins auf den Kopf bekommen, als wir versuchten, uns zu behaupten. Andere waren stärker als wir, und auch versierter. Automatisch haben wir klein beigegeben und ihnen die Führung überlassen.

Spätestens im Erwachsenenalter können wir das ändern, indem wir uns freimachen von diesen Autoritätskonflikten, diesen Phantomen. Wir sind für uns selbst verantwortlich, unser eigener Chef. Und wir sind absolut frei. Wir müssen uns nur trauen, uns diese Freiheit zu nehmen, aus dem Schatten derer zu steigen, die uns führen, und uns trauen, unser Leben selbst zu steuern.

Jeder Mensch ist etwas Einzigartiges. Es gilt, diese Eigenart wieder hervorzuholen. Alles andere sind Kopien, und Kopien gibt es schon genug auf dieser Welt. Wir brauchen Originale! Jeder von uns ist ein Original, wenn er sich traut, er selbst zu sein.

Vertrauen wir auf unsere eigene Lebenskraft, dann müssen wir uns nicht mehr auf andere stützen. Jeder hat genug von dieser Kraft. Wir meinen oft nur, wir wären zu schwach oder unfähig, oder es wurde uns eingeredet. Vielleicht haben wir einen dominanten Vater gehabt in unserer Kindheit? Oder eine andere dominante Figur in der Familie? Das Verrückte ist: Es kann immer nur einer herrschen, die anderen um ihn herum haben sich ihm dann zu fügen und seinem Willen zu entsprechen. Das höhlt aus und schwächt unser eigenes Wesen, untergräbt unsere Selbstsicherheit. Wir geben automatisch dem Führer all die Kraft, die wir für uns selbst brauchen würden. So machen wir uns kleiner, als wir in Wahrheit sind und nehmen eine unterwürfige Haltung ein.

Mit *SONNE* kann man eine problematische Beziehung zum Vater aufarbeiten. Wir können unser eigener, innerer Vater werden, ihn aktivieren. Wenn wir im Außen einen starken Vater hatten, tragen wir diesen auch im Innen. Wir müssen nur zu ihm finden und unsere Kraft nicht nach außen auf andere Menschen projizieren.

Diese Essenz kann uns mit dem inneren Bewußtsein verbinden, das wir in uns tragen. Mit unserem großen Geist. Dieser Geist hat die Fähigkeit, alles zu kreieren, was immer er will. Wir kommen in die erste Vorstufe zum wahren ICH BIN.

Getrauen wir uns doch, uns den Raum zu nehmen, den wir brauchen! Sagen wir uns: Ich bin der Mittelpunkt meines Lebens!

Von dort aus begegne ich der Welt. Denn es ist gefährlich, andere Menschen, seien sie noch so liebevoll, zum Mittelpunkt unseres Lebens zu machen. Man verliert sich so leicht. Und Enttäuschungen sind dabei so gut wie sicher.

SONNE hilft auch, ein zu großes Ego abzutragen und auszugleichen.

BESONDERHEIT

Es gibt Menschen, die haben große Schwierigkeiten, ihre Wesensnatur zu entfalten. SONNE öffnet den "Knopf". SONNE hilft auch Menschen, die immer wieder unter Einfluß von anderen geraten.

POTENTIAL

Lebendigkeit, Kraft, Kreativität, Stärke, Willen, Selbstbewußtsein, Selbstvertrauen, Ausstrahlung, Herzlichkeit

SONNE wirkt im Horoskop auf folgende Weise: Alles, was die Geburts-Sonne im positiven (entspannten, förderlichen Aspekt) im Geburtshoroskop berührt, steht für das POTENTIAL ihrer Kräfte. Alles, was die Geburts-Sonne im negativen (gespannten, hemmenden, blockierenden) Aspekt im Geburtshoroskop berührt, steht für die BLOCKADE ihrer Energie.

Durch die Einnahme der Sternenessenz SONNE wird ihre ICH BIN-KRAFT hervorgeholt. Die positiven Kräfte im Horoskop werden verstärkt und gefestigt, die negativen Aspekte entspannt, Blockaden verkleinert und dadurch die positiven Kräfte des Potentials vergrößert.

AFFIRMATION

Ich bin Meisterin / Meister meines Lebens. Ich finde zu meinem Kern zurück und strahle aus ihm heraus.

MEDITATION

Ich fühle, wie um meinen Kopf herum ein Licht entsteht. Der Kopf wird leicht und klar.

Jetzt spüre ich meine Fußsohlen. Sie werden mit Licht durchflutet. Leben erwacht in mir. Jetzt sind meine Fußsohlen ganz warm.

In mir regt sich das Verlangen, aktiv zu werden.

Ich fühle jetzt beides, Kopf und Fußsohlen. Es sind zwei Pole von mir. Der ganze Körper, der dazwischen liegt, wird jetzt durchblutet und aktiviert. Ich erwache in mir selbst.

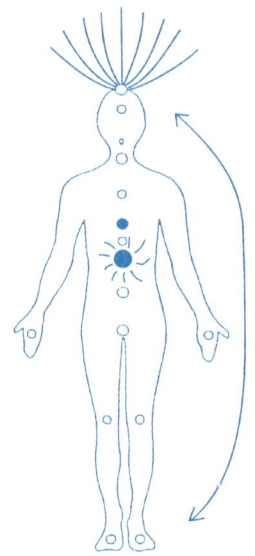

Mein ganzer Körper ist nun warm.

Ich fühle mich rund und hell, wie eine Kugel, aufgefüllt mit meiner eigenen Wärme. Ich strahle Wärme aus.

Mein Herzchakra öffnet sich. Ich strahle aus meinem Herzen Wärme aus, mit einem großen Strahl.

Mein Kronenchakra öffnet sich. Mein Drittes Auge öffnet sich. Auch dort strahle ich Wärme aus. Durch mein Kronenchakra nehme ich Licht auf, mein Herz füllt sich mit diesem Licht. Es wird ganz groß. Ich strahle dieses Licht in die Welt. Mein ganzer Körper wird gefüllt mit diesem Licht.

Alles wird klar und hell. Ich leuchte.

Jetzt spüre ich meinen Solarplexus. Er wird größer. Auch er ist gefüllt mit diesem Licht.

Mein Solarplexus wird ganz weit. Ich bin in meinem Zentrum angelangt. Ich spüre mich. Ich habe mich gefunden.

Ich strahle aus mir heraus wie eine Sonne. Alles ist nun selbstverständlich und klar. Ich bin der Mittelpunkt dieser Welt. Ich bin verbunden mit mir selbst. Ich bin meine eigene Sonne und erhelle mein Leben.

*Ich bin verbunden mit dem Kosmos und bin verbunden mit mir.
Jede Zelle in mir ist wach und lebendig. Ich sprühe voller Leben.*

In mir erwacht ein Licht. Ich erhelle mich selbst. Dieses innere Licht baut mich auf. Es macht mich kräftig und klar. Ich erwache in neuer Klarheit, wer ich bin und was ich will. Alles in meinem Körper erwacht. Ich spüre das Pulsieren meines Blutes. Ich erwache in neuer Klarheit und neuer Kraft. In Klarheit erkenne ich, wer ich bin. Ich kann meine eigene Person und Gegenwart annehmen.

Ich bin ein eigenes Wesen, mit einem eigenen Auftrag, mit einem eigenen Weg. Ich bin ich. In Freude empfange ich die Welt, in Erwartung, ihr meinen Teil geben zu dürfen.

Ich lasse mich auf mich ein, um zu sehen, wer ich bin. Ich nehme meine Energien zu mir zurück, konzentriere sie auf mich selbst. So bin und bleibe ich bei mir. Ich bin mir begegnet und habe mich gefunden. Daraus entsteht eine neue Klarheit, wer ich bin und was ich will. Mein ganzes Wesen kommt jetzt in den Vordergrund.

*Selbstbestimmend gehe ich meinen Weg weiter.
In Klarheit erkenne ich, wohin er führt.
Ich strahle mein eigenes Wesen in die Welt.
Ich ruhe in mir selbst. Ich bin die Sonne meines eigenen Universums. In Leichtigkeit erhelle ich mein Leben. Alles ist klar und erstrahlt in neuem Glanz. Indem ich mich selbst besser erkenne, erkenne ich auch die Menschen.*

* * * * *

MOND - UNTERBEWUSSTSEIN / DIE INNERE MUTTER
DER MOND ist der Sternenplanet des Sternzeichens Krebs
UMLAUFZEIT durch alle Sternzeichen 28 Tage
AUFGABE: Hüterin des Urweiblichen und der Fruchtbarkeit
ELEMENT: Wasser
LEITSATZ: Ich fühle
CHAKREN: Sakral, Herz
TAROT-KARTE: *Die Hohepriesterin*, *Der Mond*
ARCHETYP UND MYTHOLOGIE: Die Urmutter, Göttin des Ausdrucks und der Lebenszyklen

ASTROLOGIE

Der Mond ist eine persönliche Energie, die auf unsere weibliche Seite wirkt. Im Gegensatz zur Sonne, die das Thema Logos hat, deckt der Mond die Bereiche des Unbewußten und des Unterbewußten, des Urinstinktes, ab. Nicht Kopf ist Trumpf, sondern Bauch.

Es wird gesagt, der Mond sei die Mutter unserer Erde. Es würde auch gut passen, hat er doch einen engen Bezug und eine große Auswirkung auf unsere Natur der Erde, auf ihre Gezeiten und Zyklen.

In unserem Sonnensystem gab es ursprünglich zwei Monde, die die Erde umkreist haben. Der eine wurde in früherer Zeit zerstört. Es wäre für uns Menschen sicherlich besser, wir hätten immer noch einen zweiten Mond. Zwei Monde würden uns seelisch mehr nähren und uns gefühlsmäßig stabilisieren und festigen. Es wäre einfacher, den Weg zurück in unsere Gefühlswelt zu finden, wir könnten unsere Ahnungen und inneren Bilder besser wahrnehmen. Es gibt etliche Kulturen, da haben die Kinder zwei oder mehrere Mütter, die sie betreuen. In unseren Breitengraden geschieht das über die Großmutter und bedeutet eine Entlastung der Mutter, denn in den ersten Jahren braucht das Kind viel Fürsorge, Nähe, Geborgenheitsgefühl, mütterliche Pflege und natürlich ganz viel Mutterliebe. Zwei Mütter könnten dem Kind für seinen weiteren Lebensweg viel mehr mitgeben.

DIE ESSENZ UND IHRE WIRKUNG:
MOND bringt uns in die Innenwelt, in die Innenschau, in die Fähigkeit, betrachten zu können, fördert Inspiration und die Geduld, etwas reifen zu lassen. Sie verbindet uns mit den natürlichen Zyklen von Abnahme und Zunahme des Mondes, mit den Passivitäts- und Aktivitätszyklen in unserem Leben.

Der Mond ist das Tor zu unserer Seele. Vieles ist im Unbewußten verborgen, das aber unserer Seele bewußt ist. Mit MOND wird die Schranke, falls nötig, zwischen Bewußt und Unbewußt gelockert. Dadurch kann eine neue Transparenz erreicht werden. Mehr Träume, Ahnungen, vielleicht auch eigenartige Gefühle oder Bilder können aufsteigen, mit denen wir im Moment nichts anzufangen wissen. Wir brauchen davor aber keine Angst zu haben, es sind Seelenanteile, die zu uns gehören und nur dann hochkommen, wenn die Zeit dafür reif ist und die Seele es will. Wenn der Rahmen des Tagesbewußtseins gesprengt wird, bedeutet das für uns auch eine Chance.

MOND spricht das Urweibliche in uns an, das Instinktive, die innere Stimme, die den Weg weisen kann. Man geht vermehrt mit den inneren Zyklen, gleicht sich ihnen an. Daraus entsteht mehr Harmonie, ein Einklang mit sich selbst. Es gibt Zeiten, da öffnen wir uns nach außen (Vollmond), und dann gibt es Zeiten, da haben wir ein Bedürfnis nach Rückzug (Neumond). Es gibt Zeiten des Handelns, und Zeiten des Nicht-Handelns. MOND hilft uns, in solch einer Zeit ruhig und gelassen zu bleiben. So kommen wir in die Haltung der Gelassenheit. Es fällt dann leichter, zu warten, wenn die Zeit noch nicht reif ist.

Der typische Mond-Mensch ist sehr gefühlvoll, leicht zu beeindrucken, neigt zu inneren Schwankungen. Seelische Hochs und Tiefs. Nach außen scheint er launisch zu sein. Aber es ist eher so, daß in ihm durch diese Schwankungen neue Ansichten und Perspektiven entstehen, die zu einer Veränderung des Standpunkts führen können. Der typische Mond-Mensch braucht einen täglichen Rhythmus. Wehe, wenn er aus ihm herausfällt! Für diesen Menschen sind wechselnde Zyklen im Leben (zum Beispiel Schichtarbeit) nicht gut. Er kann auch die Tendenz an den Tag legen, sich zu stark zu verkriechen. MOND gleicht das wieder aus. Der Mond-Mensch braucht Geborgenheit, die er meist zu Hause, in seiner Familie, sucht und findet. Seine Familie, seine Herkunft, sein Stammbaum sind ihm wichtig.

MOND wird sicherlich das Thema hochholen: Was brauche ich, um mich wohl und geborgen zu fühlen?

MOND verbindet uns mit unserer Gefühlswelt, mit unserem Bauch. Im Bauch fühlen wir uns wohl. Der Bauch ist das Zentrum unserer Gefühle, es ist das Zentrum unseres Unterbewußtseins, unseres Gemütes, unserer Instinktwelt. Wir lernen die Weisheit des Bauches kennen. Plötzlich weiß man etwas "aus dem Bauch heraus" – man hat es "im Gefühl".

MOND bringt uns in eine neue, innere Sicherheit hinein. Es entsteht ein Geborgenheitsgefuhl, das wir vielleicht bis heute immer vermißt haben. MOND führt uns, so wie unsere Mutter uns auch führen würde. Aber wir sind jetzt unsere eigene Mutter, und wir geben uns das, was wir bis jetzt vermißt haben. Dadurch können wir unser emotionales Manko loslassen und die Wunden, die in früherer Zeit entstanden sind, auch. Sie können jetzt verheilen.

MOND schneidet die Mutterproblematik an. Wenn Schwierigkeiten im Verhältnis zur Mutter stattgefunden haben, können diese jetzt angegangen, Beziehungen zu Frauen neu beleuchtet werden. Wie ist unser Verhältnis zu Frauen? Manchmal ein ganz anderes als zu Männern. Haben wir ein entspanntes Verhältnis zu ihnen, oder ein angespanntes? Wie fühlt sich das an? Auch die Frage, wie unsere Verbindung oder Beziehung zu Kindern aussieht, ist im Zusammenhang mit MOND angebracht. Unsere Beziehung zu anderen Kindern spiegelt sich auch im Verhalten wider, wie wir mit unserem eigenen inneren Kind umgehen. MOND verbindet uns mit unserem inneren Kind und unserer Kindheit. Vieles kommt uns wieder in den Sinn, was wir vergessen haben.

Die Seele jedes Kindes freut sich auf diese Welt, egal, was sich das Kind für dieses Leben vorgenommen hat. Umso besser ist es dann auch, wenn es bei der Geburt freudig empfangen wird. In der Zeit danach entsteht bei dem Baby das Bild, wie es von Familie und Sippe aufgenommen wird. Dieser Eindruck ist für sein weiteres Leben entscheidend, er beeinflußt seine Entwicklung und prägt sein Wesen. Wenn diese erste Zeit gut war, bewahrt es für sein ganzes Leben das Gefühl des Getragenseins und des Urvertrauens, denn für das Baby ist es ein großer Schritt, aus dem Bauch herauszukommen. Es verläßt die Sicherheit des Immer-Getragenseins. Durch eine genügend lange Stillzeit kann man ihm aber ein Stück "Nabelschnur" bewahren. Da der Mond mit Empfängnis und Geburt zu tun hat, möchte ich bei diesem Thema noch betonen, wie wichtig es ist, daß das Kind im Bauch die Zeit bekommt, die es zum Reifen braucht. Eine Schwangerschaft zählt normalerweise zehn lunare Monde mit achtundzwanzig Tagen. Es gibt aber viele Seelen, die genießen es, noch ein bißchen länger im Bauch bleiben zu können. Sie nehmen sich ein, zwei oder drei Wochen mehr Zeit, bevor sie sich entschließen, herauszukommen. Man sollte also nicht in Panik geraten, wenn der Geburtstermin abgelaufen ist. Sie brauchen die Zeit, und man sollte sie ihnen gewähren.

Für viele von uns ist der Eintritt in diese Welt nicht auf so ideale Art und Weise abgelaufen. *MOND* heilt solche tiefen Verunsicherungen und auch eine gewisse Traurigkeit, die aus solch einem Erleben heraus entstehen kann

BESONDERHEIT
MOND wird gerne gegeben, wenn eine Verhärtung der Gefühlswelt besteht. Ebenso bei Kopflastigkeit. Die Essenz verhilft zu einem guten Einstieg in die Meditation. Sie hilft bei unregelmäßigen Menstruationen, weil sie einen starken Einfluß auf die inneren Zyklen hat. Die Einnahme dieser Essenz hat sich auch sehr günstig als Vorbereitung zu einer Rückführung erwiesen, um besser an die alten Erinnerungsbilder heranzukommen.

POTENTIAL
Gefühlsreichtum, Instinktsicherheit, Nähe, Geborgenheit, Fürsorge, seelische Öffnung.

MOND wirkt im Horoskop auf folgende Weise: Alles, was den Geburts-Mond im positiven (entspannten, förderlichen Aspekt) im Geburtshoroskop berührt, steht für das POTENTIAL seiner Kraft. Alles, was den Geburts-Mond im negativen (gespannten, hemmenden, blockierenden) Aspekt im Geburtshoroskop berührt, steht für die BLOCKADE seiner Energie.
Durch die Einnahme der Sternenessenz *MOND* wird ihre ICH BIN-KRAFT hervorgeholt. Die positiven Kräfte im Horoskop werden verstärkt und gefestigt, die negativen Aspekte entspannt, Blockaden verkleinert und dadurch die positiven Kräfte des Potentials vergrößert.

AFFIRMATION
Ich fühle mich geborgen in mir selbst. Meine Urmutter nährt mich, versorgt mich und wiegt mich in ihren Armen.

MEDITATION

Ich bin mit meinem Bewußtsein in meinem Sakralchakra. Eine Wohligkeit breitet sich von dort aus.

Jetzt fließt die Energie hinauf über den Solarplexus ins Herz. Ich fühle mein Herz. Es öffnet sich. Beide Chakren, das Sakral- und das Herzchakra, sind nun gleichermaßen offen. Ich empfange all das, was mir gegeben wird, und verarbeite es innerlich. Ich bin ganz im Innen. Geborgenheit breitet sich in mir aus, und es ist, als hätte ich Flügel, so leicht fühle ich mich.

Ich bin verbunden mit meinem Innenleben, meinen Gefühlen, meinen inneren Bildern. Ich fühle, wie ich tiefer und tiefer in mein Inneres vordringe. Ich komme tiefer mit meinem Wesen in Kontakt. Ich schlage dort Wurzeln, wo mein wahres Selbst ist, und werde ruhig und sicher. Große Geborgenheit macht sich in mir breit, und ich fühle mich wie im Schoß meiner Mutter. Ich verliere das Gefühl von Zeit und Raum. Ich bin. Alles ist gut. Ich werde innerlich genährt und Heilung geschieht.

Heilung meiner Wurzeln, Heilung meiner Ängste, Heilung meiner Gefühle. Ich bin ganz im Innern, wohlbehütet und geborgen und völlig verbunden mit dem Herzschlag des Kosmos. Ich erkenne mein wahres Wesen und fühle meine Seele, bin ihr näher gekommen und verbinde mich mit ihr. Meine Seele eröffnet mir ganz neue Welten. Ich sehe mit neuen Augen.

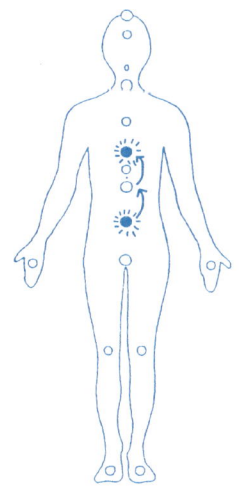

Ich kann auf meinen Moment warten. Bis dahin bin ich ruhig und gelassen. Beschaulich sehe ich zu, wie das Leben fließt. Ich fließe mit.

Ich fühle, wie alles einem Zyklus unterworfen ist und sich nach ihm dreht.

Ich nehme alles auf und spiegele es wider.

Ich lasse alles zu mir kommen und lasse alles wieder gehen, wie Ebbe und Flut.

Ewiger Fluß, ich ströme mit dir.

Ich fühle mich geborgen in mir selbst.
Wie meine Mutter umhülle ich mich, umarme ich mich. Ich gebe mir die Geborgenheit, die ich brauche. In mir öffnet es sich, ich kann tief in den Bauch einatmen.
Es stellt sich Ruhe ein. Ich ruhe in mir.
Mein Geist wird ruhig und klar. Passiv beobachte ich mein Innen- und Außenleben. Ich beobachte es, ohne das Gefühl haben zu müssen, dabei aktiv einzugreifen. Ich kann zulassen, was immer geschieht. Durch das Zuschauen verstehe ich. Ich verstehe die Gesetzmäßigkeiten besser, wie das Leben spielt. Auch verstehe ich mich und meine Umgebung besser.

Durch vermehrtes Zulassen stoße ich auf Verborgenes. Es befreit mich. Ich empfinde Sanftheit und Aufgehobenheit.

Indem ich mich vermehrt meinem Innenleben zuwende, nähre ich mich selbst. Tief aus meinem Innern heraus kommen jetzt Informationen, die mir im Tagesbewußtsein weiterhelfen. Mein Unterbewußtsein sendet mir Bilder früherer Inkarnationen, damit ich die Situationen in meinem jetzigen Leben besser verstehen kann. Ich heile mich, indem ich diese Informationen annehme. Ich liege wie in einer weichen Wolke und behüte mich.

Schmerzen aus meiner Vergangenheit oder aus meiner Kindheit, ich lasse sie jetzt los. Genau durch diese alten Schmerzen erkenne ich: Zuwendung, Zärtlichkeit und Liebe braucht jeder Mensch. Auch ich.

Alles, was ich mit meiner Mutter erlebt habe, kann ich jetzt verstehen und aufarbeiten. Ich bin jetzt meine eigene Mutter.

Weil ich die Gesetzmäßigkeiten des Lebens besser begreifen kann, verstehe ich auch, warum ich diese Erfahrungen machen mußte. Ich kann verzeihen und loslassen. Ich bin meine eigene Mutter geworden. Mein inneres Kind liegt in meinen Händen. Ich kann es nähren und aufbauen, genau so, wie ich es will.

Ich empfinde Liebe und Verständnis für das ganze Universum.
Die Bedürfnisse meines inneren Kindes sind jetzt meine. Ich neh-

me sie ernst und bin bereit, sie zu erfüllen. Meine Kindheit lasse ich nun los. Ich vertraue dem Leben und mir.

* * * * *

 MERKUR - KOMMUNIKATION / AUSTAUSCH
MERKUR gehört zum Sternzeichen Zwillinge
UMLAUFZEIT durch alle Sternzeichen ca. 87 Tage
AUFGABE: Hüter des Verstandes und der Sprache
ELEMENT: Luft
CHAKREN: Solar, Herz, Hals
LEITSATZ: Ich denke
TAROT-KARTEN: *Die Liebenden*, *Der Wagen*
ARCHETYP: Hermes, der Götterbote, der römische Merkur

ASTROLOGIE

Merkur ist ein persönlicher Sternenplanet. Er wirkt auf unsere männliche Seite. Information und Vermittlung gehen über Merkur. So sind Zeitungen oder andere Informationsquellen ein wichtiges Medium für ihn. Mit ihnen ist es möglich, die Botschaft überallhin zu tragen, selbst auf die höchsten Berge und in die verborgensten Täler.

Das Sprichwort: "Es muß unter die Leute kommen" spricht einem typischem Merkur-Menschen direkt aus dem Herzen. Er selbst ist eine wandelnde Information, eine Zeitung in Person. Er weiß meist über alles Bescheid, was aktuell ist. Und allen voran als erster weiß er es, denn er ist immer dem Neuesten auf der Spur. Er ist oft und viel unterwegs, kann so immer wieder neue Kontakte knüpfen. Er geht auf einen Sprung hierhin und dorthin, um noch schnell für eine Sekunde die Nase in etwas Neues hineinstrecken zu können. So ist er immer am Ball. Er hat die Begabung, zum richtigen Zeitpunkt am richtigen Ort zu sein, sammelt wichtige Informationen und trägt Wissenswertes zusammen. Überall dort, wo er ein offenes Ohr findet, gibt er seine Informationen gleich weiter.

DIE ESSENZ UND IHRE WIRKUNG

MERKUR fördert in uns die Bereitschaft, zu vermitteln, zu informieren, andere ins Bild zu setzen. Er zeichnet sich durch diese Fähigkeiten aus. Immer für ein Gespräch offen, bringt er vieles in Fluß, ermuntert andere, sich auch auszudrücken. So verbindet er Gegensätzliches, knüpft Kontakte, läßt ein Gespräch entstehen.

MERKUR regiert die intellektuellen Fähigkeiten des Menschen und seinen Verstand. Wir brauchen diesen Verstand. Nicht ohne Grund gibt es den Ausdruck: "Ist dieser Mensch denn ohne Verstand?", oder "Hat der denn den Verstand verloren?" Das sind Ausdrücke, die uns daran erinnern, daß es offenbar wichtig ist, einen Verstand zu haben. Dieser Verstand ist es, der uns Menschen von anderen Lebewesen unterscheidet.

Die Herausforderung ist, wie wir mit dem Verstand umgehen und ihn einsetzen. Wir können mit ihm denken, überlegen, Klarheit gewinnen. Aus dieser Klarheit heraus können neue Entscheidungen gefällt werden. Aber trotzdem - welchen Wert messen wir ihm bei?

Wir können ihn auch falsch gebrauchen. Üben wir mit ihm Kontrolle aus, über uns oder über andere? Wir können mit ihm auch zuviel denken. Dann geben wir ihm einen zu großen Anteil von unserem Leben ab, und - Achtung! schon übernimmt er das Kommando. Viele Menschen werden heutzutage nur von ihrem Verstand gesteuert. Alles andere steht zurück, hat nur noch einen kleinen Anteil am gesamten Spiel des Lebens. Der Verstand spielt die erste Geige und kommandiert sogar unser Selbst herum.

Wie gesagt: Wir brauchen Verstand. Aber wir brauchen auch Gefühl. Wir brauchen beides. Die Herausforderung heißt: alles im Gleichmaß zu leben. Jedes Extrem, über längere Zeit gelebt, wirkt sich schlecht auf unsere Psyche und auf unseren physischen Körper aus.

Es macht nichts, wenn wir einmal nichts denken. Deswegen sind wir noch lange nicht dumm. Vielmehr leeren wir den Kopf ein bißchen und unser Denkapparat kann ausruhen und sich entspannen. Diese Leere ist eine wichtige Vorbereitung für die höhere Art zu kommunizieren und zu vermitteln. Sie gibt Raum für die Intuition. Mit der Intuition sind wir dem wahren Fluß des Lebens näher, wie auch unserer Seele und unserem Höheren Selbst. Gerade in der heutigen Zeit wirkt so viel Hektik auf uns ein – wir sind einer dauernden Informationsflut ausgesetzt. Wir sind ständig dabei, diese Informationen aufzunehmen, über sie nachzudenken, sie zu verarbeiten. Das ist eine unserer größten "Bremsen", um mehr zu uns und zu unseren inneren Informationen zu kommen.

MERKUR fördert den Ausdruck.

Natürlich gibt es viele Menschen, die viel zuviel reden – und dann auch noch nur Banales. Und das kann auf den Nerv gehen. Man kann alles zerreden. Je mehr ein Mensch redet, umso weniger hört man ihm zu.

Aber oft ist es auch umgekehrt. Viele Menschen reden eindeutig zu wenig, sind sozusagen verstummt. Die Ursachen liegen oft in der Kindheit, an der Erziehung. Sprüche wie: "Halt jetzt deinen Mund!" oder: "Mußt du eigentlich immer reden?", oder "Deine Plapperei geht mir auf den Nerv!" Oder dann die autoritäre Art, wie sie viele von uns noch von früher kennen: "Du Kleiner, hast gar nichts zu sagen, du bist still!" – sie alle lassen einen Menschen im Lauf der Zeit verstummen.

Die Kinder haben still zu sein, nur die Erwachsenen reden.

Außerdem werden Kinder oft überhört, oder sie werden übergangen, wenn sie etwas sagen. Man stellt sie auf die Seite, nimmt sie nicht ernst in ihrem Ausdruck. In all den oben beschriebenen Fällen geht das Halschakra zu, schon zu Beginn des Lebens. Und das Fehlverhalten, das daraus entsteht, schleift sich ein, ist fast nicht mehr wegzubringen. Wie schade, denn niemand sonst außer uns weiß so genau, was wir wollen. Aber wenn wir es nicht sagen, nicht ausdrücken, wie können es dann die anderen wissen?

MERKUR korrigiert beides. Ein Zuviel-Reden und ein Zuwenig-Reden. Diese Essenz wird gerne von Männern genommen. Viele Männer sagen, daß sie diese Essenz brauchen, um ein Sprungbrett zu bekommen zu vermehrter Kommunikation. Und plötzlich nimmt der Redefluß zu Hause, innerhalb der Beziehung oder der Familie wieder zu, denn Männer haben schneller die Tendenz, nichts mehr zu sagen. Frauen suchen das Gespräch immer noch, selbst dann, wenn sie sich bereits verletzt fühlen. Es ist schwierig, wenn ein Mensch fast nur schweigt. Man weiß dann nie so genau, was er denkt und was in ihm vorgeht. Es macht hilflos oder wütend, wenn man auf seine Frage keine Antwort bekommt, weil der Angesprochene nicht antwortet. Die Kommunikation erstickt so gleich zu Beginn. Solch ein Verhalten kann für den, der schweigt, auch bequem sein, denn dadurch muß er keine Stellung zu irgendwas beziehen, er kann sich dem entziehen. Solch ein Verhalten erschwert jede Beziehung.

Mit *MERKUR* kommt das Gespräch wieder in Fluß. Man verspürt wieder das Bedürfnis, sich auszudrücken, denn die Merkurkraft regiert das Element Quecksilber. Dieses ist das flüssigste und beweglichste aller Metalle. Also bringt sie wieder in Fluß, was vorher vielleicht verbockt und verstockt gewesen war.

Auch im Körper ist diese Energie spürbar. Er bewegt sich wieder, wird geschmeidig, beweglich, fühlt sich nicht mehr so schwer an, Trägheit verschwindet. Es kommt etwas in Fluß, auf verschiedenen Ebenen. Das Telefon klingelt vielleicht wieder vermehrt, wir sind mehr unterwegs, und schon länger anstehende Besorgungen werden jetzt endlich erledigt.

Auch unter Gleichgesinnten ist es wichtig, eine Drehscheibe oder einen gemeinsamen Platz zu haben, wo Austausch stattfinden kann. So kommt Wissen zusammen, verbreitert und vergrößert sich. Außerdem wird so eine Möglichkeit geschaffen, das eigene Wissen zu überprüfen oder sich bei inneren Unklarheiten zu bestimmten Themen eine neue Klarheit erarbeiten zu können. Wer sich gerne mit anderen austauscht, belebt die Welt, macht sie lebendig und farbenfroh. Zudem kann er etwas in Bewegung setzen.

BESONDERHEIT

MERKUR ist gut bei Prüfungsarbeiten in Schule oder Studium, weil er das analytische und logische Denken anregt und den sprachlichen Ausdruck fördert. Außerdem ist er ausgezeichnet bei Rücken- und Schulterverspannungen. Man nimmt ein paar Tropfen *MERKUR* in ein Massageöl und reibt die schmerzenden oder verspannten Stellen einmal täglich ein. Er hilft bei Redehemmungen, Stottern und nervösen Ticks.

POTENTIAL

Beweglichkeit, Leichtigkeit, geistige Wachheit, Interesse, gute Auffassungsgabe, gute Beobachtung, Kommunikation, geistiges Arbeiten, sprachliche Gewandtheit, Kombinationsfähigkeit, praktisches Geschick.

MERKUR wirkt im Horoskop auf folgende Weise: Alles, was der Geburts-Merkur im positiven (entspannten, förderlichen Aspekt) im Horoskop berührt, steht für das POTENTIAL seiner Kraft. Alles, was der Geburts-Merkur im negativen (gespannten, hemmenden, blockierenden) Aspekt im Geburtshoroskop berührt, steht für die BLOCKADE seiner Energie.

Durch die Einnahme der Sternenessenz MERKUR wird ihre ICH BIN-KRAFT hervorgeholt. Die positiven Kräfte im Horoskop werden verstärkt und gefestigt, die negativen Aspekte entspannt, BLOCKADEN abgebaut und die positiven Kräfte des POTENTIALS vergrößert.

AFFIRMATION
Ich bringe mich zum Ausdruck. Ich werde geistig wach und fit.

MEDITATION
Ich spüre meinen Solarplexus und strahle von dort, wie eine Sonne. Ich fühle, wie ich mich im Solarplexus verankere, mich dort wohl und zu Hause fühle.

Jetzt spüre ich meine Lungenflügel. Meine Atmung vertieft sich, ich fülle meine Lungen mit Sauerstoff. Ich belebe mich, durch meine Atmung.

Das Bewußtsein wandert nun in den Kopf. Auch er füllt sich mit der eingeatmeten Luft. Er wird hell und klar und leicht.

Durch diese intensive Atmung stellt sich in meinem Körper eine große Lebendigkeit ein.

Mein Rücken stärkt sich und wird gerade. Auch er füllt sich mit der Kraft des Atems.

Mein Nacken entspannt sich. Meine Arme werden leicht wie Flügel.

Ich genieße diesen Fluß des Lebens, der durch mich hindurchfließt.

Nun spüre ich mein Drittes Auge. Das macht ruhig und klar. Ich weiß, daß ich alles ausdrücken kann, was ich ausdrücken will. Ich beginne mich zu bewegen, zu tanzen, zu springen. Mein Halschakra öffnet sich.

Kraft ist da, Worte zu finden, die passen und alles, was in mir lebt, zum Ausdruck zu bringen.

Ich bin mein eigener Kanal.
Ich durchbreche Mauern, die ich selbst aufgebaut habe.
Energie, die sich in mir festgesetzt hat und mich blockiert, kommt in mir neu in Bewegung. Ich kann mich ausdrücken. Ich zeige mich. Ich bringe mein Inneres nach draußen. Ich befreie mich durch die Laute meiner Stimme. Ich bin Rhythmus und Bewegung.
Ich genieße die Worte, die über mein Halschakra nach draußen fließen. Ich werde frei, indem ich mich offenbare.

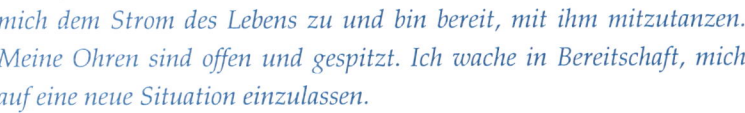

Ich werde leicht wie eine Feder. Ich bin sprungbereit und offen für Neues. Ich wende mich dem Strom des Lebens zu und bin bereit, mit ihm mitzutanzen. Meine Ohren sind offen und gespitzt. Ich wache in Bereitschaft, mich auf eine neue Situation einzulassen.

Mein Körper fühlt sich leicht und beweglich an. Ich entspanne mich mehr und mehr. Heiterkeit und Gelassenheit begleiten mich. Offen und klar signalisiere ich meinen Standpunkt. In Kommunikation mit anderen lebe ich auf, es ist für mich der Fluß meines Lebens.

Bewegung und Beweglichkeit stärken meinen Geist.

Hoch oben throne ich, schaue auf alles hinab und sehe, wo Verbindungen untereinander geschaffen werden sollen. Beweglichkeit ist meine Stärke. Schnell bin ich von einem Ort zum andern, Entfernungen überwinde ich leicht. Fliegend, spielend überwinde ich Hindernisse. Für mich sind sie nur Spitzen gewisser Arten, die zusammengefügt zu einem Ganzen gehören. Mein Geist ist frei, er fühlt sich mit allem verbunden.

Ich schaffe eine Verbindung zwischen ganz verschiedenen Polen.
Ich erzeuge eine neutrale Haltung gegenüber allem und jedem.
Kommunikation ist mein Element.

VENUS UND MARS

Neben Sonne und Mond sind Venus und Mars Sternenkräfte, die uns auf der persönlichen Ebene am meisten prägen. Zeigen nun Sonne und Mond die Prinzipien von Vater und Mutter in uns auf, zeigen Venus und Mars Anima und Animus auf. Diese sind Partner-Suchbilder auf geschlechtlicher Ebene. Venus und Mars sind Kräfte, die unsere Grundbedürfnisse, die Triebe und unsere Sexualität steuern.

Eines unserer Grundbedürfnisse ist sicherlich, daß wir in einem Beziehungsfeld eingebettet sind (Venus). Ebenfalls aber auch, daß wir trotzdem genügend Freiraum bewahren können (Mars). Diese zwei Sternenkräfte bringen uns klar das Thema von Nähe und Distanz.

Neben vielen anderen Kräften sollen auch unsere sexuellen Kräfte fließen können. Sie bringen uns Freude, Lockerheit und Lebendigkeit. Oftmals fließen diese Kräfte aber gar nicht so gut, weil sich noch viel Verdrängtes in unserer Basis befindet und weil Belastungen zu Themen von Venus und Mars in diesem Leben oder in früheren Leben entstanden sind. Es gab vielleicht Momente, in denen wir, zum Beispiel als Kind, unsere Liebe nicht zeigen und ausleben konnten, weil ein Elternteil, oder gleich beide zu sehr auf Distanz gingen. Oder wir wurden in unseren spontanen Handlungen immer wieder gebremst. Oder uns passierten sexuelle Übergriffe in einer leichteren oder schwereren Form.

Solche Erlebnisse prägen den Ausdruck von Venus und Mars ungünstig. Es entstehen Hemmungen, Blockaden und innere Ablehnungen. Diese wirken sich auf das Beziehungsleben negativ aus.

Da sexuelle Übergriffe für die Psyche als sehr schlechte Erfahrungen gelten, werden sie in der Regel, besonders in der Kindheit, verdrängt. Solche Blockierungen kommen erst nach einer gewissen Weile im Transformationsprozeß an die Oberfläche, wenn die Seele bereit ist, an diesem heiklen Thema zu arbeiten. Denn das Vertrauensverhältnis zum Du ist durch ein solches Erlebnis empfindlich gestört worden.

Venus und Mars sind zwei gegensätzliche Prinzipien, die zusammen ein Ganzes ergeben. Ohne Venus ist Mars nichts und umgekehrt auch nicht. Diese zwei Energien sind in uns – wie bei Sonne und Mond – meistens nicht ausgeglichen. Ausgewogen können wir beide Prinzipien nur leben, wenn keines von beiden in unserem Leben unterdrückt oder vernachlässigt wird. Die Essenz Venus oder die von Mars unterstützen uns da sehr. Vieles kommt in eine innere Balance und in eine innere Zufriedenheit.

Venus	Mars
Das Ja zum Leben	Die Durchsetzung zum Leben
Annahme, Zulassen	Schutz, Abwehr
Schlichtung	Kampf
Verbindung	Ablösung

VENUS - DIE INNERE WEIBLICHKEIT / DIE LIEBE ZUM IRDISCHEN
UMLAUFZEIT durch alle Sternzeichen 225 Tage
AUFGABE: Hüterin der Natur, der Kunst, des Schönen
ELEMENT: Erde
LEITSATZ: Ich habe
CHAKREN: Sakral, Herz
TAROT-KARTE: *Die Herrscherin*
ARCHETYP: Göttin der Liebe, des Friedens, der Harmonie, der Schönheit. Die junge Frau, die Geliebte

ASTROLOGIE

Die Venus gehört zum Sternzeichen Stier und ist ein persönlicher Sternenplanet. Ihre Energie wirkt auf unsere weibliche Seite.

Die Venus symbolisiert die Anima im Horoskop, zeichnet sich als weibliche Geschlechtlichkeit aus. Das Thema ist, Harmonie und Ausgleich in Beziehungen in Fluß zu bringen und sie zu erhalten. Sie hat aber auch den Bezug zur Natur, zu Kindern, Tieren usw., Liebe zur Schöpfung und zu allem von Menschenhand kunstvoll Gestaltetem. Der Leitsatz der Venus lautet: Ich habe.

DIE ESSENZ UND IHRE WIRKUNG

VENUS bringt die Dinge in Fluß. Gerade in Beziehungen braucht es immer wieder ein neues Brush-up, damit das Schöne und Reizvolle der Beziehung erhalten bleibt. Die Essenz bringt uns dem wieder näher. Zuerst einmal will sie uns entspannen, verleitet uns zum Nichtstun, zum Zeithaben, zum Genießen. So werden wir neu aufgetankt. Beziehungen können aufblühen und vertieft werden. Für ein Leben zu zweit oder in der Familie ist dies eine wichtige Entwicklungsmöglichkeit. Bedürfnisse bekommen nun Raum, um sich anzumelden. Die Venus-Energie wirkt sich günstig in Familien und Gemeinschaften aus. Sie ist wie ein Kitt, der die Familie zusammenhält. Die Sanftmut, die Harmonie, die Menschenliebe und das Mitgefühl, das sie vermittelt, bedeuten eine Wohltat für alle Beteiligten und fördern Gemeinsames. Einen typischen Venus-Menschen könnte man als Harmoniemenschen bezeichnen. Diese Fähigkeit kann aber auch eine große Falle für ihn sein, wenn er sich zu stark für die Harmonie in der Familie einsetzt. Dann ist er plötzlich derjenige, der immer zuständig ist, wenn es innerhalb der Familie Streit und Zwietracht gibt. Er wird dann zum ewigen Schlichter der Familie und kann mit dieser Rolle – sei sie gewählt oder ihm zugewiesen - in eine Unfreiheit hineingeraten, denn Streit kann er nicht ertragen. Die Problematik, die es zu lösen gilt, kreist dann ständig in seinem Kopf umher. So macht er sich zum Sklaven seines großen Harmoniebedürfnisses. Natürlich ist jede unbereinigte Situation in der Familie belastend, aber man darf sich dem Frieden zuliebe nicht aufopfern, nur damit wieder Ruhe herrscht oder der Leidensdruck verschwindet.

Ein Venus-Mensch kann Streit nicht dulden. Er versucht es mit der Macht der Liebe. Mit liebevollen Worten, mit einer harmonischen Ausstrahlung. Kampf ist für ihn ein Greuel. Das Zeichen des Friedens steht ihm ins Gesicht geschrieben. Mit viel Menschenliebe und Mitgefühl kommt er auf uns zu. Er möchte sich einbringen in die Beziehung, möchte darin fließen, sich vereinigen, sich hingeben und sogar verschmelzen. So braucht er die Nähe seiner Mitmenschen. Wenn er diese nicht spüren kann, weil zuviel Distanz da ist, leidet er. Er fühlt sich dann wie in einem luftleeren Raum, denn er möchte die Gemeinschaft zusammenhalten und seine Lieben mitfühlend unterstützen. Zuneigung, freundliche Worte, gute Umgangsformen, Versöhnlichkeit – dies alles zeichnet diesen Menschen aus, und er fördert damit Freundschaft und Offenheit der Menschen untereinander. Man fühlt sich wohl und angenommen in seiner Gegenwart.

Viele Wesen sind zur Zeit auf dieser Erde inkarniert, deren feinstofflicher Heimatplanet die Venus ist. Sie sind nach hier gekommen, um uns die Schönheiten des Lebens bewußt zu machen und uns zu lehren, wie wir uns mit Liebe und Harmonie begegnen können. Ihr Sternenplanet hat große Ähnlichkeit mit unserem, denn er ist die größere Schwester unserer Erde. Eine großartige Vegetation ist dort anzutreffen. Das ganze Leben dort ist von wunderbarer Schönheit geprägt. Die Bewohner der Venus leben bereits viel harmonischer miteinander, sind allem in Liebe verbunden, und natürlich auch mit ihrer prachtvollen Natur. Sie haben ein großes Naturbewußtsein entwickelt.

VENUS verschafft uns einen neuen engen Zugang zur Natur. Wenn wir unsere Beziehung mit der Natur festigen können, verstärken wir automatisch die Beziehung zu unserer inneren Natur. Daraus entsteht eine große Natürlichkeit. Wenn wir uns tief auf die Verbindung mit der Natur einlassen, können wir sehen, daß sie uns trägt, versorgt und nährt. Das aber haben wir größtenteils vergessen, holen wir doch unsere Nahrungsmittel aus dem Supermarkt und längst nicht mehr direkt von der Natur selbst. Dadurch ist viel Bezug zur Natur verlorengegangen – Ursache vieler Ängste, denn je mehr wir von der Natur getrennt sind, oder uns abgetrennt haben, desto stärker werden unsere Lebensängste, und wir verlieren das Urvertrauen.

Unsere Mutter Erde schenkt uns so viel. Wenn wir uns über die Materie, die auf dieser Welt anzutreffen ist, freuen können, können wir auch das Leben hier bejahen. Dann beginnen wir, es uns schön und behaglich zu machen. Wir richten uns eine geschmackvolle Wohnung ein, bedecken unsere physische Hülle mit erlesenen Kleidern, damit unsere Schönheit voll zur Geltung kommen kann. Wir leisten uns den Luxus, den wir brauchen.

Kurzum, wir lassen es fließen, lassen auch das Geld fließen, im Glauben und im Vertrauen, daß es immer wieder nachfließen wird. Wir lernen, die vielen Gaben dieser Welt, die Natur und alles, was sie uns gibt, anzunehmen und schaffen uns ein gutes Leben. Aber wieviel Selbstverneinung steckt noch in uns? Wieviel Ablehnung gegenüber unserem Wesen oder gegenüber unserem Aussehen?

Beim Beginn der Pubertät erwacht die Venus-Energie in uns. Sie beginnt zu wirken und intensiviert sich mehr und mehr. Man macht sich plötzlich schön, stylt sich die Haare, trägt schicke Kleider, steht stundenlang vor dem Spiegel und leidet oft nur wegen eines Pickels oder ein paar Härchen, die nicht so liegen, wie man es möchte.

Die Auseinandersetzung mit der Schönheit, Anziehung, Ausstrahlung, beginnt. Bin ich attraktiv, bin ich sexy? Solche Fragen können wichtig sein, sogar lebenswichtig, denn diese Attribute sind oft die tragenden Kräfte, die Männlein und Weiblein, oder umgekehrt, zusammenbringen. Den eigenen Körper, das eigene Aussehen zu bejahen, das will gelernt sein. Meist geht es weit über die Pubertät hinaus, bis man sich und seine Eigenart wirklich akzeptieren kann.

Mit *VENUS* lernen wir ein Stück Eigenliebe und Eigenakzeptanz. In der Kinderzeit schlummert die Sexualkraft noch. Gibt es aber in diesem Kindesalter sexuelle Handlungen, Übergriffe oder unsanfte Behandlungen, ist das der Venus-Kraft sehr abträglich. Das natürliche Wohlgefühl kann dadurch verschwinden. Vielmals resultiert später daraus eine Blockade in der Sexualität, die sich in Frigidität oder durch eine Ablehnung der Sexualität im allgemeinen äußert. *VENUS* glättet diese Wogen. Sie will uns im zweiten Chakra wieder heil machen. Wenn wir dazu bereit sind, können wir viel Altes, Unverdautes auflösen und bereinigen.

BESONDERHEIT
VENUS wird oft in der Pubertät gebraucht und kann dann etwas weniger dosiert als bei Erwachsenen abgegeben werden. Sie ist für Mädchen und Jungen gleichermaßen geeignet. In dieser Zeit spielen oft die Hormone verrückt, oder die Entwicklung läuft phasenweise einseitig. So kann VENUS (oder MARS, je nachdem) ausgleichend wirken. Diese Essenz kann ein Mädchen einweihen und den Übergang zur jungen Frau eröffnen. Zudem ist ein VENUS-Bad ein Wohltat, für Frau und Mann (zehn Tropfen in ein Vollbad geben, nur 1 x wöchentlich).

POTENTIAL
Beziehungsfähigkeit, Geben- und Nehmen-Können, Liebe zu allem, was lebt, Hingabe, Geselligkeit, künstlerische Talente, Schönheitssinn

VENUS wirkt im Horoskop auf folgende Weise: Alles, was die Geburts-Venus im positiven (entspannten, förderlichen) Aspekt im Geburtshoroskop berührt, steht für das POTENTIAL ihrer Kraft. Alles, was die Geburts-Venus im negativen (gespannten, hemmenden, blockierten) Aspekt im Geburtshoroskop berührt, steht für die BLOCKADE ihrer Energie.
Durch die Einnahme der Sternenessenz VENUS wird ihre ICH BIN-KRAFT hervorgeholt. Die positiven Kräfte im Horoskop werden verstärkt und gefestigt, die negativen Aspekte entspannt, Blockaden verkleinert und so die positiven Kräfte des Potentials vergrößert.

AFFIRMATION
Ich fließe mit dem Leben. Ich nehme das Leben an und genieße es.

MEDITATION

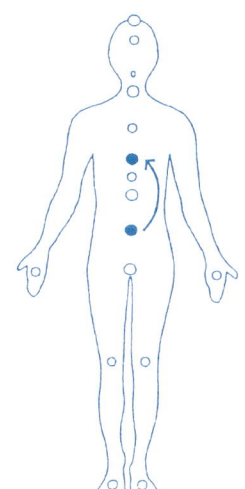

Ich spüre meinen Solarplexus. Von dort strahle ich Freude, Bejahung, Fülle aus. Ich spüre mein Herz. Es öffnet sich. Ich fühle aus dem Herzen heraus und nehme das Leben mit dem Herzen auf.

Ich spüre Zuversicht im Herzen und strahle sie aus. Ich bin eins mit dem Leben. Ich spüre Leben in mir und um mich herum. Ich spende Leben, begrüße Leben, erfreue mich am Leben.

Jetzt nehme ich mein Sakralchakra wahr. Freude erfüllt mein Sein. Ich bin offen, fühle mich geborgen und sicher. Ich strahle Freude aus.

Ich fühle mich wie als Baby im Bauch meiner Mutter. Ich seufze vor Ruhe und Zufriedenheit. Zwischen dem Herzchakra und meinem Sakralchakra entsteht eine Verbindung. Mein tiefes Sicherheitsgefühl verbindet sich mit meiner Liebe. Ich fühle mich frei und fähig zu leben.

Jetzt spüre ich mein Basischakra. Dort befindet sich meine wahre Basis. Diese Basis wird jetzt größer und verfestigt sich.

Ich fühle, wie ich Boden unter meinen Füßen habe. Ich fühle mich gut und sicher, atme tief in mein Basischakra hinein.

Ich bin verbunden mit mir und mit allem, was ist.

Mein Basischakra füllt sich auf wie ein See. Er gibt mir Kraft und Substanz.

Ich kann meine weibliche Seite gut annehmen und strahle Weiblichkeit aus. Ich befruchte das Leben, das Leben befruchtet mich. Ich bin bei meiner Kraft angekommen.

Ich entspanne mich. Ein wohliges Gefühl macht sich in mir breit. Ich stehe auf Empfang und genieße, was immer mir das Leben zu bieten hat. Streß und Hektik verschwinden aus meinem Körper. Ich atme tief durch und beginne zu sein. Ich genieße es, die Welt und die Natur zu betrachten, mit all ihrer Schönheit, in ihrer ganzen Schöpfung. Ich genieße diesen Anblick und spüre die tiefe Ästhetik, die sich dahinter verbirgt. Mein Herz wird ganz weit und ein Gefühl der Versöhnlichkeit macht sich in mir breit. Ich fühle mich wohl und zufrieden in meiner Haut und strahle dies aus. Meine eigene Schönheit wird mir bewußt. Mein Körper, mein Gesicht, meine Hände, meine Umgebung, alles sehe ich im Lichte der Schönheit. Ich nehme mich an und erfreue mich an mir. Ich bin stolz auf all die Schönheiten, die ich zustande gebracht habe.

Liebe fließt zu mir und zu allen Geschöpfen auf dieser Welt, zur Natur, zum Universum. Ich liebe mich, meine Familie, mein Leben.

Alles erstrahlt in einem neuen Glanz der Schönheit.

Ich verbinde mich mit dem Planeten Venus, der voller Schönheit, Anmut und Bewußtheit ist. Vielleicht bin ich ein Kind der Venus. Dann verbinde ich mich mit meinem Himmelsplaneten und erfreue mich an der Fülle, die von dort kommt und nun auch in mein Leben fließt.

Ich heile meinen weiblichen Teil der Sexualität, lasse Blockaden und alte Wunden los, damit ich meiner Schönheit Ausdruck verleihen kann. Ich genieße die Sexualität, sie schenkt meinem Leben Freude und Schönheit. Habe ich Belastendes mit meiner Sexualkraft erlebt, lasse ich es los. Die Bilder steigen jetzt in mir hoch, jedes Bild lasse ich zu. Wenn mich manche Bilder noch zu stark belasten und mir Angst machen, schiebe ich sie beiseite. Ich schaue mir die aufsteigenden Bilder und Gefühle als Beobachter an und erkenne, welche Lektionen in diesen Situationen für mich gesteckt haben. Ich bin dankbar für die reichen Erfahrungen und das, was ich soeben erkannt habe. Alle Gefühle und Glaubenssätze, die mit diesen Erfahrungen verbunden sind, lasse ich in mir aufsteigen und lasse sie zu. Ich verzeihe mir und allen anderen, die in diesem Spiel mitgewirkt haben. Nun lasse ich alles los und werde frei.

* * * * *

MARS - AKTIVITÄT - LUST – TATENDRANG
MARS ist der Sternenplanet des Sternzeichens Widder
UMLAUFZEIT durch alle Sternzeichen 687 Tage
AUFGABE: Hüter des menschlichen Willens und der inneren Männlichkeit
ELEMENT: Feuer
LEITSATZ: Ich bin
CHAKREN: Basis. Herz
TAROT-KARTEN: *Der Herrscher, Die Kraft*
ARCHETYP: Gott der Fortpflanzung und Zeugung. Ares oder Mars, Gott des Krieges.

ASTROLOGIE:
Der Mars gehört zu den persönlichen Planeten. Seine Energie wirkt auf unsere männliche Seite. Er symbolisiert im Horoskop das Suchbild der Frau: Den Animus. Auch das Bild des Liebhabers. Der Mars im Horoskop symbolisiert eine Energie, die gezähmt und in die richtigen Bahnen gelenkt werden möchte. Er ist wie ein Pferd, das einen Reiter braucht, der das Tier bändigt und führt. Unser Geist ist dabei als Lenker gefragt. Das eigentliche Ziel von Mars ist, die eigene Wesensnatur zur Entfaltung zu bringen. Ein typischer Mars-Mensch ist ein Mensch der Tat. Er möchte seine große Kraft einsetzen. Handlungen sind gefragt. Gerne setzt er seine Kraft in Taten um, probiert aus, agiert spontan, denn er ist ein Praktiker. Sein Temperament kann aggressiv, ja hitzig werden, wenn er seinen Willen nicht durchsetzen kann. Das Verlangen, ein Ziel zu erreichen und dabei möglichst zu den ersten zu gehören, ist für ihn die treibende Kraft. Er hat einen Zugang zum Natürlichen, zum Instinktiven und die Kraft, Widerstände im Leben anzugehen. Er ist der Kämpfer.

DIE ESSENZ UND IHRE WIRKUNG

Manchmal braucht man vermehrten Antrieb, einen Kick. Vielleicht warten Arbeiten, die erledigt werden sollten, aber uns fehlt die Kraft dazu. *MARS* gibt Lust, etwas anzupacken, zu erledigen, etwas zu tun. Mit ihm können wir in kurzer Zeit vieles in Gang setzen und bewältigen. Unser Willen wird geweckt. Es ist wichtig, daß dieser Wille ein Ziel hat. Wofür setze ich meine Kraft ein? Was habe ich für wichtige Ziele in meinem Leben, für die ich jetzt diese vermehrte Energie einsetzen kann?"Mars macht mobil, in Arbeit, Sport und Spiel". Dieser sicherlich stimmige Slogan über den Mars zeigt auf, daß mit seiner Hilfe in verschiedenen Bereichen des Lebens die Dinge in Gang kommen. Was nützt es, wenn wir innerlich genau wissen, was getan werden sollte, es aber nicht tun? *MARS* läßt das Blut pulsieren, Leben erwacht in uns, Wärme kehrt in unseren Körper zurück, wir werden zu einem Menschen der Tat: Lebensfreude, Spielfreude, Freude am Kämpfen, an Herausforderungen, ja, sogar Freude an Auseinandersetzung macht sich breit. Er macht Mut und führt uns hin zu vermehrter Risikobereitschaft.

MARS ermutigt zu einer spontanen Tat, und schon manche hat erfrischend gewirkt und Angestautes unter Menschen wieder in Fluß gebracht. Oder Zweifel beseitigt und die betroffenen Menschen einander wieder nähergebracht. Er gibt den Menschen die Kraft, sich frei von der Leber weg durchzusetzen, Freiraum zu schaffen. Oder sich abzugrenzen, damit er sich weiterhin frei fühlen kann.

Natürlich muß man bei einem Überschuß dieser aktiven Energie aufpassen. Es ist übertrieben, mit dem Kopf durch die Wand gehen zu wollen. Man darf andere nicht überrennen und auch nicht über den Kopf anderer hinweg handeln, denn jeder Mensch hat das Recht, in die Geschehnisse mit einbezogen zu werden und mitzuentscheiden.

Andererseits besteht bei vielen Menschen oft eine Hemmung, zu handeln. Sie können nicht anders, als die Hände in den Schoß zu legen. Oder sie machen dann die Faust in der Tasche. Sie trauen sich nicht. Vielleicht wurden sie in der Kindheit für ihre Taten getadelt und bestraft. Oder ihre Handlungen wurden untergraben und nicht gefördert. Vielleicht konnten sie ihren Willen nie richtig durchsetzen. So entsteht Unsicherheit. Man vertraut dann dem eigenen spontanen Handeln nicht mehr und nimmt die Energie zurück. Doch spontanes, instinktiv richtiges Handeln wächst auf einem Boden der Selbstsicherheit. Wird die Marskraft unterdrückt, wird sie sich eines Tages ins Negative verwandeln. Sie wirkt dann destruktiv. Oft kommt diese unterdrückte Energie in plötzlichen Wutanfällen hoch. Oder der Mensch wird handgreiflich, vergißt sich vor Wut. Auf der körperlichen Ebene kann sie sich mit Krankheiten bemerkbar machen, die mit Entzündungen und hohem Fieber zu tun haben. Die Marskraft ist die männliche Sexualkraft, die jeder Mensch in sich trägt. Diese Energie soll gelebt werden, denn sie macht uns frei und stark. Sexualität zu leben, verbunden mit dem Herz, ist wunderbar. Aber alles, was mit dieser Marsenergie negativ erlebt wird, setzt sich als Blockade im tiefen Beckenbereich, in unserer Basis, ab. Schwere Belastungen, wie zum Beispiel körperliche Übergriffe sexueller oder seelischer Art, können die Beziehung zu unserem inneren Marspotential stören und stark gefährden. Oder es gab Übergriffe, die wir durch eine männliche Person erlebt haben. *MARS* nimmt sich solcher Belastungen an, wenn wir es innerlich wollen, und holt uns diese tiefen, negativen Gefühle wieder ins Bewußtsein. Wenn wir bereit sind, mit diesem heiklen Thema zu arbeiten, es zu erlösen, wird *MARS* für uns zu einem wundervollen Freund und hilfreichen Begleiter und Heiler werden.

BESONDERHEIT
MARS drosselt Überaktivität aus und aktiviert Passivität.

POTENTIAL
Männliche Sexualkraft, Entschlußkraft, Handlung, Wille, Konfliktbereitschaft, Energie, Instinkt, Abgrenzung

MARS wirkt im Horoskop auf folgende Weise: Alles, was Mars im positiven (entspannten, förderlichen Aspekt) im Geburtshoroskop berührt, steht für das POTENTIAL seiner Kraft. Alles, was Mars im negativen (gespannten, hemmenden, blockierenden) Aspekt im Geburtshoroskop berührt, steht für die BLOKKADEN seiner Kraft. Durch die Einnahme der Sternenessenz *MARS* wird die ICH BIN-Kraft hervorgeholt, die positiven Aspekte im Horoskop werden verstärkt und gefestigt, die negativen Aspekte entspannt, BLOCKADEN verkleinert, und dadurch die positiven Kräfte, das POTENTIAL, vergrößert.

AFFIRMATION
Ich bin aktiv und frei. Ich befreie mich, um mit voller Kraft dienen zu können. Meine Sexualität macht mir Spaß, sie fördert meine Aktivität und Zielgerichtetheit.

MEDITATION
Aktivität fließt in meinen Körper. Ich spüre meinen Pulsschlag und den Herzschlag. Es pulsiert im ganzen Körper. Ich spüre, wie mein Blut fließt.
Ich spüre meine Chakren. Sie beginnen zu rotieren. Ich fühle mein Herzchakra. Es wird größer. Jetzt spüre ich mein Basischakra. Zwischen Herz und Basischakra findet eine Verbindung statt. Es fließt hin und her.
Ich spüre meinen Kopf und meinen Hinterkopf. Es pulsiert im

Hinterkopf.
Zwischen dem Hinterkopf und dem Herzchakra findet ebenfalls eine Verbindung statt. Es fließt auch da hin und her.
Jetzt fließt die Energie weiter den Rücken hinunter. Ich spüre mein Steißbein. Es lockert sich und frischt mich mit neuer Energie auf. Die Energie fließt weiter ins Basischakra. Dieses füllt sich auf. Ich spüre, wie standfest und bodenständig ich bin.
Ich fühle mich ruhig, zu Hause. Ich bin zufrieden.

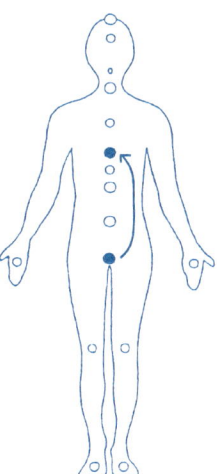

Ich nehme Aktivität in meinem Körper wahr. Ich habe Lust, etwas zu tun. Ich erkenne, daß Bewegung etwas verändert. Ich habe Lust, mich zu bewegen, mich auszudrücken, etwas zu gestalten. Aktivität befreit mich. Ich komme so ins Fließen.

Alles in mir ist wach und bereit, etwas zu tun. Ich fühle mich wie eine gespannte Feder und habe Lust an dieser Spannung. Aktion ist gefragt. Ich bin bereit, meinen Teil aktiv einzubringen. Ich bin bereit, mich zu riskieren, mich zu zeigen, wie ich bin und was ich will. Ich zeige, wo meine Grenze ist, ich wahre meine Grenzen, indem ich mich abgrenze, um ich selbst bleiben zu können. Ich bleibe mir treu. Ich bin auch bereit, mich zu wehren, wenn jemand zu stark in mein Leben eingreifen möchte. Ich weiß, wie wichtig es ist, daß ich meinen Platz beibehalten kann, so fühle ich mich frei und ungebremst. Meine Kraft gehört mir, und ich habe das Recht, diese Kraft ganz auszuleben. Ich lasse sie nicht begrenzen. Ich brauche meinen Freiraum, um ungehindert durchs Leben zu gehen. Es bereitet mir Lust, etwas zu tun. Ich bin aktiv, weil sich nur so die Welt verändert. Ich setze meine Ideen in die Tat um. So werde ich glücklich und frei. Ich liebe es, meine Energie auf ein Ziel zu richten. Es beglückt mich.

Meine Sexualität entspringt aus dem mächtigen Energie-Reservoir in meinem ersten Chakra. Dort liegt meine Basis, meine Urkraft. Sie macht mich stark und frei. Alles, was ich mit dieser Energie belastend erlebt habe, lasse ich jetzt los. Die Bilder steigen jetzt in mir auf. Ich lasse jedes Bild zu. Wenn mich bestimmte Bilder noch zu stark belasten und mir Angst machen, schiebe ich sie beiseite. Ich schaue mir die aufsteigenden Bilder als Beobachter an und erkenne, welche Lektionen in diesen Situationen für mich gesteckt haben. Ich bin dankbar für die reichen Erfahrungen und das, was ich dabei erkannt habe. Alle Gefühle, die mit diesen Erfahrungen verbunden sind, lasse ich in mir aufsteigen und lasse sie zu. Ich verzeihe mir und allen, die bei diesem Spiel mitgewirkt haben. Nun lasse ich alles los und werde frei.

* * * * *

JUPITER - SATURN

Diese zwei Sternenkräfte bilden einen Gegensatz. Ihre astrologischen Zeichen sind genau umgekehrt. Jupiter ist nach oben geöffnet, läßt das Geistige herein, hat seinen Fokus klar oben. Saturn ist nach unten geöffnet, läßt die Erdenkräfte einfließen, hat seinen Fokus unten.

Zwei Pole, die sich wunderbar ergänzen und zusammen ein Ganzes bilden. Ohne des einen Kraft wäre des anderen Kraft nichts. Sie brauchen einander. Die Unterschiede sind in der Tabelle auf der nächsten Seite aufgeführt.

Jupiter ist der Offene, der Freudige, Unbekümmerte und Humorvolle. Er sieht und beginnt gerne Neues. Er ist offen für die Welt und hat für diese ein großes Herz. Er ist neugierig und will erkunden. Seine vielen geistigen Interessen lassen ihn immer weiter suchen. Güte und Gerechtigkeit zeichnen seinen Weg aus.

JUPITER	SATURN
Humor, Heiterkeit	Ernsthaftigkeit
Öffnung fürs Geistige	Öffnung fürs Materielle
Erweiterung/ Vermehrung	Vertiefung
Offenheit	Rückzug
Neues	bewährtes Altes
aufs Geistige bezogen	aufs Materielle bezogen
geistige Werte	materielle Werte
auffüllen	aussortieren
auf etwas Neues stoßen	etwas zu Ende bringen
Begeisterung, ein Aufflammen	Geduld, Ausdauer
geistige Ordnung	materielle Ordnung
die geistigen Gesetze	die materiellen Gesetze
großes Selbstwertgefühl	kleines Selbstwertgefühl
Hoffnung	Bedenken
Ausdehnung	Zusammenzug

Saturn ist der Ernsthafte, der Zögernde, der lieber im Hintergrund bleibt. Er prüft, bis er sicher ist. Wenn er aber eine Tätigkeit als wichtig erachtet, nimmt er sich ihr mit voller Hingabe an. Treue, Beständigkeit und Dauerhaftigkeit zeichnen ihn, unter allen Sternenplaneten, am meisten aus. Mit seiner Kraft werden große Werke geboren, ganz einfach, weil er einen langen Atem besitzt. Er kann etwas zäh durchziehen und zu einem vollen Ende bringen.

JUPITER - ERWEITERUNG
JUPITER regiert das Sternzeichen Schütze
UMLAUFZEIT durch alle Sternzeichen circa zwölf Jahre
AUFGABE: Hüter der Rechte des Menschen und des Geistigen
ENERGIE: männlich
ELEMENT: Feuer
LEITSATZ: Ich sehe
CHAKREN: Herz
TAROT-KARTEN: *Der Hierophant, Rad des Schicksals*

ASTROLOGIE

Jupiter gehört zu den persönlichen Planeten. Seine Energie wirkt auf den männlichen Teil in uns. Unter der Sternenkraft Jupiters steht das Thema Erweiterung. Das kann vieles bedeuten und für jeden Menschen etwas anderes sein, je nachdem, wie wir geartet oder worauf wir ausgerichtet sind.

Unter dem Thema Erweiterung stehen zum Beispiel: Eine Reise machen, mit einer neuen Ausbildung beginnen, auf ein neues Interessengebiet stoßen, einen neuen Sinn im Leben entdecken, eine neue Beziehung oder eine neue Arbeitsstelle beginnen, auf ein neues Hobby oder auf ein neues Buch stoßen. Kurzum: Etwas Neues, das unser Leben bereichert.

DIE ESSENZ UND IHRE WIRKUNG

JUPITER will unserem Leben eine Erweiterung bieten. Diese kann in allem liegen. Im Innen wie im Außen, auf der materiellen und auf der geistigen Ebene - auf allen möglichen Lebensgebieten. Auf jeden Fall setzt *JUPITER* Wachstumskräfte frei, die dem Leben Auftrieb geben, die Gedeihen, Glück und Wohlstand fördern und der Entfaltung der Persönlichkeit dienen. Eine neue Kraft wird erzeugt, die auf Körper, Seele und Geist gleichermaßen wirkt. Die Aura weitet sich, man fühlt sich "größer". *JUPITER* verstärkt das Ja zum Leben. Er ermächtigt uns, das innere Kind in uns wieder neu zu entdecken. Dieses Kind ist offen, neugierig und geht positiv gestimmt auf das Leben zu. Es setzt volles Vertrauen in sich und in die Welt. Die Verbindung zu unserem inneren Kind gibt die Kraft, uns neu zu begeistern, läßt wieder an Besseres glauben und weckt einen gesunden Anspruch an das Leben: Der Wunsch, ein rechtes und gerechtes Leben führen zu können, mit innerem und äußerem Reichtum, einer Fülle, die uns zufrieden macht. Erfüllung kann sich oft erst in unserem Leben breitmachen, wenn wir uns selbst das Recht zum Leben geben und neue Hoffnung entfalten. Die Erinnerung an wichtige Wünsche, die uns einen Sinn im Leben geben, werden wach. Sie heben uns hoch, in etwas Größeres hinein, sie beflügeln, geben Kraft, Stärke und Vertrauen. Die richtige Einstellung dem Leben gegenüber ist oft entscheidend, damit das Glück uns entgegenkommen kann.

Unter *JUPITER* weichen Selbstzweifel und düstere Stimmungen zugunsten von neuem Lebensmut und einer optimistischeren Lebenshaltung. Er verleiht Selbstbewußtsein. Er öffnet das Herz, erinnert uns an die Weisheit, die wir in unserem Herzen tragen. Diese läßt Gute fließen und macht sogar Verzeihung möglich. Gleichermaßen wird der innere Glaube geweckt. Wir erkennen übergeordnete Prinzipien und Werte an. Dadurch werden wir über manches hinweggetragen und erhoben, in eine leichtere Realität hinein.

Da *JUPITER* öffnet, können wir vermehrt innere Führung zulassen, denn unsere Wahrnehmung erhöht sich. Von außen her, vor allem über das Ohr, von innen her über das Herz. Auch kann, durch die Verbindung zu unserem inneren Kind, eine reinere Form der Liebe wachsen, die im Herzen gründet. Über die Kraft von *JUPITER* ist es möglich, die Liebe vom Einfluß der

Emotionen zu reinigen. Er öffnet den Geist, bietet Überblick und eine Erweiterung unserer Horizonte, was zu größerer Gerechtigkeit führt. Da Jupiter mit dem Glauben und dem Anerkennen einer größeren Macht im Zusammenhang steht, entstanden in früherer Zeit aus seiner Kraft religiöse Handlungen, Rituale und Sakramente.

POTENTIAL

Erkenntnis, Ethik, Würde, Glaube, Hoffnung, Wachstum, Erfolg, Fülle, Gerechtigkeit, Barmherzigkeit, Güte, Gnade, Verzeihen.

JUPITER wirkt im Horoskop auf folgende Weise: Alles, was *JUPITER* im positiven (entspannten, förderlichen Aspekt) im Geburtshoroskop berührt, steht für die Stärken von Jupiter. Alles was *JUPITER* im negativen (gespannten, hemmenden, blockierenden) Aspekt im Geburtshoroskop berührt, steht für die Schwächen von Jupiter.

Durch die Einnahme der Sternenkraft *JUPITER* wird dessen ICH BIN-Kraft hervorgeholt, die positiven Aspekte im Horoskop werden verstärkt und gefestigt, die negativen entspannt, Blockaden verkleinert und bei mehrmaligem Einnehmen aufgelöst.

AFFIRMATION

Ich bin die volle Kraft des Lebens, die Fülle und die Zufriedenheit. Ich ströme dem Glück entgegen.

MEDITATION

Ich spüre mein Herzzentrum, wie es aktiviert ist und sich weitet. Die Größe meines Herzens wird mir bewußt, und die Güte. Ich öffne mich den Menschen und der Welt. Es strahlt aus meinem Herzen. Ich fühle mich durch diese Offenheit leichter. Jetzt spüre ich das Kronen-

chakra. Es öffnet sich, weitet sich aus, und es entsteht eine Lichtkrone. Ich verbinde mich mit dem Geistigen und empfange es. Ich erinnere mich an meine geistige Krone, die feinstofflich über meinem Kopfe steht. Sie reicht bis in den Himmel.

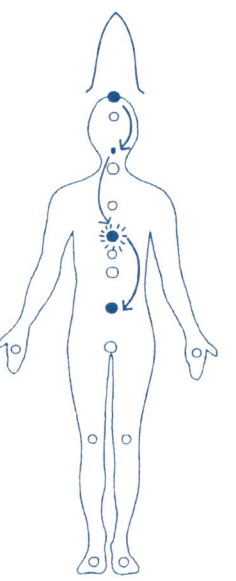

Die Aura füllt sich im oberen Bereich mit Licht und weitet sich. Licht fließt ein, dadurch fühle ich mich leicht. Jetzt fließt die Energie den Hinterkopf hinunter ins Chakra "Brunnen der Träume". Auch dieses Zentrum wird nun aktiviert. Altes, in mir liegendes Wissen wird wach.

Ich erkenne, wer ich bin. Neues Wissen breitet sich in mir aus. Ich fühle meine geistige Verbundenheit mit anderen Brüdern und Schwestern auf diesem Planeten. Wir haben zusammen ein gespeichertes Wissen, das wir in uns tragen. Jetzt erkenne ich es, Stück für Stück. Dieses Wissen wärmt mein Herz, muntert mich auf und öffnet mich für das Neue, das in mein Leben kommen will. Jetzt bin ich offen für das Neue. Ich fühle Leben und Wärme in mir. Mit dem Herzen strahle ich dem Leben entgegen.

Von meinem Herzen her entsteht nun eine Verbindung zum Sakralchakra. Ich empfinde vermehrt Lebenslust und Freude. Mein ganzer Körper wird mit diesen Gefühlen erwärmt.

Mein ganzer Körper ist aktiviert und ich spüre, daß ich lebe. Es pulsiert durch mich hindurch, und ich atme im Takt mit dem Kosmos.

Mein Herz öffnet sich erneut, ich fühle mich geborgen in mir und sicher. Dieses Gefühl strahle ich nun aus dem Herzen hinaus und gebe es in den Kosmos.

Ich fühle mich in mir ganz weit und hell. Ich fühle mich innerlich frei und leicht. Vieles fällt von mir ab, all das, was ich nicht mehr brauche. Wohlgemut steuere ich auf Neues zu. Ich bin offen und neugierig, was mir das Leben bringt. Unternehmungslustig beschreite ich meine Wege, bin offen. Ich weiß, wenn der Zeitpunkt reif ist, kommt es auf mich zu. Ich öffne mein Herz und lasse die Freude am Leben in mir aufsteigen. Gerne lache ich und singe ich. Ich bewege mich zu der Sonnenseite im Leben hin. So empfinde ich viel Optimismus dem Leben gegenüber, empfinde das Leben als leichter. Ich bekomme wieder Zugang zu meinem inneren Kind, das so sorglos hüpfte. Mein Herz ist weit geöffnet, wie eine Sonnenblume, offen erwarte ich die Welt, voller Vertrauen, daß das geschieht, was geschehen soll. Die Gerechtigkeit im Leben spielt es mir zu. Ich nehme Neues an, voller Freude und Lust.

Ich gehe offen auf Beziehungen zu. Durch mein Herz spüre ich, wenn jemand in Not ist oder Hilfe braucht. Gerne greife ich ihm dann unter die Arme und helfe ihm, denn ich weiß, daß wir alle zusammengehören und Brüder und Schwestern sind.

Ich unterstütze alles gerne, was ich gut finde und nehme auch gerne Unterstützung an, wenn ich sie brauche. So wird das Leben für mich und für andere leichter.

Gottes Liebe erleuchtet mich, ich glaube an etwas Größeres. Dadurch erlange ich Erhabenheit gegenüber dem Leben, die Gotteskraft erstrahlt durch mich, und ich segne alle Menschen, die meinen Weg kreuzen.

Ich komme aus dem Geistigen. Dadurch habe ich das Bedürfnis, vieles wissen zu wollen und anderen dieses Wissen weiterzugeben, sie damit zu erwecken. Wissen ist Geist, Geist ist Wissen. Ich ehre das Göttliche in mir und in dir.

* * * * *

SATURN - REALITÄTSSINN / KONZENTRATION AUF DAS WESENTLICHE
SATURN ist der Sternenplanet des Sternzeichens Steinbock
UMLAUFZEIT durch alle Sternzeichen circa achtundzwanzig Jahre
AUFGABE: Hüter der Zeit, Herrscher des Goldenen Zeitalters
ELEMENT: Erde
LEITSATZ: Ich gebrauche
CHAKREN: Basis, Solarplexus, Herz
TAROT-KARTEN: *Rad des Schicksals, Der Tod*
ARCHETYP UND MYTHOLOGIE: Chronos, der Sohn des Ouranus (Uranus)

ASTROLOGIE

Saturn ist ein persönlicher Planet. Seine Energie wirkt auf den weiblichen Teil unseres Wesens. Er bewegt sich in seiner Umlaufbahn in unserem Sonnensystem zwischen Jupiter und Chiron. Jupiter ist ein persönlicher, Chiron bereits ein überpersönlicher Planet. Also ist Saturn, der nach Jupiter kommt, der letzte der persönlichen Planeten, bildet deren Abschluß. Er ist auch der letzte unter denen, die noch sichtbar am Himmel stehen. Aus diesen Gründen wird er Hüter der Schwelle genannt oder als wichtiger Karmaplanet angesehen. Seine große Qualität ist: Er prüft und bringt die Dinge in Ordnung, damit die Persönlichkeit neu ausgerichtet werden kann.

Weitere Qualitäten von Saturn sind: Er liebt die Verpflichtung, setzt sich für eine wichtige Sache ein. Gibt dem Leben Form, Struktur und Ordnung. Er vermag es, sich auf das Nötigste, das Wesentliche zu beschränken, um Klarheit und Übersicht zu behalten.

DIE ESSENZ UND IHRE WIRKUNG

Ein typischer Saturn-Mensch nimmt das Leben ernst. Er sieht bei allem genau hin, prüft seinen Lebensweg immerfort. Bei allem, was ihm wichtig erscheint, übernimmt er gerne die Arbeit. Aber anders wie bei Mars, unter dessen Kraft auch viel geleistet wird, ist die Motivation bei Saturn nicht Lust an Tun selbst, sondern die Pflicht und der Sinn, der dahinter steht. Wenn etwas wichtig ist, dann muß es getan werden. Dort setzt er sich ein, ist pflichtbewußt, beständig, ausdauernd, bis die Arbeit fertig ist. Sorgfältig wird alles ausgeführt. Ein verläßlicher Helfer, der mit der Zeit zum Experten wird, weil er sich durch sein vieles Arbeiten immer mehr praktisches Wissen angeeignet hat. Dadurch wird er wertvoll. Er stellt sich schwierigen Aufgaben mit großem Ehrgeiz und Pflichtbewußtsein. Bis hin zu Verbissenheit und Härte kann es gehen. Da er alles ernst nimmt, vergißt er das erworbene Wissen nicht mehr, sondern speichert es tief in seinem Innern. Indem er sich in eine Aufgabe vertieft, kann große Erkenntnisfähigkeit erlangt werden. Viele Pflichten und große Aufgaben, die angenommen wurden, verleihen mit den Jahren großes, auf Praxis bezogenes Wissen.

Die Lebenslust geht aber oft durch das große Pflichtgefühl der Arbeit gegenüber verloren. Ist eine solche Einseitigkeit nur von kurzer Dauer, schadet sie nicht. Wird sie aber normal und pendelt sich über eine längere Zeit ein, geht vieles verloren. Man wirkt dann auf andere nicht mehr lebendig, sondern starr und "blutarm", entwickelt sich zu einer ernsten Natur. Ein Lachen kommt dann immer seltener über die Lippen, oder vielleicht hat man es schon ganz verlernt.

Durch die zu große Ernsthaftigkeit ist man zu streng zu sich selbst und verzichtet auf viel Schönes im Leben, versagt sich persönliche Bedürfnisse. Der Maßstab an einen selbst wird so hoch angelegt, daß er sich dabei immer wieder selbst erniedrigt. Ein geringes Selbstbewußtsein, die Angst, nicht liebenswert zu sein, nicht genügen zu können, sind die Folge. Die Energie von Saturn im Horoskop ist von zusammenziehender Natur. Greift sie zu stark in die Persönlichkeit ein, sind Hemmungen, innere Begrenzung, Blockierungen die Folge. So kann Heißersehntes nicht erreicht werden. Man steht sich durch die Blockierung selbst im Wege. Oder wir grenzen uns zu stark ab. Eine zu starke Abgrenzung kommt aus schlechten Erfahrungen, die wir gemacht haben. Jetzt werden wir an unsere Angst- und Verneinungspunkte geführt. Viele Verneinungen resultieren aus alten Ängsten. Mit *SATURN* Energie können wir uns von vielen solcher Ängsten befreien. Er zeigt die Illusionen auf und gibt uns neue Klarsicht.

Die Sieben-Jahres-Zyklus-Theorie des Anthroposophen Rudolf Steiner hat mit dem Saturnumlauf zu tun. Alle sieben Jahre kommt er in unserem Horoskop auf markante Punkte. Sein Einfluß wirkt dann stark in unser Leben hinein und prüft es erneut: Was ist noch beständig, wird noch gebraucht? Was hat noch Richtigkeit im Leben? Was ist überholt, hat sich nicht bewährt oder ist veraltet? Er scheidet aus, was nicht mehr stimmig ist. Das Loslassen beginnt, und damit auch das Prüfen, wie weit man auf dem Weg schon gekommen ist.

SATURN lehrt uns, daß alles einmal zu Ende geht und alles seine Zeit hat. Man soll es geschehen lassen, wenn es soweit ist. So wird Platz frei für Neues. Mit ihm wird neu geordnet, weggelegt, was nicht mehr gebraucht wird. Eine Qualität entsteht wie beim Ausräumen des Speichers oder des Kellers: Eine neue Übersicht kann geschaffen werden, einhergehend mit der inneren Auseinandersetzung, was von allem noch wichtig und nötig ist und was nicht mehr. Alles Durchlebte kann losgelassen werden, damit Freiraum entstehen kann. Dieses Ordnen findet im Außen und im Innen statt, auf materieller oder auf geistiger Ebene, je nachdem, was ansteht.

Die Essenz *SATURN* bietet eine wichtige, spirituelle Kraft an. Sie verbindet uns mit der Realität. Sie reißt uns die Schleier der Illusionen vor den Augen weg. Mit ihr bleibt man auf dem Boden, oder sie holt uns schnell wieder auf den Boden zurück. Diese Kraft erdet, gibt Wurzeln. Es entsteht eine Verbindung mit der Erde und ihren Schätzen, die sie uns darbietet, damit wir sie nutzen können.

Ein neues Gleichgewicht entsteht zwischen oben und unten, innen und außen. Auch wenn wir zu stark in der Materie verhaftet sind, kann ein neues Gleichgewicht gefunden werden. Oder wenn wir uns Neuem geistig zu sehr geöffnet haben, kann es geschehen, daß wir zeitweise abheben. *SATURN* bringt uns wieder auf den Boden zurück.

Sind im Horoskop ein starker Uranus und ein starker Neptun vorhanden, wird sehr viel Geistiges, vielleicht auch Astrales aufgenommen. Wenn nun Saturn im Horoskop eher schwach gestellt ist, entsteht ein gefährliches Ungleichgewicht zwischen Geistigem und Materiellem. Durch zuwenig Erdung sind die Inspirationen, die aufgenommen werden, im täglichen Leben schlecht umsetzbar. Viele, geistig offene Wesen landen in der Psychiatrie, weil sie Dinge sehen, hören und seelisch erfahren, die sie nicht verstehen und einordnen können. Durch eine zu schwache Erdung schwirren sie dann im Geistigen/ Astralen wirr herum und können das Aufgenommene in keine Form und Struktur bringen. Sie sind durch diese geistige Offenheit, diese zu starke Ausrichtung auf andere Welten, aus dem Gleichgewicht geraten. Alle diese Menschen sollten sich erst einmal erden. Natürlich haben sie meist noch andere Probleme. Aber durch eine verbesserte Erdung würden sie mehr in die Realität zurückfinden. *SATURN* wäre eine wichtige Essenz für Menschen in psychiatrischen Kliniken. Sie erdet, läßt Wurzeln wachsen und schafft eine innere Ordnung, in der vieles eingeordnet und verstanden werden kann.

SATURN beleuchtet das Thema Verantwortung in unserem Leben. Wo kann ich vermehrt Verantwortung übernehmen, wo kann ich selbständiger werden und brauche dadurch keine zusätzliche Hilfe mehr von außen? Wo übernehme ich zuviel Verantwortung? Mit der Energie von SATURN wird man erwachsen. Das, was ursprünglich die Eltern für uns symbolisiert oder uns vorgelebt haben, entwickeln wir nun selbst. Wir hegen und pflegen uns nun selbst, führen uns selbst. Wir lernen auch, die Verantwortung für unser Schicksal zu übernehmen. Eine Suppe, die wir uns eingebrockt haben, wollen wir auch wieder auslöffeln. *SATURN* gibt uns die Kraft dazu, das bedeutet: Er transformiert Karma in unserem Leben. Er bereinigt es. Er hat die Beständigkeit, die Kraft und die Ausdauer, gepaart mit einem großen Verantwortungsgefühl. Zudem ermöglicht er Tiefgang, denn unter seiner Kraft wird alles sehr gut beobachtet, analysiert, bis klar ist, was abläuft. Mit der Erkenntnis können wir dann verhindern, daß wir uns keine neue Suppe mehr nach dem alten Stil einbrocken.

BESONDERHEIT

Diese Essenz wurde viel in einer Zeit eingesetzt, in der es spirituell nur so gewirbelt hat; zwischen 1993 und 1995. Viel neues spirituelles Wissen ist damals aufgebrochen, viele neue Gruppen und Kurse wurden angeboten. Aber auch bei jeder neuen Toröffnung sind diese erdenden Energien sehr gefragt.

POTENTIAL

Struktur, Festigkeit, Ordnung, Halt, Ruhe, Konsequenz, Durchhaltevermögen, Konzentration, Klärung, Beharrlichkeit, Demut

SATURN wirkt im Horoskop auf folgende Weise: Alles, was der Geburts-Saturn im positiven (entspannten, förderlichen) Aspekt im Geburtshoroskop berührt, steht für das POTENTIAL seiner Kraft. Alles, was der Geburts-Saturn im negativen (gespannten, hemmenden, blockierenden) Aspekt im Geburtshoroskop berührt, steht für die BLOCKADE seiner Energie.

Durch die Einnahme der Sternenessenz *SATURN* wird ihre ICH BIN-KRAFT hervorgeholt. Die positiven Kräfte im Horoskop werden verstärkt und gefestigt, die negativen entspannt, Blockaden verkleinert und dadurch die positiven Kräfte des POTENTIALS vergrößert.

AFFIRMATION
Verantwortungsvoll beschreite ich meinen Weg. Ruhig und klar erkenne ich, welche Aufgabe mir im Spiel des Lebens zuteil wird.

MEDITATION
Ich empfinde eine große Geradlinigkeit in mir und habe das Bedürfnis, mich ganz gerade aufzurichten.

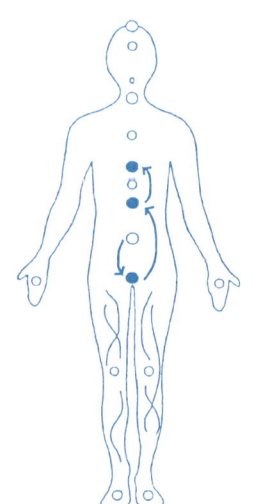

Ich bin mir meiner Wirbelsäule bewußt, hinunter bis zum Steißbein. Aufgerichtet nehme ich das Leben in Empfang, so wie es kommt. Jetzt ist das Bewußtsein auf meine Beine gerichtet. Sie prickeln, weil sie mit Energie aktiviert werden. Nun nehme ich den Rücken und die Beine wahr. Und zudem mein Steißbein. Von den Oberschenkeln bis zum Kopf liegt alles in einer geraden Linie.

Pflichtbewußt erkenne ich, was es zu tun gibt. Ich stehe da und erwarte meinen Einsatz. Ich übernehme Verantwortung für mein Tun. Ich trage, was es zu tragen gibt. Ordnung macht frei und verschafft mir Raum. Ich erkenne, was richtig ist und was Priorität hat.

Ich bin bereit, Unnötiges loszulassen. Ich genieße die Klarheit meiner Gedanken und meiner Handlungen. Realistisch kann ich mein Leben betrachten und erkenne, was es zu tun gibt. Ich schaffe Strukturen, weil sie Ordnung ins Leben bringen.

Ich spüre mein Sakralchakra, wie es aktiviert wird. Jetzt bildet sich eine Verbindung zu meinem Basischakra.

Ich merke, daß ich eine gute Basis besitze und fühle mich "geerdet". Fest stehe ich auf dem Boden. Das Realistische zieht mich an. Ich betrachte alles von Grunde auf neu und erwäge, was gut ist und was nicht.

Jetzt spüre ich ganz klar meine Arme. Sie werden energetisiert. Und jetzt meine Schultern. Ich liebe es, zuzupacken und Ordnung zu schaffen.

Nun bildet sich vom Basiszentrum eine neue Verbindung zum Solarplexus.

Ich spüre mich und fühle Ruhe und Frieden in mir. Ich spüre mein Selbst, auch in Verbindung mit dem Außen. Ich verstärke nun den Kontakt zu meinem Selbst, indem ich nach innen gehe und mein Wesen spüre. Durch diese Verinnerlichung wird auch mein Herzchakra aktiviert. Ich ruhe in mir und mache mit dieser Ruhe meine Arbeit im Außen.

Geduldig arbeite ich weiter, lege Stein auf Stein auf mein Lebenshaus. Ich bin ganz konzentriert, voller Geduld und Ausdauer.

Kühl und klar beobachte ich meine Umwelt und mein Umfeld. Ich bin bereit, Veränderungen vorzunehmen, die nicht mehr der Ordnung entsprechen.

Systematisch überprüfe ich alles, welchen Wert und Sinn es noch hat. Hat es noch Zweck, lasse ich es weiterhin bestehen, hat es seinen Sinn verloren, ist überflüssig und zwecklos geworden, bin ich bereit, es loszulassen, denn Ordnung ist mein Leben. Alles, was Sinn und Zweck hat, sind Werkzeuge, um die Arbeit gut und vollständig machen zu können. Diese Werkzeuge werden von mir verantwortungsvoll behandelt und verwaltet.

Ich trenne mich von vielem Unwichtigem, um mich auf das Wesentliche konzentrieren zu können. Habe ich alles in Ordnung bringen und reinigen können, bin ich glücklich und zufrieden. Es ist wichtig für meine weitere Arbeit, wenn alles in Ordnung ist.

Ich stehe zu allem, was ich innerlich wichtig finde. Ich stehe auch zu allem, was ich bis jetzt getan habe. Ich übernehme volle Verantwortung dafür. Ich liebe Verantwortung.

Verantwortung tragen macht mich stark und gibt meinem Leben mehr Sinn.

Durch meine Arbeit trage ich gerne einen Teil zum größeren Ganzen bei. Es ist wichtig für mich, daß ich meinen Teil gewissenhaft ausführe. Ich bin stolz auf diesen Teil und übernehme für ihn die volle Verantwortung.

* * * * *

CHIRON - ERKENNTNIS / HEILUNG
CHIRON ist der Sternenplanet des Sternzeichens Jungfrau
UMLAUFZEIT durch alle Sternzeichen 50 - 51 Jahre
ENTDECKT: 1977, Auftakt zu kosmischem Bewußtsein
AUFGABE: Hüter des Wissens, verbindet die Erde mit dem Kosmos
ELEMENT: Erde
LEITSATZ: Ich prüfe
CHAKREN: Herz, Hals
TAROT-KARTEN: *Der Gehängte, Die Mäßigkeit*
ARCHETYP UND MYTHOLOGIE: Chiron, der Kentaur, halb Pferd, halb Mensch

ASTROLOGIE

Chirons Energie wirkt auf den weiblichen Teil unseres Selbst. Er ist der erste überpersönliche Planet in unserem Sonnensystem. Seine Umlaufbahn ist sehr unregelmäßig und breitflächig. Manchmal kommt er der Bahn des Saturns sehr nahe, dann wieder der Bahn von Uranus. Das heißt, er verbindet die beiden Sterne miteinander. Außerdem verbindet er die persönlichen Sternenplaneten mit den überpersönlichen in unserem Sonnensystem. Aus diesem Grunde gibt man ihm auch die Bezeichnung: "Die Brücke zum Licht" oder "Führer zum Licht". Er öffnet das Bewußtsein für das Geistige.

Unter der Sternenkraft von Chiron steht das Thema Erkenntnis. Immer wieder erfordert das Leben Erkenntnis über uns und unseren Weg. Jeder hat ein Lebensthema, das ihn immer wieder einholt. Chiron hilft uns, sich mit ihm auseinanderzusetzen.

DIE ESSENZ UND IHRE WIRKUNG

Plötzlich stehen wir an einer Weggabelung, oder wir merken, daß die jetzige Situation, in der wir stecken, nicht mehr stimmig ist. Also gilt es, sich zu überlegen, was man eigentlich möchte, und wo der Weg hinführen soll. Schwierige Situationen bergen die Möglichkeit einer Neuausrichtung. Die Frage ist: Wie verläuft mein Weg?

CHIRON begegnet uns mit Ruhe, die Innenschau, Besinnlichkeit begünstigt und im Inneren Festigkeit verleiht. Die innere Führung ist plötzlich nahe. Wo liegt meine Sehnsucht? Was würde mich heilen? Diese Fragen können Hilfe zu einer Neuausrichtung leisten. *CHIRON* gibt uns die Ermächtigung zu einem neuen Weg, gibt uns den Schlüssel, führt uns auf den Weg, geht mit uns durch ein neues Tor. Plötzlich wissen wir wieder, wo es langgeht, und ein neues Stück unseres Lebensweges wird offenbart.

CHIRON verbindet das Alte mit dem Neuen, das Körperliche mit dem Seelischen, das Materielle mit dem Geistigen. Er eröffnet eine neue Sicht.

Er verbindet uns mit inneren, brachliegenden Potentialen, ruft diese wieder auf den Plan. Er gleicht aus, was aus der Balance gekommen ist. Die Mitte zu finden ist ihm wichtig. Der Mensch hat die Tendenz, oft in nur eine Richtung zu gehen und sich dort ein Übermaß zu schaffen. All das wirkt sich mit der Zeit schlecht auf die Persönlichkeitsentfaltung und auf die Gesundheit aus. CHIRON korrigiert diese Einseitigkeiten, denn er weiß: Letztendlich soll alles zu Vollkommenheit führen. Also leitet er ein Gleichmaß ein, bringt Ordnung in unser System, reinigt es auf diese Weise.

Gleichmaß zuwegebringen und Ausgleich schaffen bedeutet Heilung für Körper, Seele und Geist. Unsere persönlichen Konditionierungen lassen uns manchmal verschiedene Sachen in unserem Leben vergessen. Oder wir haben eine schlechte Erfahrung gemacht und meiden jetzt dieses Thema. CHIRON bringt uns wieder auf den Punkt, holt das Begrabene wieder hervor, denn die Heilung dieser Themen geschieht nicht, indem wir ihnen ausweichen. Heilung erfolgt, indem wir uns mit dem Schmerz konfrontieren, ihn zulassen und dadurch auflösen. Und - CHIRON ist ein Lehrer mit Tiefgang, er weiß: Dort, wo die größten Schmerzen und die größten Wunden liegen, genau dort liegt vergraben der Weg. Dort ist unser großes Lebensthema, dort ist unser Auftrag. Mit genau diesen Themen wollen wir letztendlich Frieden schließen, und über sie wollen wir großes Wissen und Erkenntnis erlangen.

Darum müssen wir durch den alten Schmerz durch, um neu geboren zu werden. CHIRON leitet diese Geburt ein, zeigt uns unser Kreuz, das wir tragen müssen und bringt uns der Erlösung näher. Nach dieser Geburt sehen wir ein ganz neues Licht. Wir selbst sind dieses neue Licht. Er hat uns durch die alten Wunden zum Licht geführt. Ein Heilungsweg ist entstanden. Als Geretteter wird der Wunsch in uns wach, diesen Heilungsweg, der uns verändert hat, auch anderen zuteil werden zu lassen. Wir möchten zu Helfern werden. Durch unsere Rettung haben wir Mitgefühl für andere entwickelt. Unsere Heilung wird zu unserem Weg, zu unserem Weg der Bestimmung.

Durchlebter Schmerz öffnet das Herz. Durch Chirons Verbundenheit zur Erde und zum Himmel bringt er uns der Liebe für Mutter Gaia und für den Kosmos näher. Liebe als tragende Kraft, die allem Sinn verleiht.

CHIRON wirkt über unser Verständnis, er rührt in unserem Wissensschatz, holt altes Wissen wieder hervor. Er bringt uns dem Erwachen ein Stück näher. Durch die Erfahrungen, in die er uns führt, macht er uns klar: Wir leben auf einem Schulungsplaneten, mit dem Ziel, unser Wissen auch in dieser Inkarnation zu vergrößern.

Er hat Zugang zu den alten Lehren der großen Meister, die auf Erden inkarniert waren. Er kennt die kosmischen Gesetze, will sie auf die Erde bringen. Er ist der Führer in die neue Dimension, darum ist er in der jetzigen, wichtigen Übergangszeit entdeckt worden. Er hat den Auftrag, das Werk des Fischezeitalters abzuschließen, so daß wir in das Wassermannzeitalter eintreten können.

BESONDERHEIT

CHIRON verbindet unsere beiden Gehirnhälften und durchflutet beide mit neuem Licht. Uranus regiert die rechte Gehirnhälfte, Saturn die linke. CHIRON ist auch wichtig und weist den Weg, wenn berufliche Veränderungen anstehen. Er fördert die Suche.

POTENTIAL

Klugheit, Wissen, Forschung, Lehrerschaft, innere Führung, Heilkunst, Dienst am Nächsten, Suchen und Finden.

CHIRON wirkt im Horoskop auf folgende Weise: Alles, was Chiron im positiven (entspannten, förderlichen) Aspekt im Geburtshoroskop berührt, steht für die Stärken von Chiron. Alles was Chiron im negativen (gespannten, hemmenden, blockierenden) Aspekt im Geburtshoroskop berührt, steht für die Schwächen des Potentials von Chiron.

Durch die Einnahme der Sternenessenz CHIRON wird ihre ICH BIN-KRAFT hervorgeholt, die positiven Aspekte im Horoskop werden verstärkt und gefestigt, die negativen entspannt, Blockaden verkleinert und bei mehrmaligem Einnehmen aufgelöst.

AFFIRMATION

Ich heile mich, dadurch heile ich die Welt. Ich vertraue meiner inneren Führung.

MEDITATION

Ich erhebe mich auf eine höhere Ebene und spüre, wie eine Öffnung zum Kosmos stattfindet. Ich weiß, daß es mehr gibt, als ich bis jetzt geglaubt habe.

Das Neue fließt in mich ein und verändert mich. Ich möchte meine Ganzheit erkennen und fühle, wo es noch Verletzungen gibt. Mein Herzzentrum öffnet sich. Ich spüre seine Tiefe und vielleicht auch Reste von Schmerz. Mein Herz ist meine Sonne. Aus ihr strahle ich, und aus ihr fließt Heilung in die Welt.

Die Energie weitet sich im Herzen aus und fließt nun in Arme und Hände. Die Handchakren, meine Heilzentren, werden ganz heiß und öffnen sich.

Die Herzenergie fließt in meine Hände, in die Handchakren. Ich ge-

be diese Energien ins Außen ab und bin glücklich darüber, daß ich etwas bewirken kann.

Meine Schultern lockern sich. Ich atme ganz tief. Ich fühle die Tiefe des Herzens in mir und die Sehnsucht, meinen Weg gehen zu können.

Mein Kopf wird klar. Ich bin bereit, neue Informationen aufzunehmen.

Ich lasse zu, daß sich mein Kopf mit weißem Licht füllt.

Ich fühle mich verbunden mit allem, was ist. Das neue, erworbene Wissen möchte ich ausdrücken, aufschreiben, anwenden. Jetzt spüre ich mein Halschakra. Dort entsteht ein

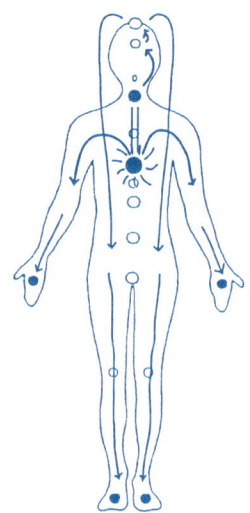

Druck, damit sich dieses Chakra mehr öffnen kann. Ich lasse es zu und spüre, wie es arbeitet. Der Kanal zwischen Hals und Herz reinigt sich und vertieft sich. Die Energie fließt nun runter und rauf.

Das Halschakra füllt sich mit neuer Energie auf. Dann fließt die Energie weiter nach oben ins Dritte Auge. Auch dort arbeitet es jetzt. Ich werde ganz ruhig, bin fest verankert in diesem Chakra. Mein Drittes Auge gibt Ringe in das Universum ab. Das Kronenchakra öffnet sich.

Jetzt fließen die Energien den Rücken und den Brustbereich hinunter und füllen so den ganzen Körper. Sie fließen weiter in die Beine bis hinein in meine Wurzeln. Ich bin nun mit meinem Bewußtsein oben und unten, fühle mich dadurch ausgeglichen und ganz.

Ich fühle mich geborgen in mir selbst. Ich bin mit meiner Energie im Herzen, von dort blicke ich in die Welt. Vom Herzen aus verstehe ich, warum Schmerzen eine Geburt begleiten können. Eine Stufe höher zu kommen bedeutet auch, aus alten Schalen herauszuwachsen und die Welt mit neuen Augen zu erblicken.

Eine Neuwerdung geschieht mit mir. Ich fühle mich erhoben, ge-

reinigt und befreit. Ein klarer Geist weist mir den Weg.
Ich bin bereit, alle Wege zu verlassen, weil sie nicht mehr länger meinem Wachstum dienen. In mir öffnet sich ein neuer Kanal und neue Energie fließt durch mich durch. Sie heilt mich und befreit mich.
Eventuelle Korrekturen meines Weges akzeptiere ich, weil ich weiß, daß sie mich immer mehr auf den göttlichen Pfad bringen.
Meine eigene Führung ist es, die diese Korrekturen in meinem Leben vornimmt, weil die Zeit reif ist und Neues auf dem Plan steht. Günstig stehen die Sterne, wenn ich bemüht bin, auf meinem Pfad, den ich noch nicht kenne, weiterzugehen und Altes, was mich geschmerzt hat, loszulassen. Segensreich werde ich ins Neue geführt.
In mir findet eine Neuformierung statt und in meinem Körper baut sich ein neuer Energiefluß auf. Mein Herz freut sich über die Veränderung, die in mir stattfindet.
Ich fühle die Liebe Gottes in mir und bin bereit, dieser Liebe zu folgen. Sie führt mich hinein in eine heilige Stätte, die tief in mir liegt. Dort erfahre ich nun Genesung und Heilung.
Mein Herz ist wie eine Sonne, sie strahlt Liebe und Frieden aus.

* * * * *

URANUS - NEPTUN - PLUTO

Dieses Trio sprengt die Grenzen des Persönlichen. Jede Sternenkraft auf ihre eigene Weise, aber alle drei haben etwas gemeinsam: Sie wirken bewußtseinserweiternd, öffnen uns für das Höhere.

Mit diesen Energien können erste, kleine Schritte aus dem Nur-Persönlichen heraus vollzogen werden. Allerdings können diese drei Energien erst richtig wirken, wenn wir schon etwas geöffnet sind. Sind wir voll geöffnet, können sie gewaltig wirken. Je mehr geistige Öffnung vorhanden ist, desto stärker und tiefer wirken sie.

Mit diesen drei überpersönlichen Sternenplanetenkräften werden zur Zeit Erweckung, Neuorientierung und Umwälzung auf unserem Planeten eingeleitet und auch vollzogen, im Innen sowie im Außen. Diese drei Sternenplaneten werden uns in dieser bemerkenswerten zwanzigjährigen Übergangszeit in ein neues Bewußtsein und auf eine höhere Ebene bringen.

Uranus steht für geistiges Erwachen. Er löst eine Welle der Erweckung aus. Viele Sternenkinder werden durch ihn erweckt, plötzliche Veränderungen eingeleitet, alte Strukturen zerstört. Die Individualität wächst, Risiken eines Sicherheitsverlustes werden in Kauf genommen, um frei zu werden, eigene Ideen zu realisieren und die eigene Vision finden zu können.

Neptun steht für Vergeistigung, den Ruf der Sternengeschwister, die uns die Hände reichen wollen. Das Engelbewußtsein und das Interesse an anderem Leben im All wächst. Gleichgesinnte finden sich, bilden Gruppen und gehen aus geistiger Übereinstimmung heraus einen gemeinsamen Weg. Neptun bringt Erdbeben und Überschwemmungen, gefährdet die See- und Luftfahrt.

Geld kann plötzlich im Nichts versickern.

Pluto ist der Planet der Umwälzungen. Einiges wird um 180 Grad umgekehrt. Große Transformationen und Reinigungen, ein Zusammenfallen, damit Neues entstehen kann. Nur eine wahre Motivation wird bestehen. Falsche Motivationen werden entlarvt. Manipulationen kommen zutage, sie können nicht länger verheimlicht werden und funktionieren nicht mehr. Pluto steht für Vulkanausbrüche und Katastrophen, um einer höheren Gerechtigkeit Ausdruck zu verleihen, damit ein kollektives Karma ausgeglichen werden kann. Alte Machtstrukturen brechen zusammen, damit neues Wachstum, das auf überpersönlichen Motiven basiert, entstehen kann.

URANUS	NEPTUN	PLUTO
Freiheit	Transparenz	Wahre Macht
Gleichheit	Nächstenliebe	Befreiung der Fesseln

URANUS - FREIHEIT UND UNABHÄNGIGKEIT /
DER FREIE FLUG DES ADLERS
URANUS gehört zum Sternzeichen Wassermann
UMLAUFZEIT durch alle Sternzeichen circa 84 Jahre
ENTDECKT: 1781, Auftakt der Französischen Revolution
AUFGABE: Hüter der Freiheit und der geistigen Fruchtbarkeit
ELEMENT: Luft
LEITSATZ: Ich weiß
CHAKREN. Herz, Drittes Auge, Krone
TAROT-KARTEN: *Der Turm, Der Narr*
ARCHETYP UND MYTHOLOGIE: Herr des Himmels, Sohn des Chaos, Urherrscher

ASTROLOGIE

Uranus Energie wirkt auf unsere männliche Seite. In seiner Umlaufbahn bewegt er sich zwischen Chiron und Neptun. Man bezeichnet ihn als die erhöhte Sonne, die geistige Sonne im Tierkreis. Also symbolisiert er unseren geistigen Kern. Er steuert die Ideale von Freiheit, Gleichheit und Brüderlichkeit an. Sein Weg beinhaltet plötzliche Veränderungen, die Suche nach Bewußtseinserweiterung, Entdeckergeist, Intuition.

Der typische Uranus-Mensch liebt es, sich und andere zu hinterfragen. Er will hinter die Kulissen schauen, will wissen, ob das Vorgegebene oder Vorgelebte auch in einem tieferen Sinne stimmt. Er nimmt nur das an, was ihm in seine Gesinnung hinein paßt. Der "richtige" Weg ist sein Ziel. Also hat er viele Wechsel im Leben. Seine Ziele sind hochgesteckt: Er sucht nach dem Ideal. Dabei ist er bereit, viel Materielles oder auch Sicherheiten aufzugeben, wenn sich eine Möglichkeit bietet, in der er in einen besseren Zustand eintreten kann. Er setzt auf das Dauerhafte, auf die Seele und das Geistige. Ganz tief im Inneren weiß er, daß wir nur diese beiden Dinge mitnehmen, wenn wir unseren Körper wieder verlassen. Alles andere, die materiellen Güter, lassen wir hier zurück. Er hat die Kraft, seine eigenen Ideale vor die Gewohnheiten und Konventionen der Masse zu stellen. Er hebt sich ab, läßt sich nicht hineinziehen. Er will seine eigene Bahn ziehen, und kaufen läßt er sich schon gar nicht. Unabhängigkeit und Freiheit sind seine größten Motoren, die ihm auch die Energie geben, Durststrecken zu ertragen.

DIE ESSENZ UND IHRE WIRKUNG

Manchmal bewegt man sich wie in einer Tretmühle, aus der man alleine nicht heraus kommt. URANUS hilft uns da sehr. Er ist kühl genug, um sich nicht von alten Gefühlsmustern beirren zu lassen. Er holt uns aus unserem Gefühlschaos heraus, erhebt uns. Wir gelangen zu mehr Freiheit und Übersicht, können die Situation von oben her betrachten, sie leichter nehmen und sogar über uns lachen. Indem er uns ein neues Bewußtsein vermittelt, holt er uns aus einem Zuviel des Persönlichen heraus.

URANUS will, daß wir wir selbst bleiben. Wenn die Bande der Beziehungen zu eng werden, ist der Uranus-Mensch der erste, der Freiheit fordert. Vielleicht macht er eine Weile das Spiel mit, aber bei nächster Gelegenheit strampelt er sich frei. Unabhängigkeit bedeutet ihm mehr als die Angst, allein zu sein oder sogar allein zu bleiben. Lieber bleibt er alleine, als daß es ihm zu eng wird und er nicht mehr genügend Freiheit besitzt, um sich so zu bewegen, wie er es möchte und braucht. Individualität verlangt nach Spielraum. Paßt man sich zu sehr an, würde man zu einem Abziehbildchen seiner selbst werden. Ein Uranus-Mensch weiß das.

Oft schnellt plötzlich das Leben auf uns zu und wir stehen vor neuen Situationen. Der Blitz aus heiterem Himmel schlägt ein! Türen gehen zu, andere auf. Jetzt kommt es darauf an, wie schnell wir reagieren und die neue Situation akzeptieren. Es ist Korrektur aus dem Himmel und pure Einstellungssache, wie wir zu der neuen Situation stehen. Wir können sie begrüßen, - oder ablehnen. Flexibilität ist gefragt. Wenden wir uns dem Neuen zu, springen wir über den eigenen Schatten und lassen das Alte los? Wenn wir es wagen, machen wir einen riesigen Sprung nach vorn, bei dem wir außerdem noch viel Gepäck abwerfen können. URANUS führt uns in Situationen, in denen wir eine Chance haben, uns neu zu besinnen. Er führt uns zur Bereitschaft und in die Kunst hinein, schnelle Wechsel vollziehen zu können. Zum Beispiel von einem Tag auf den anderen das Domizil zu ändern, eine Arbeitsstelle zu kündigen, oder sogar auszuwandern! Plötzlich weiß man es! Und schon weht uns der Wind des Neuen um die Nase!

Mit URANUS schafft man es, sich wieder freizustrampeln. Das führt zu vertiefter Selbstfindung. Auf dem Weg zum Ziel geht es vor allem um uns selbst. Immer wieder sind wir zwischendurch allein oder fühlen uns einsam. Wir sollen uns nicht zu sehr anpassen oder binden, sonst kommen wir vom Weg ab. Unabhängigkeit ist gefragt. Wir sind Individuen. Eigenständigkeit gehört zu unserem Weg, nicht Abhängigkeit und Selbstaufgabe.

Oft werden Uranus-Menschen von göttlicher Seite ausgewählt, damit diese dann geniale und revolutionäre Ideen empfangen und auf die Erde bringen können. Das geschieht über die Intuition. Diese Menschen werden aber leider oft mißverstanden und als Spinner abgetan, denn meistens sind es Ideen der Zukunft, die erst zu einem späteren Zeitpunkt wieder aufgegriffen werden.

Es gibt auch ein Zuviel des Uranus. Das gilt es mit der Essenz auszugleichen. Aus einer starken Uranus-Kraft im Horoskop können Überheblichkeit und Gefühlsarmut entstehen. Ebenfalls kann ein Mensch vielleicht vor lauter Unabhängigkeitswahn keine tiefe Beziehung mehr eingehen. Wenn wir nur am Leben schnuppern und uns nicht wirklich darauf einlassen, sind wir überall und nirgends und werden mit den Jahren immer einsamer.

POTENTIAL
Unbestechlichkeit, Originalität, Pioniergeist, geistige Übersicht, Unabhängigkeit, Erhöhung ins Geistige.

URANUS wirkt im Horoskop auf folgende Weise: Alles, was den Geburts-Uranus im positiven (entspannten, förderlichen) Aspekt im Geburtshoroskop berührt, steht für das POTENTIAL seiner Kraft. Alles, was den Geburts-Uranus im negativen (gespannten, hemmenden, blockierenden) Aspekt im Geburtshoroskop berührt, steht für die BLOCKADE seiner Energien.

Durch die Einnahme der Sternenessenz *URANUS* wird seine ICH BIN-KRAFT aktiviert. Die positiven Kräfte im Horoskop werden verstärkt und gefestigt, die negativen entspannt, Blockaden verfeinert und durch die positiven Kräfte des Potentials vergrößert.

AFFIRMATION
Mit meinem freien Geist überfliege ich sämtliche Schranken. Unter der Führung meiner Intuition gestalte ich mein Leben neu.

MEDITATION
Ich atme über mein Kronenchakra Licht ein. Dieses Licht verteilt sich im ganzen Kopf und entspannt ihn. Ich fühle mich leicht, ungebunden und frei, ohne Ballast.

Die Energie fließt nun vom Kopf hinten hinunter ins Chakra "Brunnen der Träume". Dieses Chakra wird aktiviert. Ich komme mit meinem inneren Wissen in Kontakt. Wissen ist mein Leben, meine Lebenssubstanz.

Dieses Wissen durchfließt nun mein ganzes System. Dadurch bewegt sich jede Zelle in meinem Körper. Meine Zellen erleichtern sich nun von Ballast und schwingen höher. Sie füllen sich mit Licht. Ich bin hellwach, offen, bereit, neue Abenteuer des Lebens einzugehen. Mein Herz öffnet sich. Dadurch wird das Kind in mir geweckt. Dieses Kind braucht nichts anderes als seine nötige Freiheit, seinen Spielraum und seine Ideen, die es von Station zu Station weitertragen.

Mein Herz ist wie eine Sonne. Ich strahle mein Wesen in die Welt hinaus. Ich bin so, wie ich bin.

Nun wird mein Drittes Auge aktiviert. Von dort aus empfange ich Informationen aus aller Welt und strahle meine Informationen in die Welt zurück. In mir entsteht ein großes Verbundenheitsgefühl zu gleichgesinnten Wesen auf dieser Welt. Wir sind eine große Gruppe, es sind meine Freunde, und ich spüre sie. Ich kann sie wahrnehmen über mein Drittes Auge. Sie sind da, auf dieser Welt.

Ich fühle mich als Teil eines großen Freundschaftsbundes. In diesem Bunde fühle ich mich geborgen und zu Hause. Er bietet mir den Halt, den ich brauche, und den ich auch anderen zu geben vermag. Mein Drittes Auge strahlt nun wie eine Sonne. Es ist mein wahres Zentrum. Dort bin ich zu Hause.

Es sind wie Elektrizitätswellen, die von meinem Dritten Auge ausgehen. So verbinde ich mich mit der Welt und lasse meine Informationen in die Welt fließen. Ich fühle mich erhoben, innerlich frei und eng verbunden mit der Welt.

Gleichmut und Gelassenheit kehren in mein Leben ein. Mit gesundem Abstand kann ich das Leben betrachten. Friede erfüllt mein Herz, weil ich weiß, daß alles so, wie es ist, gut ist. Ich bemühe mich immer wieder um Erneuerung, Verbesserung.

So trage ich meinen Teil zum Ganzen bei.

Durch einen gesunden Abstand, auch in Beziehungen, erkenne ich meine wahre Position. Meine Vision ist Freiheit und Unabhängigkeit. Dann fühle ich mich wohl. Wird es mir zu eng, schere ich aus. Denn ich weiß, Unfreiheit ist eine Sackgasse. Liebevolle Verbindung, gekoppelt mit größtmöglicher Freiheit, das ist meine Vision.

Es gibt Strukturen und Normen, die mein Freiheitsbedürfnis in Frage stellen. Jetzt getraue ich mich, mich daraus zu erheben und sie hinter mir zu lassen, weil sie nicht zu meinem Lebensweg gehören. Unabhängigkeit und Freiheit bringen einen neuen Klang in mein Leben.

Große Spontanität erwächst daraus, neue Formen von Zusammensein entstehen – und ein Durchbrechen, wenn es zu eng wird, denn mein Motto heißt: Ich breche alle Schranken.

* * * * *

NEPTUN - TRANSPARENZ + UNIVERSELLE LIEBE
NEPTUN ist der Sternenplanet des Sternzeichens Fische
UMLAUFZEIT durch alle Sternzeichen 165 Jahre
ENTDECKT: 1846, Auftakt zu Überseereisen und Luftfahrt
AUFGABE: Hüter des Glaubens und der Verbindung zum Göttlichen
ELEMENT: Wasser
LEITSATZ: Ich glaube
CHAKREN: Herz, Krone
TAROT-KARTEN: *Der Eremit, Der Stern*
ARCHETYP UND MYTHOLOGIE: Neptun/Poseidon, Gott der Meere und der Erdbeben

ASTROLOGIE

Neptun symbolisiert das auflösende Prinzip, bildet die Herausforderung, grenzenlos zu werden - im Gegensatz zu Saturn, der Grenzen braucht und sie auch setzt. Durch die angestrebte Grenzenlosigkeit ermöglicht er ein Eindringen in andere Sphären und erweckt damit einen neuen Sinn für Verborgenes. Neue Zusammenhänge von Vergangenheit und Zukunft können entdeckt werden. Eine erhöhte Wahrnehmung über die Sinne wird geweckt und feine Antennen entstehen. Er weckt die Suche nach etwas Höherem. Der Weg führt vom Faßbaren zum Unfaßbaren. Neptun umschließt den Dienst am Nächsten bis hin zur eigenen Aufopferung.

DIE ESSENZ UND IHRE WIRKUNG

Mit dieser Essenz werden wir mit dem Geistigen verbunden. Wir Lichtarbeiter haben den Auftrag, das Geistige, die geistigen Prinzipien und Richtlinien in die Lebensart der Menschen auf dieser Erde, auch in die Materie, einfließen zu lassen, denn das Geistige bildet die Brücke zum Göttlichen. Wenn wir das Göttliche verloren haben, haben wir auch uns verloren.

Im Schlaf, oder in anderen Bewußtseinzuständen, sind wir mit dem Geistigen klar verbunden. Die Kunst ist, diese Verbindung wieder zurück in unser Tagesbewußsein zu bringen. Für viele Menschen wäre es wichtig, ein spirituelles Erlebnis zu haben, Spiritualität spüren zu können. Dann würde dieses Thema für sie real, weil sie davon selbst betroffen wären. So entstünde die Motivation, sich mehr mit dem Geistigem zu beschäftigen. So wird von geistiger Seite her oft die NEPTUN-Essenz empfohlen, damit wir vermehrt in die Wahrnehmung gelangen, damit wir etwas spüren.

Als erstes wird an unserem Traumkanal gearbeitet, er wird durchgeputzt. Der Kontakt mit der geistigen Welt wird über die

Träume aktiviert. Erstaunt bemerken wir im Tagesbewußtsein, daß wir mehr oder sogar viel mehr träumen. Wir erkennen, daß wir auch nachts leben - nur in einer anderen Welt.

Unsere Seele lebt in der Nacht auf. Die Nacht ist ihr Reich. Dann ist alles ruhig, still, und sie hat Zeit, ihre eigenen Wege zu gehen. Sie ist direkt verbunden mit unserem Hohen Selbst und gleichzeitig auch mit anderen Seelengeschwistern. Einige von ihnen sind hier auf Erden inkarniert, andere nicht. So können wir in der Nacht mit vielen Wesen Kontakt haben, wissen aber am Tage nichts mehr davon. Manchmal bleiben von solchen Begegnungen Fragmente zurück. Am Morgen tragen wir dann ganz eigenartige Gefühle in uns, ohne zu wissen, woher sie stammen. Vielleicht stehen wir glücklich auf und wissen nicht, warum wir glücklich sind.

Viele Lichtarbeiter gehen nachts in andere Sphären, wo sie an geistigen Projekten mitarbeiten. Am Morgen wissen sie es aber nicht mehr. Es ist eine Frage des Bewußtseins, wieviel wir von der anderen Welt ins Tagesbewußtsein hinübernehmen können. Meditation ist da eine große Hilfe, sie weckt uns auf und aktiviert unsere inneren Welten, macht diese sichtbarer. So entsteht eine größere Transparenz. Wir können tagsüber mit unserer Innenwelt, mit der geistigen Welt besser in Kontakt kommen, weil diese Kanäle bereits nachts geöffnet worden sind. So können uns Farben, Bilder usw. eingegeben werden, oder wir werden an andere Orte oder mit der Zeit sogar in andere Galaxien geführt - aber nur im positiven Sinn. Wenn wir uns öffnen, sind wir herausgefordert, zu überprüfen, mit wem wir uns einlassen. Das ist im Alltag auch so. Dazu muß man wissen, daß in der Astralwelt nicht nur weiße Lichtgestalten, sondern auch graue Eminenzen zu Hause sind. Mit denen sollte man sich lieber nicht einlassen, es sei denn, man möchte negative Erfahrungen machen. Diese Wesen sind meist ungeklärt und bringen uns auch in Unklares.

In der astralen Welt gibt es auch viele verstorbene Seelen, die den Weg nach ihrem Tod nicht zu ihrem geistigen Ort zurückgefunden haben und nun ziellos herumirren. Sie gehen dann oft zu ihren Verwandten und Bekannten zurück, die noch leben, um sie zu beeinflussen oder sich an sie zu hängen.

Es gibt auch verstorbene Seelen, die ziehen gar nicht erst aus ihren Häusern aus (sie denken, sie haben dieses Haus ja gekauft!), weil sie nicht realisiert haben, daß sie gestorben sind. Sie wehren sich, wenn fremde Leute in ihr Haus einziehen, und erschweren denen oft das Leben. Natürlich entsteht ein solches Problem nur, weil diese Wesen in der Materie verhaftet sind und dadurch nicht glauben, daß das Leben zu Ende ist, wenigstens in dieser Form.

Viele Menschen haben Angst, sich der geistigen Welt zu öffnen, denn in ihren Köpfen spukt allerlei an Vorurteilen, Halbwissen und Aberglauben zu diesem Thema. In solchen Geschichten gibt es böse Geister, Gespenster, oder böse Ufos. Aber das sind nur Schreckensgeschichten. Natürlich gibt es jenseits unserer Welt auch eine dunkle und eine helle Seite. Das Prinzip der Polarität geht weit ins Feinstoffliche hinein. Es geht vielmehr darum, sich wiederzuerinnern an die eigene Geistigkeit, an unser Göttliches. Es geht darum, unserer Seele endlich Platz zu machen. Sie ist mit der geistigen Ebene verbunden und kennt sich dort gut aus. Lassen wir der Seele mehr Raum, spricht sie mehr mit uns und wird beginnen, uns zu führen, in etwas Größeres hinein. Sie kennt ihren Seelenauftrag, und durch unsere Kooperation mit ihr wird es gelingen, unseren Auftrag auszuführen.

Manchmal führt der Weg im Leben durch Illusionen oder Nebelschwaden hindurch. *NEPTUN* stärkt unsere Sicht und arbeitet über unsere Seele. Somit verbindet er uns mit dem Richtigen und mit den Richtigen. Durch eine erhöhte Transparenz der Dinge können wir erkennen, welches die falschen und welches die richtigen Freunde sind. Freunde haben wir nicht nur hier auf Erden, sondern auch in der geistigen Welt.

Jeder Mensch ist auf der Suche. Die Sehnsucht ist es, die uns für etwas Höheres öffnet und aus dem Tagesbewußtsein hinausbringen kann. Auch da muß man aufpassen, wo man landet. Sind es neue Träume, die der Illusion entspringen und uns womöglich sogar in eine Sucht anstatt zum Ziel bringen? Klarheit der Gefühle und Klarheit des Verstandes sind nötig, um der Illusion endgültig entfliehen zu können.

Ein Neptun-Mensch braucht lange zur Ich-Findung. Er ist für sich selbst nicht greifbar, aber es fällt ihm leicht, andere aufzunehmen und diese zu erkennen. Dadurch weiß er nicht, was er will, was er braucht und was für ihn wichtig ist. Er nimmt sich und seinen Weg zu wenig wichtig, entspricht mehr den Wünschen seiner Nächsten, weil er diese besser wahrnehmen kann, mehr als seine eigenen. Wenn man ihn fragt, was er will, sagt er oft, es sei ihm egal, oder es spiele keine Rolle.

Die Gefahr ist groß, daß er sich auf diese Weise verleugnet, ohne es selbst zu merken. Er stellt andere in den Vordergrund und verpaßt die Chance, sich zu finden und sein eigenes Wesen kennenzulernen. Er paßt sich zu stark an, verliert seine Richtung. Außerdem ist er für andere schlecht einschätzbar, denn er scheint kein Profil zu haben. Irgendwann entsteht daraus eine Ich-Krise.

Neptun-Menschen können jeder Situation gut ausweichen, sogar ihrem eigenen Leben. Sie driften gerne ab, in andere Ebenen; sitzen zwar physisch da, sind aber gar nicht präsent.

Sie haben auch Angst vor Konfrontation, fallen bei Streit in eine innere Schwäche, können sich nicht durchsetzen, ziehen sich lieber zurück. Und haben oft das Gefühl, nicht für diese Welt geboren zu sein. Sie haben nicht begriffen, daß sie ihre Feinstofflichkeit, ihre Feinheit, ihren Geist in die Materie hier auf Erden einbringen können. Das ist eine große Gottesgabe, die nicht jeder besitzt.

Durch ihre große Einfühlsamkeit sind sie ausgezeichnete Helfer, die genau herausspüren können, was andere brauchen. Solche Therapeuten können Klienten genau dort abholen, wo sie stehen. *NEPTUN* gibt Klarsicht. Aus unserer erhöhten Wahrnehmung und unserem Mitgefühl hinaus merken wir vermehrt, wenn es anderen schlecht geht und sie Hilfe benötigen. Wir geben sie ihnen in so einem Falle gerne und mit Liebe, denn wir wissen, daß wir im Grunde alle Schwestern und Brüder sind. Mit Neptun fällt es uns leicht, über unseren eigenen Schatten zu springen, plötzlich ist unsere Persönlichkeit gar nicht mehr so wichtig. Viel wichtiger ist uns das Gemeinwohl. Aufzupassen gilt es, daß andere, die noch ein größeres Ego haben, uns dann in unserer Hingabefähigkeit und unserer Aufopferungsfähigkeit nicht ausnutzen. Sonst rutschen wir in die Rolle des Opfers oder des Leidenden, denn Menschen, die zu Hingabe fähig sind, haben oft Mühe, sich abzugrenzen oder nein zu sagen. Auch hier korrigiert die Neptunessenz.

Durch die Verbindung mit der geistigen Welt können wir die Ich-Grenzen überschreiten und uns zu einem Wir-Bewußtsein hin bewegen . Wir erkennen, daß es etwas Größeres gibt. Indem wir akzeptieren, daß der physischen Welt eine geistige übergeordnet ist, geschieht automatisch ein Abbau des Egos.

NEPTUN öffnet unser Kronenchakra und fördert die Medialität. Die neue Verbundenheit, die wir so erlangen, fließt über dieses Kronenchakra ein. Wir wissen plötzlich, wie sich etwas verhält, ohne uns länger damit beschäftigen zu müssen. Wir haben die Einsicht oder die Antwort von geistiger Seite her bekommen. Wenn unsere medialen Fähigkeiten erwachen, brauchen wir eine gute Erdung und auch ein richtiges Umfeld, das uns versteht und in dem wir uns geborgen fühlen.

Mit der Medialität zu arbeiten, erfordert Klarheit, denn es werden sich gute wie auch schlechte Kräfte zeigen und unseren Kanal nutzen wollen. Es geht darum zu lernen, wie wir ein richtiges Medium werden können. Abgrenzung gegen negative Energien ist nötig. Die Entscheidung, für die Lichtseite arbeiten zu wollen, muß bewußt getroffen werden. Sonst werden wir zu einem Empfänger, der wahllos Informationen oder Stimmen aufnimmt und für alles offen ist, egal aus welcher Ebene es stammt. Ein gutes und klares Medium zu werden ist harte Arbeit. Wenn in der eigenen Gefühlswelt und im Mentalbereich noch größere Dinge ungeklärt sind, können wir auf keinen reinen Kanal zurückgreifen.

BESONDERHEIT

NEPTUN wirkt sehr beruhigend auf ein hochempfindliches Nervensystem. Die ideale Essenz, um der eigenen Traumwelt näherzukommen. Erleichtert den Einstieg in die Meditation.

POTENTIAL

Seherische Fähigkeiten, Feingefühl, Wahrnehmung, Gottesverbindung, Feinstofflichkeit, Einfühlungsvermögen, Romantik, Phantasie, Imagination, Dienst am Nächsten

NEPTUN wirkt im Horoskop auf folgende Weise: Alles, was den Geburts-Neptun im positiven (entspannten, förderlichen) Aspekt im Geburtshoroskop berührt, steht für das POTENTIAL seiner Kraft. Alles, was den Geburts-Neptun im negativen (gespannten, hemmenden, blockierenden) Aspekt im Geburtshoroskop berührt, steht für die BLOCKADE seiner Energie.

Durch die Einnahme der Sternenkraft *NEPTUN* wird seine ICH BIN-KRAFT hervorgeholt. Die positiven Kräfte im Horoskop werden verstärkt und gefestigt, die negativen Aspekte entspannt, Blockaden verkleinert und so die positiven Kräfte des Potentials vergrößert.

AFFIRMATION
Ich fühle mich mit dem Geistigen verbunden. Ich schaue nach innen und lasse göttliche Liebe zu.

MEDITATION
Lichtvolle Energie fließt über mein Kronenchakra ein und füllt meinen Hinterkopf. Mein Herz weitet sich. Nebel lösen sich im Kopf auf und auch um den Kopf. Es wird heiter und klar.

Ich stehe da, im Bewußtsein, dazuzugehören und bin aufgefordert, mitzumachen. Wir sind alle eine Kette von Wesen, die sich die Hände geben. Ich erinnere mich an etwas Größeres, das über das Menschliche hinausgeht. Ich fühle eine Vertrautheit mit anderen Welten.

Mein Steißbein wird warm. Die Energie dort wärmt und löst auf. Verhärtungen werden aufgeweicht. Ich fühle mich geborgen. Ich fühle mich frei und verbunden. Mein Kronenchakra öffnet sich. Ich nehme meine innere Stimme verstärkt wahr. Alles wird leichter und lichter.

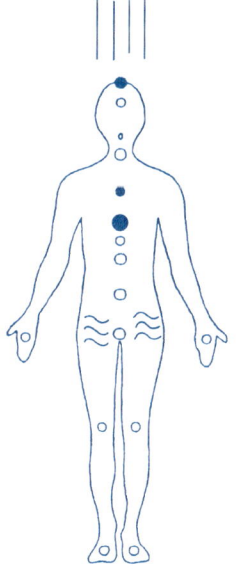

Ich liebe mich so, wie ich bin. Ich erkenne, daß es einen Sinn hat, so wie ich bin und kann es akzeptieren, wie ich bin. Ich kann nun über Störendes hinweggehen und es in einem größeren Rahmen sehen. Ich bin ein Lichtwesen und habe einen Auftrag in dieser Welt.

Ich gehe nun auf eine feinstofflichere Ebene und spüre meine Sensibilität und Feinfühligkeit. Auch das geistige Sein. Ich verankere mich im Geistigen.

Ich habe eine Verbindung zum Geistigen. Ich erwache zu mir selbst, indem ich wieder Verbindung zu meinem Innenleben schaffe. Ich erinnere mich an meinen geistigen Ursprung. Ich bin Licht, und ich brauche Licht. Ich spüre, wie ich zu anderen Wesen eine geistige Verbindung habe. Fühle mich zu ihnen hingezogen und heimisch. Mein Herz öffnet sich für diese Wesen.

Ich lasse mich nicht länger täuschen, die Schleier fallen. Ich spüre jetzt, wo es langgeht, denn mein Plan ist in mir angelegt, und ich verbinde mich wieder mit ihm und lasse mich von meiner Seele und meinem Hohen Selbst führen, zu Menschen und Orten hin, die mir helfen, meinen Plan zu erfüllen.

Meine Seele ist ganz ruhig und ich tauche in mich ein. In der Meditation oder im Traum empfange ich Hinweise und Botschaften von meiner geistigen Familie. Ich fühle mich ihr zugehörig und bin bereit, meinen Teil, der an den Göttlichen Plan gekoppelt ist, zu erfüllen. Ich bin bereit für eine mögliche Wende in meinem Leben, um meiner Geistigkeit Ausdruck verleihen zu können.

Mein Körper ist nur eine Hülle. Im Grunde bin ich Geist.

Ein neuer Geist fließt in mein Leben ein. Wenn ich in meine Geistigkeit gehe, fühle ich die Freiheit des Geistes und die Verbundenheit mit dem ganzen Universum.

Ich höre Botschaften, die aus meinem Inneren kommen, und bin bereit, dieser Führung zu folgen.

Meine Augen sind auf den Himmel gerichtet. In mir erwacht ein neues Bewußtsein.

In mir öffnet sich ein Kanal für das weiße Licht, das ich empfangen kann. Mein Herz öffnet sich und ich fühle mich frei.

* * * * *

PLUTO - UMWANDLUNG / STIRB UND WERDE
PLUTO ist der Sternenplanet des Sternzeichens Skorpion
UMLAUFZEIT durch alle Sternzeichen 248 Jahre
ENTDECKT: 1930, Auftakt zur Kernspaltung, Zweiter Weltkrieg und Beginn einer großen Industrialisierung
AUFGABE: Hüter der Macht und des kollektiven Unterbewußten
ELEMENT: Wasser
LEITSATZ: Ich begehre
CHAKREN: Basis, Solarplexus, Herz, Drittes Auge
TAROT-KARTEN: *Der Teufel, Die Auferstehung*
MYTHOLOGIE: Hades, Gott der Unterwelt

ASTROLOGIE

Pluto ist ein überpersönlicher, also geistiger Planet. Seine Energie wirkt auf die weibliche Seite in uns.

Er bringt uns in das Reich unseres Schattens und zu unserem tiefen inneren Wissen, das größtenteils im Unterbewußtsein gelagert ist. Er lehrt uns die Gebote von Tod und Auferstehung.

DIE ESSENZ UND IHRE WIRKUNG

Der Mensch zeigt sich bekanntlich gerne von seiner Schokoladenseite, gibt sich so, daß er bei anderen Anklang findet. Diese Seiten der Persönlichkeit werden dann meistens übermäßig gelebt und andere gar nicht, oder vielleicht ganz verdrängt. Pluto kann dies nicht gelten lassen. Alles, was unwahr ist und nicht als echt befunden, kratzt er an. Er kann unangenehm sein, denn er bohrt in Dingen herum, bis er auf die Wahrheit stößt. Durch einen solchen Aufbruch kommt plötzlich vieles ans Tageslicht, das vorher verborgen war. Entweder man begrüßt es, weil endlich ein Persönlichkeitsanteil zum Leben erweckt wurde, oder man hat Mühe mit dem, was zutage tritt. Die Herausforderung ist da, dem eigenen Wesen ungeschminkt ins Gesicht zu sehen. Kann man das, kommt man seiner wahren Natur um etliches näher.

Tiefgang bringt immer viele Wahrheiten zutage, das scharf beobachtende Auge kommt bei Pluto noch dazu. Plötzlich erkennen wir "blinde Flecken" in uns, die wir vorher nicht gesehen haben.

PLUTO dreht uns um, damit wir das Leben aus einer anderen Sicht sehen können, die Perspektive verändert sich. Das ist eine ganz große Chance zur Überprüfung unseres Weges. Leben wir, so wie wir leben, wirklich richtig? Haben wir uns in Situationen hineinbegeben, die unseren Motivationen und Überzeugungen entsprechen? Nun haben wir die Chance, all diesem noch einmal auf den Grund zu gehen. Die Stunde der Wahrheit ist gekommen.

Sind wir in eine unfreie Situation gekommen? Nutzen uns andere aus? Haben wir uns zu stark mit anderen eingelassen, weil wir meinen, es alleine nicht zu schaffen? Spielt sich jemand dauernd als Chef auf und wir trauen uns nicht, uns bei ihm durchzusetzen und uns aus dieser etwas einseitigen Bindung zu lösen? Abhängigkeit führt zu einer Schwächung des Ichs.

Viele Menschen trauen sich zu wenig zu, gehen nicht an die eigenen Grenzen. Sie überlassen diese Art zu leben lieber anderen, die sie als fähiger erachten. Dadurch können sie nicht über sich hinauswachsen, sondern begnügen sich mit Wenigerem.

PLUTO gibt uns Mut und Kraft. Er verbindet uns wieder mit unserer Basiskraft. Tief im Becken ist sie gelagert, viele Teile von ihr schlummern dort vor sich hin. Nun wird ihre Kraft geweckt. Sie strömt durch uns hindurch. Wir erinnern uns wieder an unsere Stärke und an unsere Kraft. Wir dürfen beides nicht an andere abgeben, denn diese Eigenschaften sind unser Hab und Gut. Nun nehmen wir sie wieder in Besitz und erkennen uns neu in dieser Kraft.

Festgefahrenes, alte Werte und Persönlichkeitsstrukturen,

die belastend wirken, Muster, die durch karmische Bindungen entstanden sind, können mit Pluto durchbrochen werden. Er konfrontiert uns mit dem Schatten in uns. Vieles haben wir in unsere Tiefen versenkt, weil wir es nicht wollten, oder nicht wußten, wie damit umzugehen sei. Mit *PLUTO* bekommen wir Lust, uns selbst auf den Grund zu gehen! Die Aha-Erlebnisse werden nicht ausbleiben.

Im Prozeß mit *PLUTO* sind unsere Grundmotivationen wichtig. Sie weisen den Weg. Mit der neugewonnenen Kraft geht es nicht darum, das kleine Ich aufzublasen, anderen zu zeigen, daß man stärker ist oder mit ihnen zu kämpfen. Vielmehr ist diese Kraft eine große Chance, aus allem auszubrechen, was nicht der inneren Wahrheit entspricht. Es geht darum, frei zu werden, unabhängig, und aus freien Stücken heraus zu tun, was uns die innere Motivation sagt.

Es wäre falsch, sich mit dieser neugewonnenen Kraft über andere stellen zu wollen. Stattdessen sollten wir diese Kraft für etwas einsetzen, das uns dient, denn wenn es uns dient, dient es der Welt. Wir stellen unsere Kraft in einen höheren Sinn, für eine Sache zur Verfügung, für die sich der Einsatz lohnt. So tief wie Pluto kann kein anderer Sternenplanet greifen. Er besitzt die Gabe, ins Tiefste einzudringen. Er hat Zugang zum kollektiven Unterbewußtsein. So kann er von einem Moment zum andern viele Geheimnisse über uns lüften.

Außerdem greift er tief in die Urkräfte ein. Er weckt unsere Sexualkraft ebenso wie den Instinkt, lädt uns ein, uns mit diesen beiden Kräften einzulassen. Wie wohl tut es doch, sich aus einem spontanen Moment heraus instinktsicher verhalten zu können, ohne vorher noch den Kopf einschalten zu müssen. Wir haben sicher nicht die ganze Evolutionsleiter mit all den verschiedensten Inkarnationen durchgemacht (zum Beispiel auch durch Inkarnationen als Tier), um nachher den Instinkt zu unterdrücken, nur weil unser Kopf sagt, daß er nicht zu einem Menschen gehört, sondern eher zu einem Tier. Vermehrt Sexualität zuzulassen, das öffnet Türen zu unseren intensivsten Gefühlen, bringt uns zur tiefsten Wahrheit. Über sie können wir uns erkennen und lernen, einen tiefen Ausdruck zu finden. Wahre Sexualität bringt uns in die tiefsten Ebenen unseres Seins und kann zu einer Einweihung werden. Durch das Eintauchen in die Sexualität, wenn wir ihr Raum und Zeit geben, können wir lernen, mit diesen gewaltigen Kräften umzugehen. Mit der Zeit wird es uns gelingen, diese Kräfte zu lenken, sie zu erhöhen, damit sie im Körper aufsteigen können. Genau das ist es, was Pluto will: die Kräfte wecken und in Spiritualität transformieren. So ist er auch der Vorbereiter für die Kundalinikraft. Pluto wirkt vom untersten Chakra über die Wirbelsäule hinauf bis zum Dritten Auge. Dort überallhin will er seine Energie bringen.

Wer sich kennt und seine stärksten Kräfte im Griff halten kann, läßt sich garantiert nicht mehr manipulieren. Er weiß um seine Art; weiß, was er braucht; weiß um seine Kraft, denn er hat sich gefunden. Niemand kann ihn mehr verleiten oder beeinflussen zu Dingen, die nicht zu ihm passen.

BESONDERHEIT

Bei der Einnahme der Plutoessenz kann es sein, daß zur gleichen Zeit Gegensätzliches in uns aktiviert wird. Wir erleben den Prozeß dadurch extrem, sind hin- und hergerissen. Es lohnt sich aber, diese möglichen Extreme auszuhalten, denn bald beginnen sich diese Gegensätze durch den weiteren Prozeß zu verbinden Und endlich dürfen beide gleichzeitig und miteinander leben! Durch das gleichzeitige Erleben beider Pole erlebt sich die Persönlichkeit als ganzheitlich. Eine Neugeburt von Persönlichkeitsanteilen, die bis jetzt unterdrückt wurden, findet statt. Dadurch fällt die alte Ordnung unseres Systems auseinander. Es entsteht zwar für eine kurze Zeit ein Chaos, dem aber eine Neuformierung der Persönlichkeit folgt. Wie der Phönix aus der Asche.

POTENTIAL

Macht, stärkster Wille, schöpferische Potenz, Drang zur Veränderung, Umpolung, Suggestivkraft, Heilkraft.

PLUTO wirkt im Horoskop auf folgende Weise: Alles, was den Geburts-Pluto im positiven (entspannten, förderlichen) Aspekt im Geburtshoroskop berührt, steht für das POTENTIAL seiner Kraft. Alles, was den Geburts-Pluto im negativen (gespannten, hemmenden, blockierenden) Aspekt im Geburtshoroskop berührt, steht für die BLOCKADE seiner Energie.

Durch die Einnahme der Sternenessenz *PLUTO* wird seine ICH BIN-KRAFT hervorgeholt. Die positiven Kräfte im Horoskop werden verstärkt und gefestigt, die negativen entspannt, Blockaden verkleinert und die positiven Kräfte des Potentials vergrößert.

AFFIRMATIONEN

Ich fühle meine innere Kraft. Sie ermächtigt mich, über mich selbst hinauszuwachsen.

Ich meistere mein Leben aus eigener Kraft. Ich lasse los und werde neu.

MEDITATION

Mein Bewußtsein ist in meinem Basischakra. Dieses Chakra wird aktiviert und öffnet sich. Ich fühle mich verbunden mit meiner Basiskraft.

Nun spüre ich mein Steißbein. Vom Basischakra zum Steißbein findet eine Verbindung statt. Die Energie fließt hin und her.

Mein Rücken wird warm. Ich spüre, wie Energie in den unteren

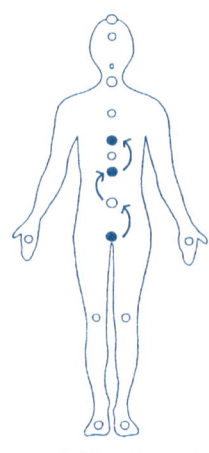Teil des Rückens aufsteigt und sich den Weg durch den Kundalini-Kanal bahnt. Dadurch wird mein Rücken gekräftigt.

Nun bildet sich eine Verbindung von meinem Basischakra über das Sakralchakra zum Solarplexuschakra und zum Herzchakra. Auch mein Herz wird nun mit dieser Energie gestärkt. Es wird ganz groß und weit.

Hinten fließt die Energie weiter den Rücken hinauf, geht über den Hinterkopf weiter durch die beiden Gehirnhälften, bis zu meinem Dritten Auge. Dort sitzt der Endpunkt des Kundaliniweges.
Nun fühle ich mich von unten bis oben vitalisiert.

Mein ganzer Körper ist voller Kraft. Ich spüre ihn überall, er ist heil. Ich fühle mich heil. Ich fühle mich groß.

Mit dieser Kraft und wahrer Größe begegne ich nun der Welt. Ich habe mich gefunden, ich bin ich.

Ich fühle mich stark. Meine Kraft baut sich auf, um Großes zu vollbringen. Ich spüre meine Größe und meine Stärke. Eine gesundes Gefühl der Macht stellt sich bei mir ein. Ich fühle mich groß und stark wie ein Drache. Widerstände sind im Leben da, um gemeistert zu werden. Meine Kraft reicht aus, um Großes zu verändern. Ich packe Unstimmigkeiten bei der Wurzel an, um sie aus meinem Leben zu eliminieren. Ich bin zu grundlegenden Veränderungen bereit. Mein Weg soll nun weiterführen. Vielleicht stoße ich dadurch andere oder auch mich vor den Kopf, aber ich gehe den Weg trotzdem. Die Wahrheit siegt. Ich bin bereit, Bindungen zu lösen, die nicht länger dieser Wahrheit entsprechen. Mein Weg führt vorwärts, in die eigene Kraft. Endlich spüre ich MEINE Kraft und Stärke.

Groß und stark stehe ich da. Ich wachse über alle Hindernisse hinaus, die mir im Wege stehen. Gigantisch stehe ich da und überblicke *meine Verstrickungen, in die ich mich selbst begeben habe. Ich weiß, daß ich alles, was ich nicht mehr brauche, jetzt lösen werde und auch lösen kann.*

Eine große Kraft macht sich in mir breit.

Der Drache in mir wird erweckt. Ich bin bereit, der Wahrheit ungeschminkt ins Gesicht zu schauen und sie anzunehmen, so wie sie ist. Unklarheiten weichen einer tiefen Wahrheit. Ich bin groß und stark wie ein Berg, mein Potential übersteigt alles.

Meiner Macht bewußt, weiß ich, daß wahre Macht das Dienen ist, das allen anderen zugute kommt. Durch kraftvolle Handlungen bringe ich mich und das Leben ins Lot.

Ich weiß, daß die Wahrheit siegen wird.

* * * * *

ISIS - AUSGLEICH / VERBINDUNG ZUM KOSMOS
ISIS ist der Sternenplanet des Sternzeichens Waage
UMLAUFZEIT durch alle Sternzeichen 600 – 700 Jahre
ENTDECKT: 1992, leitet eine größere Gerechtigkeit ein
AUFGABE: Göttliche Gerechtigkeit, die goldene Mitte
ELEMENT: Luft
LEITSATZ: Ich gleiche aus
CHAKREN: Milz, Herz, Drittes Auge
TAROT-KARTE: *Die Welt*

ASTROLOGIE

Isis ist erst vor kurzem entdeckt worden. Sie wirkt eher neutral, weil sie Männliches und Weibliches verbindet und wird daher in einem gewissen Sinne als androgyn empfunden.

Isis wird auch Transpluto genannt. Viel weiß man noch nicht über sie, sie wird noch erforscht. Sicherlich wird ihre Kraft während der großen Übergangszeit wichtig werden. Aber auch nach dieser Zeit wird sie stark wirken, hat sie doch die Fähigkeit, Unebenheiten auszugleichen, Negatives umzuwandeln und zu erhöhen und zu einer neuen Vollkommenheit zu bringen.

Isis und Venus stehen zwar in der gleichen Thematik: Beziehung und Verbindung. Im Gegensatz zu Venus aber, die Beziehung in Form von Anziehung, Zärtlichkeit und Herzenswärme sucht, strebt Isis eine Beziehung im ganzheitlichen Sinne an und sucht auch nach geistiger und seelischer Nähe.

DIE ESSENZ UND IHRE WIRKUNG

Bei *ISIS* geht es um Beziehung in einem viel größeren Rahmen. Sie hat Zugang zu allen Potentialen in uns. Sie balanciert unsere Chakren aus. Sie gleicht überall aus, wo es etwas auszugleichen gilt, und bringt so den ganzen Menschen in eine neue Harmonie.

Die Beziehung zum Kosmos wird wieder hergestellt. Viele Menschen auf der Erde haben den Kosmos vergessen und damit auch ihre eigentliche Herkunft. Sie sind so verhaftet in der Dichte der Materie hier, daß es nichts anderes für sie mehr gibt als diese Realität. Wir aber sind Sternengeborene auf einem Sternenplaneten. Und *ISIS* erinnert uns daran. Darum pflegen wir unsere Beziehungen mit den Geschwistern im Kosmos. Wir öffnen uns ihnen jetzt erneut. Das erinnert uns an unseren göttlichen Ursprung, wir können spüren, daß letztendlich dort unser Zuhause liegt. Eine unendliche Weite tut sich auf, Grenzen verschwinden und damit auch viel Ballast. Die Freiheit und Leichtigkeit, die *ISIS* vermittelt, erinnern uns daran. Der Zugang zum Kosmos ist geöffnet.

Diese Essenz verbindet uns gleichermaßen mit unserem inneren Kosmos. Es ist wirklich alles in uns enthalten, wir müssen nur den Zugang dazu finden. Alles liegt in uns und wartet darauf, geweckt und an die Oberfläche gebracht zu werden. *ISIS* reguliert das Potential in uns so, daß wir alles nutzen können. Sie reißt auch manches Mal den Schleier der Täuschung herunter, weil dahinter vielleicht schon lange ein für uns sehr wichtiges Potential brach liegt. Sie bewirkt Ausgleich im Sinne einer kosmischen Ordnung und somit auch einer höheren Gerechtigkeit.

Sie stellt alles und jedes an seinen richtigen Platz, sortiert aus und schafft somit Ordnung, im Außen und im Innen. Mit ihr finden wir Zugang zu unserem inneren Mittelpunkt, dort können wir uns geborgen fühlen. Es findet ein Ausgleich zwischen Innen und Außen statt. *ISIS* bringt alles in eine neue Harmonie, die einer tiefen kosmischen Wahrheit zugrunde liegt.

Die göttliche Gerechtigkeit kommt zum Ausdruck. Für viele Menschen, die zu einer Randgruppe gehören oder sich isoliert fühlen, bringt eine solche Korrektur Erleichterung. Plötzlich schaffen sie den Sprung wieder ins Gefüge der allgemeinen Menschheit, *ISIS* baut die Brücke. So können sie wieder ein neues Gefühl des Eingebundenseins erleben.

ISIS verbindet mit Höherem. Frieden und Harmonie werden vermittelt und das bringt uns in Gleichklang mit dem Kosmos. Wir werden weiter und größer, wachsen in eine größere Präsenz hinein; ins Höhere Selbst.

ISIS gleicht uns aus, bringt uns aus Streß und Einseitigkeit heraus. So finden wir unseren Weg wieder und können ihn weiter beschreiten. Und das macht uns wieder offen für all die wichtigen Beziehungen unseres Lebens – seien sie persönlicher und geistiger Art.

Jeder Mensch strebt nach einer ganzheitlichen Beziehung. Wir möchten einander in Freundschaft begegnen können, in Liebe und Anziehung dafür sorgen dürfen, wie eine Mutter. Dann wollen wir natürlich möglichst dieselbe geistige Ausrichtung haben, damit wir den geistigen Weg miteinander gehen können. Geliebte, Freundin, Mutter und geistige Gefährtin wollen wir sein – alles in einem.

Meist sieht die Realität aber (noch) anders aus. Mit *ISIS* werden Beziehungsthemen beleuchtet. Was habe ich für Beziehungen? Empfinde ich sie als problemlos oder als schwierig? Wie sehen meine Schwierigkeiten aus? Wo halte ich an und ziehe mich zurück? Wo verliere ich meine Beziehungsfähigkeit oder meine Bindungsfähigkeit? Welche Schwierigkeiten wiederholen sich in meinen Beziehungen? Welche falschen Ansichten oder Glaubensmuster habe ich in bezug auf Beziehungen? Worauf bin ich ausgerichtet in Beziehungen? Wo habe ich resigniert?

Manchmal ist es wichtig, menschliche Probleme aus einer höheren Warte heraus betrachten zu können. Das Universum ist auf kosmischen Grundsätzen aufgebaut. Wenn wir uns diesen vermehrt angleichen, reguliert sich manches in unserem Leben auf natürliche Art und Weise. Wir sind immer wieder aufgefordert, Ausgleich zu schaffen. Ein ausgeglichenes Geben und Nehmen gehört da sicherlich dazu.

ISIS vermittelt uns die Gewißheit, daß alles, wirklich alles, gelebt werden darf. Somit hört das Konkurrenzverhalten auf mit der Frage: du oder ich? Aus diesem neuen Bewußtsein entsteht ein Wir.

BESONDERHEIT

Mit *ISIS* kann durch eine Meditation über das Scheitel- und das Milzchakra vermehrt kosmische Energie aufgenommen werden. *ISIS* ist wichtig für Menschen, die ihre Mitte verloren oder soziale Probleme oder Beziehungsprobleme haben. *ISIS* ist auch eine ideale Essenz zum Baden: zehn Tropfen in ein Vollbad, einmal wöchentlich.

POTENTIAL
Ästhetik, Erhöhung, Harmonie, Frieden, Ausgeglichenheit, Ganzheit, Verschmelzung, göttliche Gerechtigkeit

Isis wirkt im Horoskop auf folgende Weise: Alles, was die Geburts-Isis im positiven (entspannten, förderlichen) Aspekt im Geburtshoroskop berührt, steht für das POTENTIAL ihrer Kraft. Alles, was die Geburts-Isis im negativen (gespannten, hemmenden, blockierenden) Aspekt in Geburtshoroskop berührt, steht für die BLOCKADE ihrer Energie.

Durch die Einnahme der Sterenenessenz *ISIS* wird ihre ICH BIN-KRAFT hervorgeholt. Die positiven Kräfte im Horoskop werden verstärkt und gefestigt, die negativen Aspekte entspannt, Blockaden verkleinert und durch die positiven Kräfte des Potentials vergrößert.

AFFIRMATION
Ich bin All-Eins. Ich ruhe in meiner Mitte und nehme mich in meiner Ganzheit an.

MEDITATION
Die Energie geht ganz tief in mich hinein. Ich spüre das neue Chakra, das Milzchakra. Ich empfinde dieses Chakra als meinen absoluten Mittelpunkt. Dieser Mittelpunkt balanciert mich aus.

Nun fließt die Energie ins Basischakra und bringt dort das Weibliche und das Männliche in Harmonie. Dann fließt die Energie meine Yin- und Yang-Stränge im Rücken hinauf und gleicht diese aus. Die Energie fließt nun in den Hinterkopf und durch die beiden Gehirnhälften.

Ich spüre mein hinteres Herzchakra sehr stark.

Die Energie fließt weiter bis zu zwei sich nahestehenden Endpunkten innerhalb der Stirn. Nun fließt Energie in Arme und Beine.

Mein Drittes Auge wird aktiviert. Es bildet nun den dritten Punkt zwischen diesen beiden anderen zwei Punkten. Dieses Drittes

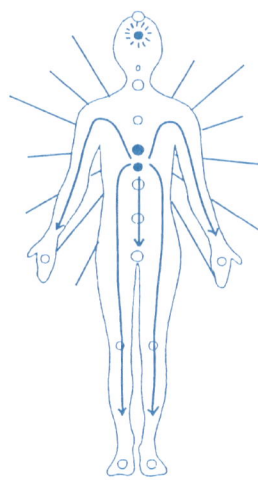

Auge zentriert und gleicht meine beiden Pole = männlich und weiblich aus. Mein hinterer Herzchakrapunkt strahlt wie eine Sonne. Die Energie fließt durch den ganzen Rücken. Mir wachsen feinstoffliche Flügel. Diese Sonne strahlt weit über meine Schulterflügel hinaus. Ich lasse jetzt alles los. Ein neues Bewußtsein hält Einzug in mein Sein. Indem ich disziplinierter werde, fühle ich mich freier, erhöhe mich. Friede kehrt ein. Ein großes Aufatmen macht sich in mir breit. Ich lasse viele unnötige Mühen los. Ich begegne mir selbst und bin froh, mich ein Stück mehr gefunden zu haben.

Aus dem Herzen heraus verlange ich nach dem, was ich wirklich brauche.

Ruhe und Frieden kehren ein. Ich fühle mich ausbalanciert, in meiner Mitte. In mir entsteht eine große Sonne, sie bedeutet Ganzheit für mich. Meine Ganzheit. Ich kann nun umfassend mein ganzes Wesen erfühlen und auch ermessen. Ich bin rund. Ich leuchte. Und stehe im Frieden und Harmonie da mit allem, was um mich herum ist. Ich stehe in meinem eigenen Raum, losgelöst von allem, frei und doch verbunden mit allem, mit dem ganzen Universum. Ich bin wie ein Stern, einer von vielen. Ich spüre die Verbundenheit und den Einklang all dieser Sterne untereinander. Eine große Weite tut sich auf, ich fühle die große Freiheit. Und trotzdem ist jeder von uns in eine größere Ordnung eingebettet.

Ich fühle Verbundenheit mit allen anderen Wesen, die auch im Raum stehen. Es herrschen Gleichklang und Harmonie. Der Ruf der Ewigkeit erströmt durch unseren Raum. Wir sind verbunden mit Gott. Frieden kehrt ein durch dieses Gefühl von Einheit. Jeder von uns hat seinen festen Platz, ist gleichberechtigt und hat seinen Sinn. Es entsteht ein Gefühl von Gleichheit und Brüderlichkeit. Daraus erwächst Einheit. Jeder steht ganz für sich, zusammen bilden wir ein Ganzes, denn jeder ist mit jedem verbunden.

Die Vereinigung mit all meinen Teilen macht mich heil. Es umschließt alles. Es umschließt mich und das Ganze. Es macht mich rund.

Ich bin wie eine Sonne und stehe im Raum. Ich als Sonne sende unzählige Strahlen ins Universum aus. Ich bin ein Feuerball im vollen Licht.

Der Klang der Ewigkeit durchflutet mich und verbindet mich mit der Ewigkeit.

Ich selbst bin ein Teil der Ewigkeit.

ZWEITE TORÖFFNUNG

5. JUNI 1993

THEMA: SELBSTLOSE UND BEDINGUNGSLOSE LIEBE

DAS BEWUSSTSEIN WIRD GEBOREN:

WIR SIND LICHT

UNTER DIESER TORÖFFNUNG ENTSTANDENE
ESSENZEN:

LICHT-ENERGIEESSENZEN ROT
ENERGETISCHE TRANSFORMATIONSESSENZEN
MEISTERESSENZEN

2. Die Licht-Energieessenzen
Ich verbinde mich mit dem Licht /
Ich erschaffe meinen Lichtkörper

In der Zeit der zweiten Toröffnung, die am 5. Juni 1993 stattgefunden hat, ist eine neue Gattung Essenzen entstanden: DIE LICHT-ENERGIEESSENZEN.

Die Licht-Energieessenzen sind Energien, die uns als Geschenk von Wesen außerhalb unseres Sonnensystems gegeben wurden und wirksame, kosmische Prinzipien enthalten, wie zum Beispiel eine Lichtspirale, die Energien in uns erhöhen. Diese Essenzen heben uns auf eine neue Ebene des Lichts und füllen uns mit kosmischen Licht. Dadurch fühlen wir uns im Körper leichter, und dadurch wird auch manches in unserem Leben einfacher.

Mit diesen Essenzen werden wir vermehrt mit unseren Lichtbrüdern und Lichtschwestern verbunden, die außerhalb unseres Sonnensystems sind. Sie treten näher an uns heran, um mit ihrem Licht und ihrer Schwingung den Weg leichter zu machen und unseren Weg zu begleiten. Sie inspirieren uns mit ihrem Licht. Nicht von ungefähr wird gesagt: Nun geht mir ein Licht auf. Wir meinen damit, daß uns nun etwas klar geworden ist. Im Licht ist unendlich viel Information enthalten, diese erhellt uns und kann zu ganz neuen Erkenntnissen führen.

Diese Essenzen erhöhen unsere Energie und bereiten uns auf eine stärkere Kommunikation mit der feinstofflichen Welt vor. Sie öffnen unsere höheren Chakren, auch die transpersonalen, die oberhalb unseres Kopfes liegen. Diese höheren Zentren sind lange ungenutzt gewesen. Nun ist es an der Zeit, sie wieder zu aktivieren und in Gang zu setzen, da wir sie jetzt brauchen, um vermehrt in unser Höheres Selbst zu gelangen. Dafür werden sie eigens von Engeln aktiviert.

Damit kommt uns die Engelwelt ein gutes Stück näher. Engel – wer hat von ihnen nicht gehört! Viele Menschen haben Wunderbares mit Engeln erlebt, haben sogar bereits Kontakt mit ihnen. Nun, mit dieser Gattung Essenzen rücken sie uns ganz nahe und arbeiten an uns - sind jetzt so nahe, daß wir sie spüren können. Sie haben den Auftrag übernommen, uns über diese Gattung Essenzen vermehrt ins Licht zu führen, uns mit Licht zu überfluten und zu füllen.

Mit den STERNENESSENZEN werden alle Chakren, von ganz unten bis oben, je nach Essenz, aktiviert und zum Teil miteinander verbunden. Die LICHT-ENERGIEESSENZEN bilden nun die Fortsetzung dazu. Sie bauen auf der "Vorarbeit" auf und wenden sich nun den oberen und obersten Chakren in unserem System zu. Sie beginnen, diese zu aktivieren und miteinander zu verbinden, und zwar vom Herzen, unserem neuen Grundfokus, aufwärts bis zu den höchsten feinstofflichen Zentren. Diese Zentren beginnen dadurch zu leben. Sie öffnen sich und machen uns feinstofflicher. Das bedeutet: Der Schleier zwischen unserer physischen Welt und der geistigen wird durchlässiger, unsere Fähigkeit, die andere Welt wahrzunehmen und mit ihr zu kommunizieren, verstärkt sich immens.

Der Weg, der Kanal zu unserem Hohen Selbst, das seinen Sitz im zwölften Chakra hat, wird mit den *La-Sylphide*-Flaschen, den oberen LICHT-ENERGIEESSENZEN (mit rotem Etikett), freigesetzt. Im Grunde genommen möchte unsere Seele in dieser Übergangszeit von zwanzig Jahren den Aufstieg ins Hohe Selbst schaffen.

Unser Hohes Selbst ist verbunden mit dem Kosmos. Es ist eine Informations- und Bewußtseinszentrale. Von dort gehen Informationen hinaus und es kommen Informationen hinein. Unser Hohes Selbst ist wissend, denn von dort aus können wir alles sehen und erkennen, haben wir Zugang zu anderen großen Wissenszentralen sowie zu vielen unserer Sternengeschwister.

Die Voraussetzung für diesen Weg ist, daß die unteren Chakren bereits bearbeitet worden sind, gut schwingen und keine größeren Belastungen mehr in sich tragen.

Wenn wir in den unteren Chakren noch verdichtete Energien haben, können die oberen nicht arbeiten. Energie steigt immer von unten nach oben. Je mehr die unteren Chakren gereinigt und intakt sind, umso mehr können sich die Energien den Weg durch die Chakren bahnen und diese Energie bis in die oberen Chakren bringen.

Wenn wir eine Essenz dieser Art einnehmen, singen die Engel uns ein Lied und tanzen – unsichtbar - mit ihrer wunderbaren Feinstofflichkeit, mit ihren feinen Schwingen, dazu. Um unsere Prozesse zu unterstützen, ist nicht nur einer von ihnen alleine da, sie kommen gemeinsam, als Gruppe. Wenn wir uns eingehend mit dem Licht befassen möchten, oder mit seiner Welt, und große Sehnsucht nach dem Licht verspüren, kommen die Engel in großer Anzahl. Sie wollen uns zeigen, daß es sie wirklich gibt und daß sie für uns da sind. Engel in großer Zahl bringen sehr viel Licht und eine ganz besondere, wunderbare Schwingung, die nur sie erzeugen können.

Die verschiedenen Hohen Lichtmeister und -meisterinnen, die sich bei meinen Seminaren oder Vorträgen einfinden, geben ihre markanten und unverkennbaren Energien in die Gruppe hinein und lösen damit spezielle Themen aus. Diese hohen Lichtwesen sind, in einem gewissen Sinne, mit einem Parfum zu vergleichen, da sich jedes Wesen durch seine ganz spezielle Eigenart der Duftnote auszeichnet.

Die Engel aber erzeugen die lichtvolle Grundstimmung, auf der alles weitere aufgebaut werden kann. Sie erscheinen dazu, man kann das so sagen, in Scharen und umringen uns in einem Kreis, den sie um uns bilden, und stehen dann oft dreifach hintereinander da. Es ist wirklich wundervoll, mit ansehen zu können, wie die geistige Welt solche spirituellen Seminare und Vorträge oder Treffen aktiv unterstützt. Ich kann immer sehen, wie sie sich freuen, daß wir bei diese Gelegenheit wieder einmal alle - grob- oder feinstofflich - versammelt sind. Alle diese Wesen, aus all den verschiedenen Ebenen, kommen zu uns, weil sie unseren Weg ins Licht ebnen und unterstützen möchten.

Diese Essenzen bergen nicht so viele verschiedene Informationen, Symbole und Farben wie die Sternenessenzen. Ihre Energien sind freier und ungebundener.

Wir teilen diese neuen Essenzen in *zwei* Gruppen: die Lichtenergie-Essenzen mit blauem Etikett und die anderen mit rotem Etikett.

Die blauen Lichtenergieessenzen gehören auch zu den Staressenzen auf dem Essenzenweg von *La Sylphide*, bewegen sich aber schwingungsmäßig bereits auf einer Oktave höher.

Die roten Licht-Energieessenzen sind dann geeignet, wenn wir uns auf dem Lichtweg schon in einem fortgeschrittenen Stadium befinden.

Wir haben also schon die nötige Vorarbeit geleistet, um diese hohen und feinschwingenden Licht-Wellen, die durch diese Essenzen in unser System fließen, aufnehmen zu können. Mit ihnen kann die geistige Welt an tieferen Schichten bei uns arbeiten. Bei diesen Licht-Energieessenzen ist jedoch ein gründliches Testen vor der Einnahme erforderlich und es ist ideal, dazu eine tieferschwingende Essenz einzunehmen.

Wir werden noch stärker mit der Lichtseite verbunden. Die Prozesse greifen tief, bis in frühere Leben hinein. Sie legen Erfahrungen und Wissen aus diesen Inkarnationen frei. Viel Information wird nachts, über die Traumwelt, aufgenommen. Aber auch über Meditationen können wir an diese Informationen gelangen.

Durch die Einnahme dieser Essenzen fließt sehr viel Licht ein. Die Lichtkanäle in uns werden mit Licht durchgespült, gereinigt und neu mit Licht gefüllt. Unsere höheren, spirituellen Zentren werden geöffnet, der Kanal zum Hohen Selbst wird Stufe um Stufe freigelegt. Die Wahrnehmung wächst. Es sind wichtige Essenzen – als Vorbereitung darauf, der geistigen Welt wirksam und in verstärktem Maße dienen zu können. Sie bilden unseren Lichtkörper aus.

Erhöhte Wahrnehmung kann nur geschehen, wenn man persönliche Gefühle und Gedanken losgelassen hat. Das geschieht Stück für Stück auf dem Weg ins Licht.

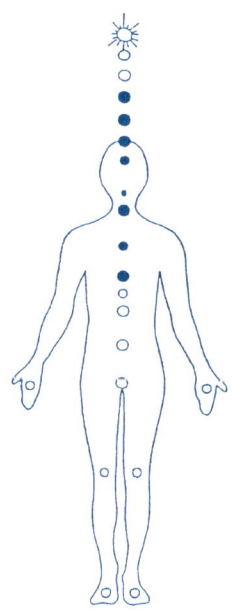

Die Abbildung für die Licht-Energieessenzen zeigt auf, daß die Lichtbahnen im Körper vergrößert werden und durch diese vermehrt Licht in die Chakren einfließen kann. Die Chakren oberhalb des Herzens werden aktiviert und miteinander verbunden. Somit legen sie ein Stück Kanal zum Hohen Selbst frei. Das neue Chakra *Thymus* wird über diese Essenzen stark aktiviert.

Die nachfolgenden Namen der Essenzen sind für die Erde neue kosmische Laute.

UPY   ICH BEKENNE MICH ZUM LICHT

UPY ist vom kosmischen Prinzip her vergleichbar mit der Sternenessenz *SONNE*, der Schwingungsgrad ist eine Oktave höher.

CHAKREN: Herz, Hals, Drittes Auge

WIRKUNG

Mit dieser Essenz geschieht ein Durchbruch. Wir verteidigen unser neues Bewußtsein und die lichtvolle Lebensart, die wir uns in der Zwischenzeit entwickelt haben, nun im Außen. Wir stehen zu unserem Denken, auch wenn andere dieses neuartige Denken nicht verstehen können, denn indem wir das, was wir denken, umsetzen und leben, bringen wir Licht in die Welt. Wir säen sozusagen ein neues Bewußtsein. Für diese Arbeit bekommen wir, über diese Essenz, viel Kraft, und in uns wächst das Gefühl, wir könnten Berge versetzen. Durch diese Haltung werden wir "offiziell" zu einem spirituellen Menschen, der sich getraut, aus der üblichen Norm herauszuwachsen. Jetzt werden wir zum wahren Lichtarbeiter. Wir besitzen die Kraft der Konsequenz, uns für das Licht einzusetzen, auch weil wir eine neue Verpflichtung dem Licht gegenüber spüren. Durch die neue Haltung, die wir nun an den Tag legen, haben wir die Chance, einen Weg der Einweihung zu gehen. Durch die verstärkte Verbindung mit dem Licht erinnern wir uns wieder an seine Klarheit und sein Freiheitsgefühl, das sie uns vermittelt.

EINNAHME: Täglich drei Tropfen, sieben Wochen lang

AFFINITÄT: *ULME* [1]

1) Die Baum-Essenzen werden im zweiten Band beschrieben.

AFFIRMATION
Ich bin Stärke und Klarheit. Ich bin Wahrheit.

MEDITATION
Ich bin ganz ruhig und innerlich wach. Auch wenn es im Außen turbulent zugeht, behalte ich meine innere Ruhe. Ich verankere mich in mir selbst. Ich selbst bin der Anker. Ich fühle mich stark und groß wie ein Fels. Ich weiß, daß ich alles meistern kann, alle Aufgaben, die an mich herangetragen werden.

Ich fühle mich mit der geistigen Welt verbunden. Die Füße habe ich auf der Erde, den Kopf im Himmel. Ich stehe da wie ein Riese.

Ich kann wahrnehmen, wie meine Sternengeschwister mir etwas ins Ohr flüstern, weil sie mir helfen wollen. Ich fühle mich von ihnen gut geführt und bin stark genug, um den Herausforderungen jetzt im Außen zu begegnen. Ich werde mich für das Geistige einsetzen, damit es auf die Erde kommen darf. Ich bin ein geistiger Krieger und kämpfe für den göttlichen Plan.

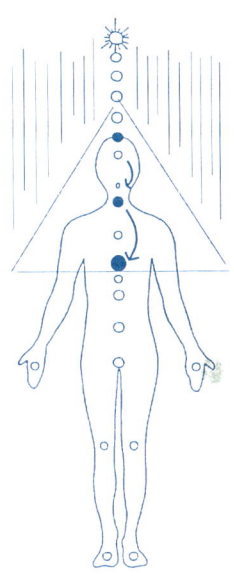

Jetzt spüre ich mein Drittes Auge stark. Es öffnet sich vermehrt. Auch das Halschakra ist aktiviert. Beide beginnen sich zu drehen. Jetzt geht mein Herz auf, es wird ganz weit. Mein Herz ist meine Basis und zeigt mir den Weg. Der Kopf entspannt sich. Ich spüre, daß dort etwas geschieht. Das Kronenchakra geht auf und läßt reines, weißes Licht in den Kopf und in alle meine oberen Chakren. Dieses Licht geht bis ins Herz. Es entsteht ein Lichttrichter, der oben weit geöffnet und auf das Herzchakra gerichtet ist.

Über mein Kronenchakra erhalte ich von der geistigen Welt Informationen, die ich brauche, um meinen Weg fortsetzen zu kön-

nen. Durch die vermehrte Öffnung meines Dritten Auges weiß ich genau, worum es geht.

Mit großem, kraftvollem Herzen erledige ich die Tätigkeiten, die von mir gefordert werden. Ich bin verankert im Herz.

Der göttliche Plan soll sich auf Erden manifestieren. Ich setze ihn um und diene als Werkzeug für seine Erfüllung. Durch diese Umsetzung komme ich vermehrt an mein spirituelles Potential.

Stark und mit ganz geradem Rücken stehe ich da. Vor meinem Herzen und Solarzentrum bildet sich ein Schutzschild.

Nun bin ich bereit, Herausforderungen zu begegnen. Ich bin bereit, für meine Wahrheit und für meine Überzeugungen einzustehen.

Gott ist in mir, ich bin in Gott. Gott ist Wahrheit. Ich bin bereit, für meine Wahrheit einzustehen. denn Wahrheit hat das Recht, gelebt zu werden. Ich setze mich ein für sie, indem ich unumwunden zu dem stehe, was ich denke und was ich fühle.

So kommt Licht in diese Welt. Ich wachse daran. Nun lebe ich meine Größe und freue mich, weil ich innere Stärke entwickelt habe. Ich kämpfe für die Wahrheit.

Auch wenn alles um mich herum chaotisch und unruhig ist, ich bin ein Fels in der Brandung, behalte die Übersicht und bewahre Ruhe. So stelle ich für mich und für andere einen Ankerplatz dar und einen Orientierungspunkt. In meinem Herzen lodert das Feuer der Wahrheit. Ich werde zur Wahrheit. Durch mein Verhalten inspiriere ich andere Menschen ebenfalls, zu ihrer Wahrheit zu finden. Ich werde zu einem Leuchtturm im Sturm. Widerstände machen mich größer und stärker. Ich wachse an Unvollkommenem, um mehr in die Vollkommenheit zu kommen.

* * * * *

SIM   ANBINDUNG AN DAS LICHT

SIM ist vom kosmischen Prinzip her vergleichbar mit der Sternenessenz *MOND*. Der Schwingungsgrad ist um eine Oktave höher.

CHAKREN: Herz, Hals, Krone

WIRKUNG

Im Gegensatz zu der Essenz *UPY*, bei der wir die Wahrheit ins Außen bringen wollen, geht es bei *SIM* um die innere Wahrheit, die nun vermehrt gefunden werden kann.

Mit dieser Essenz entsteht eine größere Anbindung und Hingabe an das Licht. Durch diese engere Verbindung zum Licht fließt auch vermehrt Licht durch uns. Durch unsere Worte, Hände, Taten. Wir sind erfüllt mit Licht.

Aus diesem Licht heraus, in dem wir nun eingebettet sind und das wir vor allem nachts von unseren Sternenbrüdern und -schwestern gesendet bekommen, sehen wir die Welt viel gelassener. Wir finden zu großer, innerer Ruhe und Klarheit. Durch die starke Verbindung mit dem Licht fühlen wir uns im Licht geborgen und von ihm beschützt. Wir merken, daß wir vieles fallen lassen können und uns dem Licht hingeben dürfen, denn wir werden von ihm getragen. In uns machen sich Gleichgewicht und innere Fülle breit. Durch diesen Prozeß entsteht großes Vertrauen in den Kosmos und eine größere Verbindung zum Göttlichen.

EINNAHME: Täglich drei Tropfen, sieben Wochen lang.

AFFINITÄT: *LINDE*

AFFIRMATION
Ich lasse Licht und Liebe in den Alltag fließen.

MEDITATION
Die Energie fließt ins Herz. Ich fühle mein Herz und den Hals. Nun fließt die Energie weiter ins Dritte Auge. In meinem ganzen Kopf kribbelt es, er ist voller angenehmer Energie.

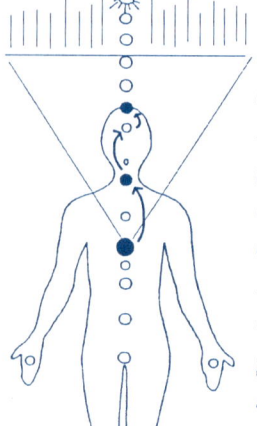

Mein Kopf füllt sich mit weißem Licht, er wird ganz leicht und frei. Mein Kronenchakra öffnet sich. Es entsteht ein Trichter, auf das Herzchakra gerichtet.

Ich lasse klare, lichte Energie in mich hineinfließen und bin verbunden mit meinem Hohen Selbst. Ich werde nach oben gezogen in eine höhere Dimension hinein. Ich höre den Kosmos, höre, wie er atmet.

Geborgenheit macht sich in mir breit. Ich bin geborgen im Kosmos. Der Kosmos und ich sind eins.

Große Liebe erfüllt mein Herz.
Meine Energie ist rein und klar. Ich werde von Engeln gewiegt. Ich bin ganz entspannt. Alles ist gut. Ich fühle, wie ich von der Lichtseite Nahrung bekomme. Ehrfurcht erfüllt mein Herz.

Dieser Trichter aus Licht verlangt nach Ausdruck. Mein Halschakra hat starken Druck, es öffnet sich. Ich sende aus diesem Chakra Farben und Töne ins Universum.

Alle vier oberen Chakren sind miteinander verbunden und drükken sich über mein Halschakra aus. So gebe ich meinen Beitrag an die Welt ab. Ich nähre damit das Universum und das Außen.

Freude erfüllt mein Herz, denn Licht fließt durch mich. In mich hinein und aus mir heraus. Ich bin im Fluß mit dem Universum. Om nahama schiwaya Om.

Ich werde ganz ruhig und friedlich. In mir baut sich eine neue Welt auf. Ich schöpfe aus ihr. Ich erlange inneren Reichtum und innere Klarheit. Wärme erfüllt mich, alles in mir wird leicht und weit. Aus dieser Weite schöpfe ich und erkenne, daß ich ein Lichtwesen bin. Ich bin Licht. Und erfüllt mit Licht.

Alles in mir ist ruhig und klar. Ich werde getragen von vielen Engeln, die mein Schicksal begleiten und teilen. Ich tanze mit ihnen mit. Ich fühle mich verbunden mit dem Licht. Ich fühle meine geistige Heimat, außerhalb dieses Sonnensystems, dort, wo ich herkomme. Ich spüre, wer ich wirklich bin. Ich bekomme Bezug zu meiner geistigen Heimat. Von dort beziehe ich spirituelles Wissen. Dieses lasse ich in meinen Alltag fließen. Mein wahrer Auftrag ist, Licht und Liebe auf diese Erde zu bringen. Ich bin ein geistiger Lichtbringer. Überall auf meinem Weg zünde ich ein Licht an und erfülle die Menschen mit Liebe.

* * * * *

RIX LICHT REINIGT MEINEN EMOTIONALKÖRPER

RIX ist vom kosmischen Prinzip her vergleichbar mit der Sternenessenz *VENUS*, schwingt aber eine Oktave höher.

CHAKREN: Sakral, Solar, Herz, Hals

WIRKUNG
RIX öffnet den Solarplexus und macht uns den Weg frei für unsere Gefühle. Wir kommen mit unserem Emotionalkörper in

Verbindung. Unsere Gefühle, auch alte und unverarbeitete, rücken nun in den Mittelpunkt unseres Seins.

Haben wir Gefühle, die sich stauen und uns blockieren? Dann können wir sie jetzt loslassen. *RIX* ist eine große Hilfe, denn mit dieser Essenz schmelzen emotionale Blockaden schnell dahin. Die Gefühle müssen nicht unbedingt unangenehm hochkommen, so daß es uns fast den Atem kostet. Durch das viele Licht, das nun in unseren Emotionalkörper fließt, wird alles leichter. Die Gefühle kommen sehr schnell hoch und lassen sich schnell verarbeiten. Mit *RIX* fließt alles in uns besser. Es bringt vieles in Fluß, darum kommen wir auch schnell an sehr alte Emotionen heran. Um die alten, verdrängten Gefühle auflösen zu können, müssen wir sie erst einmal zulassen. Wenn sie hochkommen, gibt es in uns oft einen automatischen Drang oder Reflex, sie wieder zu vergraben oder zu verdrängen. Wenn wir sie aber verarbeiten wollen, müssen wir sie zulassen, auch auf die Gefahr hin, daß sie uns einen Moment lang durchschütteln und wir die Kontrolle darüber verlieren. Aber keine Angst, auch das geht schnell vorbei, von unserem Hohen Selbst liebevoll geführt. Diese Gefühle zuzulassen ist wichtig, denn erst dann können wir sie loslassen und transformieren.

Die Gefühle tragen Informationen in sich, die über die Auflösung der blockierten Gefühle freigelegt werden. Wir befreien sie somit aus unserem Körper, denn alle belastenden Gefühle ziehen die Energie in unserem System herunter, machen uns schwermütig, und beeinflussen unseren Weg ungünstig. Aus nicht verarbeiteten Gefühlen heraus, die aus schmerzhaften Situationen entstanden sind und die unsere Seele noch nicht verkraftet hat, entstehen Ängste und Zweifel.

Haben wir solche alten Gefühle losgelassen, bestimmen sie nicht länger unser jetziges Schicksal, sondern wir sind ein Stück freier geworden.

BESONDERHEIT

RIX ist eine wunderbare Essenz, wenn jemand schon jahrelang nicht mehr weinen konnte, weil dieser Kanal verstopft ist. Zudem kann diese Essenz auch äußerlich im Bauch- oder Solarplexusbereich aufgetragen werden, wenn dort blockierte Gefühle sitzen und uns belasten.

EINNAHME: Jeden Tag drei Tropfen, sieben Wochen lang

AFFINITÄT: *KASTANIE*

AFFIRMATION
Ich fließe mit mir und dem Universum.

MEDITATION
Ich fühle meinen Bauch. Er füllt sich mit Licht. Ich atme auf. Das Licht macht meinen Bauch leicht und frei.

Nun bin ich im Sakralchakra. Ich fühle mich gut dort. Dieses Chakra schafft nun eine Verbindung zum Solarplexuschakra. Die beiden vereinigen sich zu einem großen Energiezentrum.

Dieses Zentrum macht nun eine Öffnung nach außen. Viel Altes, das mich belastet hat, kann ich wegatmen, über dieses Zentrum hinausatmen.

Ich lasse viele Emotionen frei, die mich bis jetzt immer noch behindert haben, den Lichtweg weiter zu beschreiten. Ich fühle mich unendlich erleichtert und atme tief auf.

Nun bildet sich vom Sakralchakra über den Solarbereich eine Verbindung zum Herz.

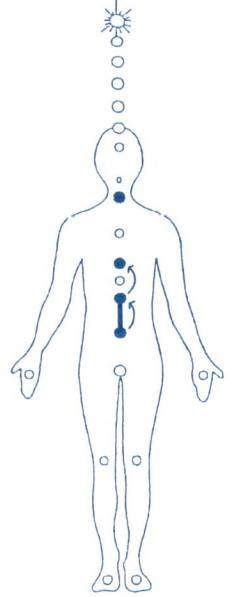

Da will ich hin. Ich spüre, daß ich nun mit meinem Bewußtsein mehr im Herzen bleiben kann. Ich fühle mich fröhlich, erleichtert und zufrieden.

Ich horche auf mein Inneres und lege das Augenmerk auf meine Gefühle. Meine Gefühle geben meinem Leben Ausdruckskraft und Farbe. Ich bin mit dem Leben im Fluß, wenn ich mit meinen Gefühlen fließe. Ich lebe. Vieles habe ich in meiner Gefühlswelt verdrängt. Jetzt bin ich bereit, es aufsteigen zu lassen und anzunehmen. Wenn dies geschieht, kann ich es erlösen und loslassen. So werde ich frei von alten Gefühlen und kann den neu gewonnenen Platz in meiner Gefühlswelt mit Leben und Freude füllen. Ich bin Gefühl, das Gefühl erfüllt mich ganz. Ich erblühe zur Ganzheit, zum Leben und zu meiner physischen Kraft. Mein Herz lacht. Es lacht in den Kosmos hinein.
Leben fließt durch meinen Körper. Ich fühle mich rund und zufrieden.
Mein Solarplexus fühlt sich erleichtert an. Mein Herz beginnt zu erblühen.

* * * * *

TIS   LICHT REINIGT MEINEN MENTALKÖRPER

TIS ist vom kosmischen Prinzip her vergleichbar mit der Sternenessenz *URANUS*, schwingt aber eine Oktave höher.

CHAKREN: Herz, Thymus, Drittes Auge, Krone, achtes Chakra

WIRKUNG
TIS öffnet das Tor zum Mentalkörper und macht es weit auf. Durch diese Öffnung kann viel Licht in den Mentalkörper einflie-

ßen. Dieses Licht erhellt ihn. Er kann dadurch höher schwingen. Es macht ihn rein und klar.

Neben dem allgemeinem Wissen, das in ihm gespeichert ist, tröpfelt nun auch das Sternenwissen in ihn ein. Dieses will uns wieder an das Sternenbewußtsein erinnern. TIS öffnet unseren Wissensspeicher, denn unser inneres Wissen ist immens. Durch diese Erweiterung bringt uns die Essenz an die Informationen und an die Erinnerung des Sternenbewußtseins, das wir tief in uns tragen.

Dieses wiedergefundene Wissen können wir nun in das "normale" Wissen, das wir in uns tragen, mit einbinden. Unser Denken wird dadurch universaler, unsere Sicht ebenfalls.

Nun wissen wir, daß wir Sternengeborene sind. Wir spüren, daß wir von den Sternen kommen. Unsere Lichtbrüder und -schwestern jenseits unseres Sonnensystems schicken uns das Allwissen der Sterne, und wir lassen es in uns einfließen.

Nun können wir die Welt in einem neuen Licht sehen. Vieles wird für uns verständlicher. Unser Denken hat sich erweitert, ist umfassender geworden, weil wir uns vermehrt auf das Geistige einlassen.

Wir haben geistig den Sprung zu den Sternen gemacht. Von dort aus können wir über unser Sternenselbst, das weit oben über uns steht, nun den Blick hinunterwenden, auf diese Welt. Mit der Klarheit unseres Sternenselbst begegnen wir ihr mit ganz neuem Verständnis.

Unser Geist wird freier. Und wir mit ihm.

BESONDERHEIT

TIS hat sich gut als Vorbereitungsessenz für anstehende wichtige Entscheidungen erwiesen.

EINNAHME: Täglich drei Tropfen, sieben Wochen lang

AFFINITÄT: *BUCHE*

AFFIRMATION
In Weisheit empfange ich jene Botschaften, die für mich wichtig sind. Ich öffne mich dem Universum.

MEDITATION
Mein Kronenchakra öffnet sich. Energie fließt hinunter bis zum Herz. Mein Drittes Auge wird aktiviert und ganz warm. Ganz nahe, vor dem Dritten Auge, bildet sich ein X. Die rechte und die linke Seite der Gehirnhälften werden jetzt miteinander verbunden. Im oberen Teil des Kopfes beginnt es zu kribbeln. In meinem Kopf wirken viele Lichtwirbel. Diese lockern und beleben mein Gehirn.

Jetzt ist die Energie wieder im Herzchakra. Dort entsteht ein starker Druck, ebenfalls im Dritten Auge. Die Verbindung vom Dritten Auge zum Kronenchakra wird ausgebildet. Das Dritte Auge und das Kronenchakra werden direkt miteinander verbunden.

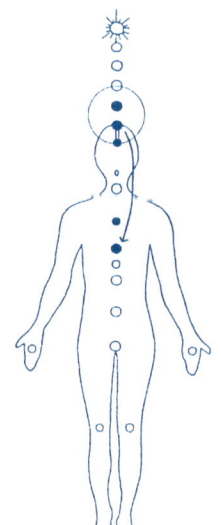

Aus dem Dritten Auge bildet sich ein Kreis, der bis über den Kopf hinweggeht. Es entsteht eine neue Bewußtseinszone. Der Kanal, vom Dritten Auge über das Kronenchakra bis hinauf zum zwölften Chakra wird belebt.

Dort, im zwölften Chakra, ist der Sitz meines Hohen Selbstes. Der stark aktivierte obere Teil meines Kopfes wird nun zu einer Plattform, zu einem Fokus, für den Kanal zu den Chakren nach weiter oben. Dieser Kanal öffnet und weitet sich jetzt.

Es entsteht eine große Klarheit der Gedanken.

Ich bin ganz klar. Ich kann durch diese Klarheit sehen, daß in mir nur soviel Unbewußtes geweckt wird, wie meine Seele verkraften kann und bereit ist, sich anzuschauen. Diese Entscheidung wird vom Hohen Selbst aus gesteuert.

Ich verbinde mich mit dem Hohen Selbst. Ich bin eins mit ihm.

Ich spüre mein Drittes Auge. Es wird aktiviert. Es kribbelt. Wie eine kleine Sonne strahlt es.

Das Kribbeln dehnt sich aus, bewegt sich über die ganze obere Seite meines Kopfes. Ich spüre mein Kronenchakra und meinen Kanal nach oben. Mein Kanal wird über das Kronenchakra mit meinem Dritten Auge verbunden und bewegt sich weiter abwärts zum Halschakra und zum Herzchakra. Der Fokus liegt nun auf meinem Herzen und auf meinem Dritten Auge. Beide sind weit geöffnet und strahlen.

Ich fühle mich ausgeglichen und wohl. In mir kehrt Frieden ein.

Ich fühle das erste Mal bewußt, daß meine Verbindung über das Kronenchakra hinaus geht zu weiteren Chakren, die oberhalb meines Kopfes liegen. Der Weg zum Hohen Selbst wird frei. Ich kann genau spüren, daß oberhalb des Kopfes noch etwas Feinstoffliches existiert. Ganz oben ist der Sitz meines Hohen Selbst. Es ruht in sich und ist verbunden mit der Quelle. Mein Hohes Selbst nimmt Informationen auf und sendet welche aus. Über das Hohe Selbst bin ich immer und jederzeit mit allem und jedem verbunden. Es ist meine Radarzentrale. Mein Hohes Selbst ist in dauerndem Einklang mit dem Kosmos. Von meinem Hohen Selbst her bekomme ich Impulse, die für mein weiteres spirituelles Wachstum wichtig sind. Goldenes Licht fließt von dort über mich herab.

Mein Hohes Selbst kennt den Plan, den ich in mir trage. Es ist wie eine Mutter, die weiß, was für ihr Kind wichtig ist. Sie kommuniziert mit mir und mit der geistigen Welt. Nachts, während des Schlafes, vereinbaren die Menschen vieles auf der geistigen Ebene, was dann im Wachbewußtsein in die Tat umgesetzt wird. Geistige Abmachungen werden für den weiteren Weg geschlossen.

Ich öffne mich jetzt vermehrt meinem Höheren Selbst, werde seine Impulse auffangen und seine Führung akzeptieren. Ich werde jetzt größer und wachse über mich hinaus.

* * * * *

YPS   ICH BEFREIE MICH FÜR DAS LICHT

YPS ist vom kosmischen Prinzip vergleichbar mit der Sternenessenz *MARS*, schwingt aber eine Oktave höher.

ASTROLOGIE: Symbolisiert unter anderem den südlichen Mondknoten im Horoskop

CHAKREN: Herz, Thymus, Hals, Drittes Auge

WIRKUNG
Manchmal geraten wir in Situationen, die uns nicht freier machen, sondern oft unnötig einschränken. Wir machen gewisse Kompromisse, weil wir niemanden verletzen wollen oder in entscheidenden Augenblicken nicht nein sagen können. Wir denken in einem solchen Falle nicht zuerst an uns, sondern geben uns auf, zugunsten von anderen.
Oder wir verhaken uns im Alltag, vergeuden unsere Energie für unnötige, unwichtige Dinge. Der Alltagstrott kann uns einengen und am wahren Fluß des Lebens hemmen. Wir stülpen uns dann ein ewig gleichablaufendes Programm über. Zum Beispiel am Dienstag Kaffeekränzchen, am Mittwoch die Wäsche, am Donnerstag Bügeln, am Freitag Putzen usw. Wir bewegen uns wie in einer Tretmühle.

Natürlich helfen uns Richtlinien und Pläne, unsere täglichen Pflichten reibungslos zu absolvieren. Die Gefahr aber ist, daß wir uns an dieses starre Programm gewöhnen und dann aus dem Konzept geraten, wenn etwas Unerwartetes dazwischenkommt. Zudem führen wir diese, von uns programmierten Arbeiten meist automatisch aus, erledigen sie nicht aus einem Gefühl der Freude heraus und sind nicht vollbewußt im Hier und Jetzt. Genau diesen Automatismus zeigt uns *YPS* auf.

Durch die vielen Programme, die wir wie eine Maschine absolvieren, fließt das Leben an uns vorbei. Das Leben kann jeden Moment spannend sein und ein Gewinn für uns, nur müssen wir uns dessen bewußt sein.

YPS macht uns wieder spontan und gibt die nötige Kraft für eine Befreiungsaktion, die sich aufdrängt, weil wir plötzlich erfassen, was wir eigentlich tun. Mit dieser Essenz können wir sehr gut beobachten, wie wir mit dem Leben umgehen. Es werden uns vermehrt Muster, die bei uns ablaufen, bewußt. Wir können auch erkennen, ob wir uns bei allem, was wir tun, die nötige Freiheit bewahrt haben, denn Freiraum muß sein, damit das göttliche Schicksal eingreifen und uns seine Bälle zuwerfen kann.

Oft genug engen wir uns selbst im Tun ein und legen uns gewisse Beschränkungen auf. *YPS* ist die große Befreiungsessenz und gibt uns die Freiheit zurück. Freiheit, die brauchen wir, denn wo haben wir den Freiraum und das Bewußtsein, für das Licht zu arbeiten, wenn wir in unserem Leben so festgefahren sind? Nur wer frei ist, kann sich dem Licht zur Verfügung stellen.

BESONDERHEIT

Wir können diese Essenz auch nur einige Tage einnehmen, wenn wir einen Kick brauchen, damit gewisse Muster neu in unserem Leben aktiviert werden.

EINNAHME: Täglich drei Tropfen, sieben Wochen lang

AFFINITÄT: *EICHE*

AFFIRMATIONEN
Ich durchbreche alle Schranken, die mich nicht so sein lassen, wie ich bin.
Ich spüre den Atem des Lebens, das Ein und Aus, ich atme mit.

MEDITATION
Es wirbelt in meinem Herzen und drückt darauf. Es drückt auch auf das Thymuschakra. Die Energie steigt nun vom Herz mit starkem Druck über das Thymuschakra ins Halschakra hinauf. Dort wird ebenfalls Druck erzeugt. Nun bemerke ich ein Hochsteigen der Energie ins Dritte Auge. Dieses Zentrum wird verbreitert.
Mein Fokus ist noch immer auf dem Herzen. Von dort strahlt es hoch. Der ganze obere Teil von mir wird weit. Es bildet sich eine Trichterform.
Jetzt fließt von oben her Licht in diesen Trichter. Der ganze Trichter wird aufgefüllt. Ich spüre noch einmal großen Druck auf meinem Herzen.
Mein Herz wird zu einer neuen Sonne und strahlt. Mein Herz öffnet sich, ebenfalls der Hals, und wird ganz weit.
Vom Herzen her entsteht nun ein Kanal, der bis weit nach oben reicht.
Ich reiche über diesen Kanal in wunderbar weißes Licht hinein. Dieses Licht erinnert mich an die Klarheit und Freiheit, die es besitzt. Es zieht mich hoch, zu diesem Licht, dadurch löse ich mich auto-

matisch von Verhaftetem und Altem. Ich steige aus vielem heraus und empor.

In mir baut sich eine Kraft auf. Ich bin bereit, Widerstände anzugehen, Ketten zu sprengen. Ich will frei sein. Alles, was mich beengt, wird hinterfragt und losgelassen. Ich brauche Spielraum und Freiheit. Ich erkenne, welche Routine in meinem Leben notwendig ist und welche Mechanismen mich hindern, frei zu sein und die Energie frei fließen zu lassen. Mein Leben braucht Spontanität und Freiraum. Neues Leben und neue Möglichkeiten fließen ein. Wenn ich mich von überflüssiger Routine und von Mechanismen befreie, bin ich vermehrt mit dem Leben im Fluß. Das Leben ist ein Fluß, der mich immer zu neuen Ufern bringt. Je mehr ich mitfließen kann, umso mehr löse ich mein Leben ein. Ich traue mich, lebendig zu werden und lebendig zu sein.

Alles, was ich für mein Leben brauche, ziehe ich an. In Freiheit neu auferstanden, strahle ich mein Licht aus. Ich liebe die Dynamik des Lebens und fließe mit ihr mit.

* * * * *

SU-SU   MEIN INNERES LICHTZENTRUM FINDEN

SU-SU ist vom kosmischen Prinzip her vergleichbar mit der Sternenessenz *ISIS*, schwingt aber eine Oktave höher.

CHAKREN: Basis, Sakral, Solar, Herz, Krone

ASTROLOGIE
SU-SU symbolisiert im Horoskop den Mittelpunkt, der als innerster Kreis gekennzeichnet ist. Dieser Punkt ist mit allen Planeten, die in den verschiedenen Sternzeichen und Häusern ste-

hen, verbunden und bedeutet, symbolisch gesehen, das eigene Ich.

Diese Essenz hat eine harmonisierende Wirkung auf Spannungsaspekte und ist besonders für Oppositionen sehr geeignet. Die Energien und die Themen einer solchen Opposition können über die Essenz SU-SU besser miteinanderverbunden werden. Die Gefahr der Opposition ist, daß entweder nur die eine oder die andere Seite gelebt wird. Man *switcht* sozusagen vom einem Thema zum anderen. Vor allem dann, wenn das Thema schwierig oder zu intensiv ist.

Mit dieser Essenz können Spannungen im Innern abgebaut werden, und wir finden zu unserer Mitte zurück. Dann lassen sich die Probleme viel leichter lösen.

WIRKUNG

SU-SU ist ein Energie-Stabilisator. Diese Essenz stärkt uns auf der energetischen Ebene, auf der wir im Moment sind, und bereitet uns auf eine höhere Ebene vor - nach dem Prinzip: Ist ein fester Boden geschaffen, kann dort gebaut werden.

Meistens sind wir mit unseren Energien und unserem Bewußtsein zu stark im Außen verfangen. SU-SU korrigiert und lenkt unsere Energien ins Innere und bewirkt so einen Ausgleich zwischen Außen und Innen.

Mit dieser Essenz lernen wir zu spüren, wo unser innerer Mittelpunkt liegt. Er ist reines Licht. Dort können wir im Lichte der Einheit baden und zu Harmonie und Einklang finden. Dieser Mittelpunkt ist unser wahres Zentrum. Dort gelangen wir zu großer, seelischer Kraft.

Wenn wir zentriert im Innern verharren, erkennen wir plötzlich, wie stark wir im Außen verhaftet sind. Und meistens ist es doch so, daß wir unsere Wünsche ins Außen projizieren und dann von dort die Erfüllung erwarten. Aber oft genug, bleibt diese aus, und wir sind vom Leben enttäuscht. Wir haben die Suche im Außen anstatt im Inneren begonnen. Ob ein Wunsch in Erfüllung geht, ist von unserem Inneren abhängig. Sind wir uns über einen Wunsch innerlich im klaren und haben alles, was die Manifestation dieses Wunsches vereiteln könnte - Blockaden, Zweifel, Ängste, oder falsches Denken - beseitigt, wird sich dieser Wunsch im Außen mit hundertprozentiger Sicherheit erfüllen. Aber die Vorarbeit geschieht im Innern. Das ist die große Illusion, der viele Menschen auf der Erde unterliegen, weil sie meinen, das Glück könne man im Außen fabrizieren. Dabei ist es gerade umgekehrt. Sind wir klar im Inneren, dann wird sich alles, aber auch alles, was wir uns wünschen, im Außen offenbaren.

SU-SU bringt uns mehr ins Innere. Wir werden ruhig und innerer Frieden breitet sich aus. Dieser Frieden fließt bis in jede Zelle und füllt sie mit Licht.

EINNAHME: Täglich vier Tropfen, sieben Wochen lang

AFFIRMATION
Ich erkenne, daß das wahre Gold, nach dem ich suche, in meinem Innern liegt.

MEDITATION
Energie kommt oben über mein Kronenchakra hinein und fließt durch mich hindurch, bis hinein in meine Füße. Alles fließt. Ich spüre meine Mitte. Energie, die in meiner Mitte gelagert ist, verteilt sich nun im ganzen Körper und füllt ihn auf. Mein Körper wird von innen her mit Energie geladen.

Vom inneren Mittelpunkt her bewegt sich die Energie strahlenförmig nach außen und verteilt sich überall hin.

Energien fließen gleichzeitig von oben her über die Wirbelsäule nach unten. Die Wirbelsäule wird ganz warm.

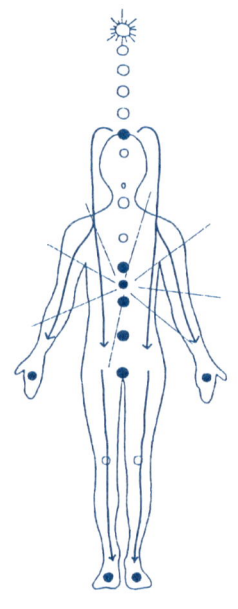

Nun füllt sie meinen Hinterkopf auf. Jetzt spüre ich auch meine Füße, sie sind ganz warm. Die Energie zirkuliert überall in meinem Körper. Auch rechts und links hinter meinen Ohren fließt Energie, auch da wird es warm.

Nun fließt Energie durch mein Halschakra und weiter in mein Herzchakra, auch dort wird es warm. Nun fließt sie weiter über das Milzchakra in den Solarplexus und von dort ins Sakralchakra. Es wird ganz warm in meinem Bauch. Mein Basischakra füllt sich auf und wird ebenfalls ganz warm.

Alles in mir ist wach und aktiviert. Überall, wo Energie gebraucht wird, wird sie aufgefüllt. Ich werde energetisch in hohem Maße ausgeglichen.

Zugleich werde ich energetisch aktiviert. Überall im Körper fließt und zirkuliert diese Energie. Es fließt überall, alles fließt. Ich werde ganz voll und rund mit dieser Energie und kann mich, neu gestärkt, wieder dem Spiel des Lebens widmen.

Ich bin wieder in meiner Mitte und fühle mich ausgeglichen und voller Harmonie und Frieden.

Ruhe und Frieden kehren bei mir ein. Ich verstehe, daß mein wahrer Mittelpunkt sich in meinem Inneren befindet und konzentriere mich jetzt auf diesen Punkt. Ich erfasse mein inneres Zentrum. Ich lenke meine ganze Aufmerksamkeit darauf. Aus ihm heraus begegne ich der Welt, mit Gelassenheit und Ruhe. Ich bin zentriert, in mir selbst, verbunden mit meinem Mittelpunkt. Mein Mittelpunkt ist eine ewige Quelle, die in mir ist und mir Kraft schenkt. Aus dieser Quelle sprudelt mein Leben. Diese Lebenskraft erfüllt mich, macht mich lebendig und stark, und diese, meine Kraft, lasse ich jetzt ins Außen fließen. Sie verbindet sich

im Außen mit anderen Kräften, diese fließen dann gemeinsam weiter.
Ich spüre meinen inneren Mittelpunkt.
Mein inneres Zentrum ist mit einer Nabe eines Rades zu vergleichen. Es symbolisiert das Innerste. In diesem Inneren bin ich Ruhe und Festigkeit. Dort halte ich alles zusammen, was zusammengehört.
Ich bin eins mit mir und eins mit allem.

* * * * *

URKA-QUSA   ICH BIN EIN KANAL DES LICHTS

URKA-QUSA ist von kosmischen Prinzip vergleichbar mit der Sternenessenz *NEPTUN*, schwingt aber eine Oktave höher.

CHAKREN: Herz, Thymus, Drittes Auge, Krone, achtes Chakra

ASTROLOGIE: *URKA-QUSA* ist im Horoskop unter anderem vergleichbar mit dem Prinzip des nördlichen Mondknotens.

WIRKUNG
URKA QUSA öffnet uns. Die Essenz bewirkt eine Einweihung. Eine Einweihung kann den Menschen auf eine höhere Bewußtseinsebene führen. So ähnlich verhält es sich auch bei *URKA-QUSA*. Sie macht offen und weit, koppelt uns vermehrt an das Licht an. Darum ist sie für Einweihungen sehr geeignet, zum Beispiel Reiki. Sie hilft mit, daß das neue Bewußtsein, das während der Einweihung einströmt, aufgenommen werden kann. Wenn wir die Essenz länger einnehmen, nicht nur für einen besonderen Anlaß, fließt viel neues Licht in uns ein. Plötzlich merken wir, daß wir für das Licht bereit sein müssen, denn es kommt

nun mit Vehemenz auf uns zu. Ja, es nimmt uns in Besitz. Überall flutet es durch. Wir erleben eine Initiation. Durch das große Fluten wird der Lichtkanal, der mitten durch unseren Körper hindurchgeht, geöffnet und erweitert. Das Licht fließt von oben her durch uns hindurch und über unsere Fußchakren weiter in die Erde hinein. So werden wir mit der Erde verankert und gleichzeitig mit einer Ebene verbunden, die aus strahlend weißem Licht besteht. Durch diesen großen Lichteinfluß wird uns klar: Ich bin Licht.

Wenn viel Licht durch uns fließt, merken wir, wo noch Blockaden liegen. Bei jeder Erweiterung merken wir, wo unsere Grenzen liegen. Und daß - wenn viel Licht in uns Einzug hält - dieses auch die dunkle Seite stärker anzieht. Denn wo Licht ist, ist auch Schatten. Dieser Schatten rückt näher an uns heran, vor allem nach dem Ende der Einnahme. So werden wir geprüft, wie stark wir im Licht stehen - ob nur oberflächlich oder bereits gut in ihm verankert. Eine Initiation durch das Licht darf uns nicht in den Kopf steigen. Wir haben zwar aus dem Kelch des Heiligen Grals getrunken, vieles wurde für uns transparenter und klarer und wir sehen vieles neu. Wir sehen vielleicht so viel wie noch nie. Aber wir müssen trotzdem bescheiden bleiben und dankbar sein für den Prozeß, den wir durchlaufen durften. Denn auch wenn sich unsere Sicht erweitert hat, heißt das noch lange nicht, daß wir nun alles wissen. Auf dem Lichtweg gibt es noch viel zu lernen. Haben wir den Prüfungen von der dunklen Seite die Stirn bieten können, sind standhaft im Licht geblieben, hat sich die Verbindung zum Licht verstärkt und damit auch zu unserem Hohen Selbst und zum Kosmos. Dann werden wir wahrscheinlich von der Lichtseite vermehrt für Projekte der geistigen Welt eingespannt werden. Wenn wir besser mit dem Lichte fließen wollen, muß ein Stück Eigenkontrolle abgegeben werden. Lassen wir dies zu, erwächst daraus eine größere Hingabefähigkeit und auch ein größeres Vertrauen in unsere Führung. So können wir spüren, wie wir im Lichte eingebettet und in den Kosmos eingebunden sind.

Mit dieser Essenz kann viel Wahrheit durchbrochen und erkannt werden. Sie wird uns wichtig. Wir finden plötzlich die richtigen Worte, stehen für die Wahrheit in uns ein, ja, kämpfen sogar für sie.

Über den Einweihungsprozeß mit dieser Essenz gelangen wir zu einem tieferen Wissen und sehen viele neue Zusammenhänge. Auch solche, die wir bis jetzt noch nicht wahrgenommen haben. Unser Sehen wird klarer. Vieles von unserer Hell-Sicht ist durch zu rationales Denken und eine zu starke Selbstkontrolle verlorengegangen. Aber die Gabe der Hell-Sicht liegt in uns, so wie alles andere auch.

Weil uns diese Essenz stark öffnet, steht uns während der Zeit der Einnahme eine, energetisch gesehen, weniger gute Abwehrkraft zur Verfügung. Wir können uns weniger schützen, und durch die vergrößerte Öffnung weniger gut abgrenzen. Daher brauchen wir während der Einnahmezeit einen erhöhten Schutz. Aus diesem Grunde geben wir zu dieser Essenz regelmäßig ein Auraspray mit.

EINNAHME: Früher haben wir diese Essenz vorwiegend für besondere Zwecke verwendet; sie wurde dann nur einmal genommen. Heute kann man mit ihr auch eine Kur von bis zu sechs Wochen machen. Täglich zwei Tropfen.

AFFIRMATION

Die Verbundenheit mit dem Licht und dem Universum macht mich glücklich.

MEDITATION

Ich spüre, wie sich alle meine Chakren öffnen, größer werden und zu drehen beginnen. Mein ganzer Körper weitet sich aus, auch meine Aura. Ich fühle, wie sich die Aura mit Energie auffüllt und ausweitet.

Meine Wahrnehmung erweitert sich. Meine Ohren öffnen sich, mein Drittes Auge, mein Herz. Mit all diesen Zentren nehme ich nun bewußt wahr. Ich erfühle die Welt mit ihnen und bekomme so ganz neue Informationen. Die geistige Welt schickt mir Licht, und ich kann es spüren. Ich spüre den kosmischen Atem, ich atme mit. Ich fühle mich verbunden und angeschlossen. Ich fühle, alles ist eins. Mein Weg öffnet sich mehr und mehr.

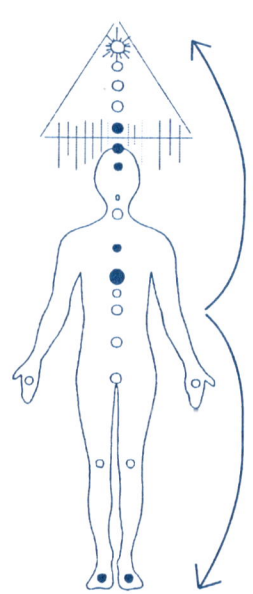

In meinem Hinterkopf wird vieles aktiviert, es ist, als ob in meinem Kopf eine Öffnung geschieht. Die DNS-Stränge werden aktiviert. Jetzt nehme ich mein Kronenchakra ganz deutlich wahr. Es öffnet sich dem Universum. Über mir bildet sich eine Lichtpyramide. Durch das Kronenchakra fließt Licht ein und füllt mich auf. Es fließt und strömt. Dieses Licht bahnt sich einen Weg durch mich hindurch, ganz breit. Zentimeter um Zentimeter nimmt es immer mehr Platz ein. Ein breiter Kanal entsteht, er führt bis zu meinen Füßen. Licht strömt wie ein breites Band durch mich hindurch, durch meine Beine, bis in den Boden hinein. Dieses Licht verankere ich tief in der Erde. Ich verbinde Himmel und Erde. Ich schaffe nach oben eine Verbindung zu meinem Hohen Selbst und nach unten bis in den Mittelpunkt der Erde. Ich bin eine große, strahlende Lichtsäule und verankere das empfangene Licht endgültig im Boden, lasse es einfließen in diese Erde - und manifestiere

so das Licht auf dieser Erde.

Glücklich bade ich in diesem Licht, es erhellt meinen Geist und mein Gemüt, ich sehe alles klarer und umfassender.

Die DNS in mir wird neu verbunden, alles fließt. Ich spüre meine Führung. Mein Kanal öffnet sich dem Universum.

Licht durchflutet mich. Ich erwache zu diesem Licht. Lichtvoll begegne ich der Welt, denn ich bin erfüllt mit Licht. Alles in mir wendet sich dem Licht zu.

Licht ist mein wahres Wesen. Ich bin Licht. Ich bin angekoppelt an das große Licht, das überall herrscht. Jetzt spüre ich die Verbindung zur Erde. Ich bringe dieser Erde mein Licht. Über das Licht verbinde ich mich mit der Erde. Über das Licht bin ich mit dem Himmel verbunden. Ich bin ein Lichtkanal, bekomme von oben Licht und gebe es an die Erde weiter. Aus all meinen Zentren heraus strahlt Licht. Das Licht ist mein Weg. Ich manifestiere durch mein Sein Licht. Ich versinke in meinem inneren Licht und verbinde es mit dem großen Licht.

So werde ich alleins, habe Verbindung mit dem großen Stern, der ich bin, und fühle mich meiner geistigen Familie nahe. Ich bin ein Lichtbürger auf dieser Erde. Wirkungsvoll verbreite ich dieses Licht. So erfülle ich meinen Auftrag. Ich bin eine Lichtsäule, fest verbunden mit dem Himmel und fest verankert in der Erde. Aus meinem ganzen Wesen strahle ich Licht in die Welt.

* * * * *

PLEJADEN   LICHT WECKT MEIN ALTES WISSEN

PLEJADEN ist vom kosmischen Prinzip her vergleichbar mit der Sternenessenz *CHIRON*, schwingt aber eine Oktave höher.

CHAKREN: Herz, Hals, Drittes Auge, Krone, achtes Chakra, *Brunnen der Träume*

Die Plejaden, das Siebengestirn, wie man sie auch nennt, nimmt während der jetzigen Übergangszeit eine zentrale Stellung ein, denn ihre Energien gehen mit der Ebene der fünften Dimension einher. Sie helfen aktiv mit, den Übergangsprozeß unserer Erde und unseren eigenen in die fünfte Dimension zu unterstützen. Schon immer haben die Plejaden einen großen Einfluß auf unser Sonnensystem gehabt. Viel von dem, was auf unserem Planeten Erde entstanden ist, verdanken wir dem Einfluß der Plejaden.

Die meisten von uns haben in ihrer Vergangenheit wenigstens ein Leben, viele aber sicherlich mehrere, auf den Plejaden verbracht. Zur Zeit sind viele Lichtarbeiter auf der Erde inkarniert, die ursprünglich von den Plejaden stammen.

WIRKUNG

Mit dieser Essenz gelingt es uns, altes Wissen wiederzuwecken, das wir in früheren Inkarnationen erarbeitet haben. Wir haben in unserer Inkarnationskette viele Leben gelebt, mit dem Ziel, Neues zu lernen und Erfahrungen zu machen. Da wir schon seit Beginn dieser Reise auf eine ganz bestimmte Aufgabe ausgerichtet sind, haben wir uns natürlich immer wieder mit denselben Themen befaßt. Dadurch wurden unser Wissen und unser Erfahrungsschatz immer größer.

Mit dieser Essenz kommen wir an dieses Wissen wieder heran – nicht auf einmal, aber an einen Teil, nämlich jenen, den wir im Moment brauchen. Es kommen also Informationen in unserem Bewußtsein hoch, auch frühere Inkarnationen. Dies kann über Träume oder über Meditation geschehen. Es ist aber auch in unserem Alltag möglich, daß plötzlich etwas Neues aus uns heraus entsteht, das vorher nicht da war.

PLEJADEN ist die eine Licht-Energie-Essenz mit rotem Etikett. Das bedeutet bei unserer Essenzenlinie, daß der Prozeß die transpersonalen Chakren mit einbezieht und auf frühere Leben zurückgreift.

Diese Essenz bringt uns unserem Lebensplan ein Stück näher und damit auch der Aufgabe, die wir uns für dieses Leben gewählt haben. Sie wird uns nochmals herausfordern, mit den Fragen: Was willst du auf dieser Welt? Bist du zufrieden mit dem, was du machst?

Sie kann uns auch schütteln, wenn es notwendig ist. Auf jeden Fall wird sie uns ein Stück mehr erwecken. Wenn die Essenz PLEJADEN zur Einnahme ruft, dann sind wir reif für neue Schritte, um unseren Seelenplan erfüllen zu können. Das ist wichtig zu wissen, denn dann verstehen wir auch, warum die Dinge nun in unserem Leben ein bißchen anders laufen. PLEJADEN ist im kosmischen System als der erhöhte Jupiter zu bezeichnen. Da geht es wieder darum, das Geistige auf die Erde zu bringen. Unser Planet soll in neuem Licht erstrahlen, in einer neuen Schwingung und auch in einem neuen Bewußtsein.

Die Wesen vom Siebengestirn der Plejaden mit ihren Energien sind in der heutigen Zeit besonders wichtig für uns. Sie bemühen sich um uns und wollen uns auf die fünfte Dimension hochheben, in der sie sich selbst schon eine geraume Zeit bewegen. Sie sind in der fünften Dimension zu Hause und spielen dort eine führende Rolle. In diese Ebene sollte unser Planet, und wir alle mit ihm, spätestens im Jahre 2012 eingehen. So steht es im göttlichen Plan geschrieben.

Die fünfte Dimension ist geprägt von Freude und Liebe. Das sind die Prioritäten auf dieser Ebene. Alles sollte aus Freude und Liebe geschehen. Das gelingt uns aber nur, wenn wir uns selbst vertrauen, unseren Wahrnehmungen, aber auch der Führung und dem Göttlichen. Sonst ist es nicht möglich, mit allen Konsequenzen so zu leben, weil uns immer wieder Angst mit ihren Folgen oder ein zu großes Sicherheitsdenken behindern. Solche Mechanismen blockieren den Fluß des Lebens.

Nach der Einnahme der *PLEJADEN*-Essenz bekommen wir meistens, in welcher Form auch immer, einen Auftrag von der geistigen Welt, damit wir vermehrt dem Licht dienen können. Diese Essenz ist die Vorbereitung dazu, auf eine neue Art auf der Erde zu arbeiten. Sie ist sehr wichtig für unser Fortkommen und unerläßlich als Türöffner für das Tor in eine neue Dimension. Man kann sagen, daß jeder von uns irgendwann auf seinem Entwicklungsweg an dem Punkt angelangt ist, wo er *PLEJADEN* einnehmen sollte.

PLEJADEN ist eine Erweckeressenz. Diese Zeit ist eine Zeit der Erweckung und Neuorientierung. Und dabei hilft diese Essenz. Und darum ist sie so wichtig. Denn wir haben viele Leben durchlaufen, in denen wir uns auf die heutige Zeit, als Lichtbringer, vorbereitet haben. Unsere Seele weiß schon lange, daß jetzt der große Übergang von Gaia, unserer Mutter Erde, von der dritten Dimension in die fünfte Dimension sein wird. Und viele der Menschen, die jetzt leben, haben gewußt, daß sie für den Planeten und seine Bewohner eine Hilfe sein wollen. Sie möchten mithelfen, daß dieser Übergang möglichst sanft geschehen kann.

Außerdem wird bei diesem Übergang durch uns viel Spirituelles geboren und ein neues Bewußtsein erzeugt. Dieses Bewußtsein ist nicht nur als Orientierungshilfe während des Übergangs notwendig, sondern wird bleiben und die Grundlage einer komplett neuen Lebensart bilden. Wir selbst gebären es aus uns heraus. Die alte Zeit wird endgültig verschwinden und dann der Vergangenheit angehören.

Die Plejaden, das Siebengestirn, werden uns dabei durch ihr Bewußtsein, das unserem weit voraus ist, viel Hilfe leisten.

Die Einflüsse der lichtvollen Wesen der Plejaden sind also sehr wichtig, und wir sollten uns ihrer Führung anvertrauen, wenn wir, durch diese Essenz, vermehrt mit ihnen in Berührung kommen. Das dient der Zeit und verhilft uns zu einem neuen Bewußtsein, was den Anforderungen der heutigen Zeit entgegenkommt.

Natürlich haben wir in der Vergangenheit nicht nur gute Erfahrungen mit unserem Wissen gemacht, sondern mußten manchesmal auch dafür büßen, weil wir ein Wissen besaßen, was viele in unserem Umkreis nicht verstanden haben. Da liegen auch unsere Ängste. Das kann so weit gehen, daß wir nichts mehr von unseren inneren Gaben und von jeglicher Spiritualität wissen wollen. Wir waren damals vielleicht der Zeit voraus, wurden nicht verstanden mit dem, was wir gemacht hatten.

Es gab Zeiten, in denen dieses kosmische Wissen, das zum Beispiel in Kräutern, Astrologie und auch in Essenzen zum Ausdruck kam, als Sünde angesehen und verfolgt wurde. In dieser Zeit wurden wir verkannt, verhöhnt - in manchem Leben als Hexe verschrien und endeten oft genug auf dem Scheiterhaufen.

Wir haben damals ein solches Leben gewählt in dem Bewußtsein, daß es nicht gut enden würde. Aber so haben wir uns auf die heutige Zeit vorbereitet. Nun ist es so weit, und die Erde macht den Sprung in eine neue Dimension und ein neues Bewußtsein hinein. Die Menschen wußten es damals einfach nicht besser; ihr Bewußtsein war noch nicht so weit entwickelt. Die Kirche tat dann noch ihr Übriges, indem sie dieses Wissen verbot und verfolgte. So durften wir unsere Gedanken früher nicht offen zum Ausdruck bringen und nur im Verborgenen handeln. Viele Male ging es gut, viele Male nicht. Wir wurden an den Pranger gestellt, von der Gemeinschaft ausgestoßen; wurden geplagt, gepeinigt. Die Engstirnigkeit war in früheren Zeiten noch viel größer als heute. Die Zeit war eben noch nicht reif für ein neues Bewußtsein. So haben wir es stückchenweise auf diesen Planeten gebracht, wurden aber von der Masse nicht verstanden. Trotzdem hat sich unsere Seele diese Leben gewählt, um üben zu können, eben für den jetzigen Moment. Es waren Feuerproben. Wir haben uns selbst getestet, wie fest wir zu der eigenen Wahrheit stehen können. Wenn wir es aus einem inneren Wahrheitsempfinden heraus tun, wachsen wir in das hinein, was Jesus Christus uns vorausgesagt hat: *Ich bin die Wahrheit.* So haben wir schon zu früherer Zeit das Christusbewußtsein in uns entfaltet und ihm Folge geleistet.

Die Kirche aber verfolgte alles, was nicht von ihr kam. Viel spirituelles Wissen wurde aus der Heiligen Schrift herausgestrichen und behauptet, dieses spirituelle Handeln und Wissen würde gegen das Christentum und den christlichen Glauben verstoßen. Dabei haben Jesus und seine Anhänger genau dieses spirituelle Wissen gelebt. Jesus hat mit seinen Händen geheilt. Und aus seinen Händen kamen Strahlen. Aber schon damals, zu seiner Zeit, glaubte man ihm nicht. Durch diese schlechte Erfahrungen zögern wir vielleicht oder haben sogar Angst, in eine tiefere spirituelle Tätigkeit einzusteigen. Sicherlich hat jeder von uns in der Vergangenheit erlebt, was ihm aus seinen spirituellen Fähigkeiten als Leid und Kummer erwachsen kann. Aber diese Zeiten sind vorbei. So frei, wie wir heute mit spirituellen Dingen umgehen, konnten wir das früher nicht - außer in spirituellen Hochkulturen wie Atlantis, wo ein spirituelles Leben als konform galt. Aber auch da hat es letztlich nicht geklappt, weil viel Mißbrauch betrieben wurde. Viele von uns haben aus dieser Zeit noch eine Belastung. Und genau die gilt es nun aufzulösen: Blockaden aus Mißbrauch der göttlichen Energien und alte Ängste. Dafür ist diese Essenz geschaffen. Denn heute brauchen wir keine Angst mehr zu haben, daß uns die Alpträume von damals wieder heimsuchen. Sie gehören der Vergangenheit an. Nun bricht weltweit auf unserem Planeten ein neues Bewußtsein durch, weil nun die Zeit reif dafür ist. Also geht es darum, die belastenden Reste der Vergangenheit ganz aufzulösen, damit alles von uns Erschaffene, das alte Wissen, durch die Erinnerung hochkommen kann. Wenn alles in diesem Zusammenhang Belastende aufgelöst wurde, dann können wir unser ganzes Potential nutzen, um es dann an die Welt weiterzugeben.

EINNAHME: Täglich zwei Tropfen, sieben Wochen lang

AFFIRMATION
Ich bin ein wissendes Kind dieses Universums.

MEDITATION
Ich spüre mein Herzchakra. Das Herz öffnet sich, geht auf wie eine Sonne. Ich atme durch das Herzchakra. Licht fließt durch mich hindurch.
Ich fühle mich emporgehoben, emporgezogen. Alles wird leichter. Ich strahle aus meinem Herzen wie eine Sonne. Ich bin eine Sonne.
Jetzt spüre ich mein Kronenchkra. Es ist mein Tor zum Kosmos. Ich öffne mich dem Licht und der Liebe.
Ich weiß um meine Geschwister im Kosmos, und jetzt spüre ich sie.
Jetzt öffnet sich mein Drittes Auge. Es wird ganz warm, ich empfange einen Strahl aus dem Kosmos in mein Drittes Auge.
Mein Gehirn wird entspannt durch viele, feine, warme Wellen.
Jetzt spüre ich über mein Kronenchakra hinaus meine anderen Chakren.
Von meinem Dritten Auge her bildet sich eine Lichtlinie hinauf zu ihnen.
Ich empfange ganz viel Licht und Energie von oben. Ich werde völlig aufgefüllt mit Energie.
Mein Hinterkopf wird aktiviert, altes Wissen dort geweckt. Ich beginne zu erkennen. Mein ganzer Körper vibriert vor Energie. Alles wird

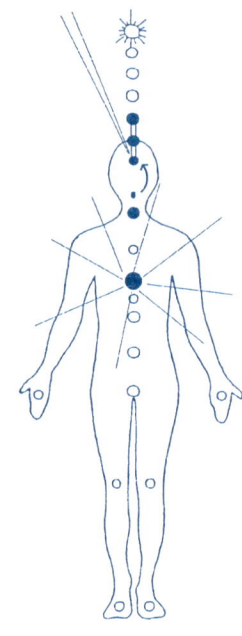

warm, bis zu meinen Armen und Beinen. Das Chakra "Brunnen der Träume" wird aktiviert. Das Tor des Wissens wird geöffnet. Viele gespeicherte Leben werden freigegeben. Ich erkenne mich in meinem eigenen Licht. Mein Potential fließt mit dem großen Potential. Ich bin angekoppelt an das göttliche Potential, und ich verbinde mich jetzt mit ihm. So kann ich Informationen, die dort gespeichert sind, für mich abrufen. Ich fühle diese Wissenszentrale jetzt ganz genau und erinnere mich an sie. In dieser Zentrale ist viel Wissen gespeichert. Ich bekomme nun Zugang zu ihr.

Ich habe einen wichtigen Platz im Kosmos wiedergefunden. Er erinnert mich an meine Aufgaben hier auf Erden.

In mir wird alles lebendig. Ich erwache zu neuem Leben. Es pulsiert durch mich durch. Ich bin am Puls des Lebens. Neugierig schaue ich in die Welt und nehme sie bewußt wahr. Ich freue mich über die Vielfalt der Möglichkeiten, die ich sehe. Das erweckt mich zu neuem Leben. Ich bin voller Lebenslust. Ich bin Lebensfreude. Mit offenem Herzen stehe ich da. Ich genieße den Austausch mit anderen Wesen. Leben ist Kreativität, Wissen, Spiel. Ich spiele gerne mit. Wo seid ihr, meine Spielpartner? Gemeinsam verändern wir die Welt, gemeinsam werden wir an diesem Spiel wachsen.

Ich bringe meine Lebensfreude zum Ausdruck. Ich singe, spreche, tanze. Ich bin Bewegung. Ich wirbele, so wie das Leben wirbelt.

Ich weiß um mein geistiges Gut und setze es überall ein, wo immer ich kann, denn Leben ist Wissen. Leben heißt, Wissen erlangen, und Leben heißt, Wissen teilen. Ich gebe mein Wissen weiter, soviel ich kann. Ich bin bereit, das Wissen überall hinzubringen und überall her-

zuholen – auf der ganzen Welt. Ich lebe für das Wissen.
Ich bin geboren für das Wissen, für die Liebe und für die Freude.
Ich verteile es gerne an alle - auf meine ganz persönliche Weise. So trage ich zum göttlichen Plan bei.
Nun sprenge ich meine Grenzen und meinen Rahmen, denn ich spüre, wie ich wachse. Die einladende Hand der Spiritualität habe ich erkannt und nehme sie dankend an.

* * * * *

TUX   ICH KOMMUNIZIERE MIT DEM LICHT

TUX ist vom kosmischen Prinzip her vergleichbar mit der Sternenessenz *MERKUR*, schwingt aber eine Oktave höher.

CHAKREN: Herz, Drittes Auge, Krone

WIRKUNG

Mit dieser Essenz geht es wieder einmal mehr um Kommunikation, aber diesmal mit Engeln, Geistführern und jenen Wesen, die uns begleiten.

Irgendwann auf unserem Weg erkennen wir, daß Kommunikation mit der feinstofflichen Welt wichtig ist, denn unsere geistigen Führer und Lehrer wissen am besten, wo unser Weg liegt. Sie sind vertraut mit unserem Seelenplan, kennen aber auch die Seelenpläne der anderen Sternengeschwister, mit denen sie uns, zur gegebener Zeit, zusammenbringen. Diese Wesen begleiten unseren Prozeß und nehmen uns mit auf ihre Schwingung, weil wir sie für unsere Entwicklung brauchen. Sie bringen uns Licht, und mit diesem Licht wichtige Informationen. Wir werden von ihnen geistig versorgt.

Irgendwann kommt der Wunsch in uns auf, näher mit diesen Wesen zu tun zu haben. Engel, die uns begleiten, spüren wir vielleicht schon, etwa während einer Meditation, aber wir möchten noch näher an sie herankommen und mit ihnen sprechen. Das ist möglich, denn sie sind ja bereits da, nicht so grobstofflich wie wir, aber ihre Energien sind voll präsent. Das einzige Problem ist, daß wir sie nicht, oder nur schwierig, wahrnehmen können. Mit TUX werden wir aufnahmefähiger für diese Energien. Dadurch können intensivere Erlebnisse mit der geistigen Welt gemacht werden. Sei es mit den Engeln, Geistführern, den Aufgestiegenen Meistern, der Raumbruderschaft usw. Diese Essenz läßt bei uns sozusagen neue Antennen wachsen, die auf die geistige Welt ausgerichtet sind. Dadurch entsteht eine intensivere Kommunikation mit ihr, denn das Dritte Auge wird mit TUX stark aktiviert, wodurch sich die Wahrnehmung erhöht. Außerdem wirkt diese Essenz auf die oberen, transpersonalen Chakren und aktiviert sie ebenfalls. Sie ist ein Starter und bildet die Brücke zur feinstofflichen Welt.

Die Kommunikation mit geistigen Wesen, das Senden und Empfangen von Botschaften, geschieht vor allem über das Dritte Auge. In der Nacht stellen wir Kontakte zu Menschen und Wesen her, die für uns wichtig sind, schnell und umfassend. Viele neue Kontaktfäden werden gespannt und miteinander verwoben. Denn wir befinden uns mitten in einem Kontaktnetz. Mit vielen Seelenverwandten und Sternengeschwistern, die zur Zeit auch auf der Erde inkarniert sind, haben wir abgemacht, daß wir, wenn jeder von uns seine Aufgabe gefunden hat und seinen Auftrag bereits ausführt, uns zusammenfügen wollen, um miteinander ein größeres spirituelles Potential entstehen zu lassen. TUX ist eine Vernetzungsessenz. Mit ihr werden wir, vor allem in näherer Zukunft, viel arbeiten - dann, wenn die Zeit reif ist, um global eine Vernetzung unter all den vielen, vielen Lichtarbeitern und Lichtzentren herzustellen. Heute sind wir noch mit unseren eigenen Prozessen beschäftigt und darum noch nicht frei für so großflächige Verbindungen. Aber es wird kommen. Ein großes Lichtnetz wird über die Erde gespannt. Von Lichtpunkt zu Lichtpunkt. Und wir selbst sind diese Lichtpunkte. Dieses Lichtnetz wird der Erde sehr helfen, endgültig in die fünfte Dimension zu gelangen.

TUX verbreitert den geistigen Horizont. So verlieren wir unsere Scheuklappen, die uns daran hindern, die Welt in ihrer vollen Bandbreite und Vielfalt zu sehen. *TUX* macht munter und geistig wendig. Blitzschnell können wir die Ebenen wechseln und, falls nötig, hier und dort gleichzeitig sein. Es gelingt uns, unseren Alltag mit der spirituellen Ebene, die wir zeitweise besuchen, zu koordinieren.

Natürlich ist es nicht Sinn dieser Essenz, wahllos Sender einzustellen und alle Antennen auszufahren, um dann gucken zu können, was reinkommt. So nach dem Motto: Jetzt nehme ich *TUX*, ich will was erleben! Das wäre ein Mißbrauch dieser Essenz, aus reiner Sensationslust heraus. Denn Vorsicht: Die Astralwelt ist groß, und viele Wesen, die sich dort aufhalten, warten nur darauf, sich über eine neugierige Kontaktsuche unsererseits interessant zu machen.

Die Einnahme einer solchen Essenz muß vom Zeitpunkt her stimmen und von der geistigen Welt erwünscht sein. Wir müssen reif dafür sein. Dann wird sie eine wunderbare Unterstützung sein und uns helfen, tiefer in die geistige Welt einzutreten. Solch ein Prozeß wird immer von geistiger Seite her überwacht und unterstützt, wir brauchen keine Angst zu haben.

Bei einer meiner Klientinnen hat sich während einer Meditation ihr verstorbener Mann gemeldet. Er stand ganz nahe bei ihr, und sie konnte wunderbar mit ihm kommunizieren. Was noch gesagt werden soll, muß gesagt werden, auch wenn ein Wesen schon auf die andere Seite gegangen ist. Auf diese Weise können noch wichtige Informationen ausgetauscht werden. Bitte verwechseln Sie das nicht mit einem Heranziehen von Verstorbenen, was aus Neugierde geschieht, mit dem spekulativen Gedanken: Wer meldet sich wohl und was wird dann gesagt? Hier ging es um eine wichtige Information, durch die sich nun zwischen diesen beiden Menschen Frieden ausbreiten kann.

In einem solchen Fall kommt der Verstorbene selbst, weil er das dringende Bedürfnis hat, diese Mitteilung noch loszuwerden.

EINNAHME: Täglich zwei Tropfen, sieben Wochen lang

AFFIRMATION
Ich vernehme und sende Botschaften zu meinen Sternengeschwistern aus.

MEDITATION
Ich habe das Gefühl, mit der Energie hochzuschweben, wie in einem Lift. Ich fühle mich wie eine Feder. In der Mitte meines Oberkopfes, am Scheitel, öffnet sich ein Spalt. Durch diese Öffnung kommt viel Licht herein und fließt in meinen Kopf. Zugleich öffnet sich mein Drittes Auge. Ich spüre es ganz stark. Dieses Chakra wird nun zur Aufnahme vorbereitet.

Mein ganzer Kopf ist voll mit weißem Licht. Ich fühle mich geistig sehr leicht, agil, beweglich. Ich bin nun auf breiter Ebene aufnahmebereit.

Mein Drittes Auge ist wie ein Radar. Ich empfange Wellen und sende Wellen aus.

Ich verbinde mich mit meinen geistigen Geschwistern im Kosmos. Meine Aufmerksamkeit ist ganz auf die geistige Welt gerichtet. Ich habe Kontakt zu ihr und fühle sie, erhalte Botschaften von ihr. Ich kommuniziere mit der geistigen Welt.

Ich empfange Botschaften aus der weiten Welt und schicke Botschaften in die weite Welt.

Mein Drittes Auge strahlt aus und empfängt, empfängt und strahlt aus.

Ich habe nun direkten Zugang zur geistigen Welt. Ich fühle sie "hautnah". Ich kann Engel spüren, ganz nah bei mir. Mein Drittes Auge ist Empfänger und Sender, wie ein Leuchtturm im Meer.

Ich spüre meinen Geistführer neben mir. Noch nie habe ich ihn so deutlich gespürt.

Ich kann mit ihm kommunizieren. Ich stelle Fragen und bekomme Antworten.

Ich mache mein Herz ganz weit auf, horche in die Welt hinaus und nehme alles in mich auf. Ich bin offen für mich und für andere. Mein Herz beginnt zu sprechen. Ich vernehme Worte, die aus meinem Herzen strömen. Mit meinem Herzen umarme ich die Welt. Ich bin für sie da, und ich liebe sie. Aloha! Frieden sei!

Ich atme ganz tief durch, und über meinen Atem spüre ich viele Verbindungen. Ich bin nicht alleine hier auf dieser Welt, sondern ich werde begleitet von Wesen, die neben mir stehen und mich führen und begleiten. Wir sind verbunden in einem großen geistigen Netz, empfangen Impulse und geben Impulse ab.

Mein Drittes Auge empfängt und gibt ab, und mit meinem Herzen kann ich das Beziehungsnetz spüren, das uns alle verbindet.

Gleich neben mir stehen mein Schutzengel, mein Geistführer und andere geistige Wesen. Ich kann sie über meine Aura wahrnehmen. Sie geben mir über die Aura Impulse, kommunizieren auch über das rechte oder linke Ohr mit mir.

Mein Kanal der transpersonalen Chakren, oberhalb meines Kopfes, füllt sich mit Licht und bildet sich stärker aus. Dadurch empfange ich auch Impulse von meinem Hohen Selbst.

Über das Kronenchakra, das Dritte Auge, die Ohren und das Herz nehme ich meine Verbindungen wahr, baue sie aus und bringe sie bis in mein Tagesbewußtsein hinunter.

Auf diese Weise kommuniziere ich vermehrt mit der geistigen Welt und meinen Sternengeschwistern. Ich fühle mich weltweit vernetzt und verbunden. Rund um den Globus zieht sich ein Netz aus Licht und ich bin einer der Lichtpunkte. Unser Ziel ist, durch dieses Netz weltweit Klarheit und Liebe zu erschaffen.

Ich bin glücklich, daß ich dem All-Einen auf diese Art dienen darf. Om Shanti Om.

* * * * *

TUPA   LICHT MACHT MICH GROSS

TUPA ist vom kosmischen Prinzip her vergleichbar mit der Sternenessenz *PLUTO*, schwingt aber eine Oktave höher

CHAKREN: Basis, Herz, Krone, achtes Chakra

WIRKUNG

Diese Essenz aktiviert alle Kräfte im Körper und bündelt sie zu einem großen Fluß der Kraft. Dieser große Strom der Kraft durchfließt uns. Wir spüren unsere Urkraft, die den ganzen Beckenbereich durchblutet. Dort werden große Kräfte aktiviert.

Gleichzeitig sind wir auf höherer Ebene mit dem Kosmos verbunden. Wir spüren den Stern, der wir sind. Große Ruhe und Frieden kehren ein. Wir sind mehr, als wir bis jetzt zu sein geglaubt haben, denn nun spüren wir unsere wahre Größe und unsere Kraft. Hier, auf dieser Erde, sind wir ein Mensch, aber wir sind hier auch ein Sternenwesen. Von unserem Stern bekommen wir Klarheit, Stärke und Macht. Durch ihn sind wir geistig verbunden und können dadurch aus dem Vollen schöpfen. Eine Erhebung unseres Selbst findet statt. Alles in uns schwingt, wir sprühen vor Energie. Jetzt sind wir für neue Taten bereit, um Großes zu vollbringen.

Wir fühlen uns wach, groß und stark, sind in unserer vollen Präsenz. Ein gutes Selbstwertgefühl breitet sich aus. Wir machen uns nicht länger klein, sondern stehen zu unserer wahren Größe, empfinden Achtung gegenüber uns selbst. Wir können uns vergleichen mit einem Pfau, der würdevoll umhergeht, sich seiner Schönheit bewußt ist und gelegentlich mit voller Kraft ein Rad schlägt.

Viele alte, einengende Strukturen brechen auf, damit in uns ein freier Fluß der Energie möglich wird. Es brechen Krusten auf, wie ein Vulkan brodelt es in uns. Wir sind Feuer, Feuer durchfließt uns, macht uns kreativ und frei.

Mit diesem höheren Bewußtsein über uns selbst wissen wir, daß wir die Kraft haben, alle Probleme, die uns begegnen, lösen zu können. Freude herrscht darüber. Wir tanzen, drücken unsere Kraft und Freude aus. Wir zeigen unsere Einzigartigkeit, unsere Größe und wer wir sind, denn wir sind auf unsere innere Essenz gestoßen.

Ich fühle mich als Stern, der auf die Erde herabgestiegen ist. Ich bin da!

EINNAHME: Täglich zwei Tropfen, sieben Wochen lang

AFFIRMATION
Ich wachse in mein großes Sternenselbst hinein.

MEDITATION

Ich spüre meinen Hinterkopf. Er wird ganz warm. Diese warme Energie füllt sich im Nacken und bahnt sich den Weg weiter, die Wirbelsäule entlang, nach unten. Der ganze Rücken wird warm, die Energie strahlt bis zu den Oberarmen aus. Meine Persönlichkeit bekommt Kraft und Stärke. Ich bilde einen breiten Rücken, der viel tragen und auffangen kann.

Viel Energie, die fließt, öffnet die Wirbelsäule, meinen hinteren Energiekanal. Eine immense Kraft breitet sich im Rücken aus. Ich fühle mich in mir groß und sicher. Die Kraft strahlt weiter in die untere Hälfte des Rückens aus.

Mein achtes Chakra öffnet sich. Ich richte mich aus auf den Kosmos und verbinde mich. Mein Rücken richtet sich auf.

Wieder fühle ich den Nacken, gleichzeitig mein Steißbein und mein Basis-Chakra. Mein Steißbein wird ganz warm und strahlt aus wie eine Sonne.

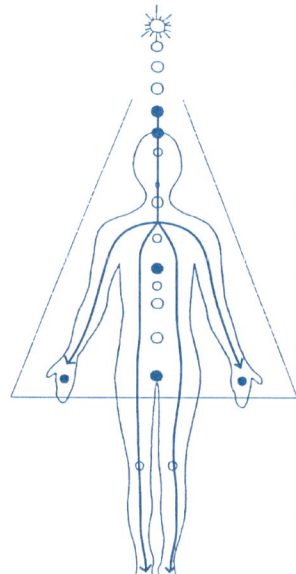

Die Energie fließt nun die Wirbelsäule hinauf und hinunter. Sie fließt überall hin, auch in die Arme und Beine. Der ganze Körper wird vitalisiert, vor allem am Rücken arbeitet es.

Ich bin mit oben, dem Himmel, verbunden, und ich bin mit unten, der Erde, verbunden.

Meine Füße werden warm, die Fußchakren öffnen sich. Meine Hände werden auch warm und die Handchakren öffnen sich dort.

Die geballte Energie im Körper füllt meine energetischen Tiefstellen auf. Ich werde kraftvoller und strotze vor Energie. Ich fühle mich sicher, standfest, zentriert und verbunden. Jetzt bin ich gewappnet für alles, was auf mich zukommt. Das Licht, die Energie fließt durch alles. In mir entsteht ein Energiezuwachs.

Plötzlich ist mir vieles klar. Ich handle instinktiv richtig und lasse mich noch mehr führen.

Mein Körper pulsiert. Energie fließt in meinem Körper. Viele Blokkaden lösen sich in meinem Rücken, meinen Armen und in meinen Beinen. Energie fließt durch meine Fuß- und Handchakren. Ich bin oben und unten angeschlossen, voll auf Draht.

* * * * *

UVQURTA   ICH WERDE VOM LICHT ERNÄHRT

UVQURTA ist vom kosmischen Prinzip her vergleichbar mit der Sternenessenz *JUPITER*, schwingt aber eine Oktave höher.

CHAKREN: Herz, Hals, Drittes Auge, achtes Chakra, neuntes Chakra

WIRKUNG

Diese Essenz verfeinert mit ihrem Licht unser ganzes System, denn dieses Licht wird überallhin verteilt, und zwar über die Nadis, die Lichtkanäle. Sie befinden sich überall in unserem Körper und sind zu vergleichen mit Adern, aber feiner und zahlreicher. Ihr Netz zieht sich durch unseren ganzen Körper hindurch.

Wenn das Licht durch diese Kanäle, die gereinigt worden sind, neu fließen kann, und UVQURTA wird genau diesen Prozeß in Bewegung setzen, dann wird dieses Licht in alle unsere feinstofflichen Zentren, in alle Chakren, fließen.

An diesem Prozeß arbeiten Lichtwesen mit. Sie sind da, in großer Zahl, stehen neben uns, hinter uns, umringen uns. Sie reichen uns die Hand, begleiten und ermuntern uns, mehr bei ihnen zu sein. Sie nehmen uns in ihr Spiel auf. Wir spüren, wie sie uns umsorgen, uns mit ihrer Schwingung nähren. Sie führen uns Licht zu, von links und rechts und auch von oben. Wir bekommen so viel Licht, werden ernährt mit Licht und beginnen zu verstehen, daß Licht unsere wahre Nahrung ist.

Was wir Menschen im Grunde suchen, ist das Licht. Und wenn wir es gefunden haben, fühlen wir uns bis ganz tief innen genährt. Hinter jeder verkrampften Suche, ob nach grobstofflicher Nahrung oder nach etwas anderem, die wir übermäßig betreiben, steckt die Suche nach Licht. Wir sind uns dessen meistens nicht bewußt, darum suchen wir auf anderen Ebenen. Die Suche beginnt immer da, wo wir stehen. Und auf der Suche sind wir alle, denn die meisten von uns haben noch nicht gefunden.

Haben wir aber einmal erlebt, wie uns das Licht nähren kann, dann werden wir ganz ruhig. Wir fühlen uns versorgt vom Licht. Daraus entwickelt sich eine große Bereitschaft, vieles loszulassen. Vieles, an dem wir bis jetzt noch festgehalten haben. Wir lassen es jetzt los, um uns noch mehr auf das Licht ausrichten zu können.

Mit dieser Essenz vollzieht sich ein großer Reinigungsprozeß, ein "Hausputz" auf feinstofflicher Ebene, damit das Licht sich überall im Körper ausbreiten kann, bis in die kleinsten Ecken hinein. Das Licht ist dann überall in uns zu Hause. Dadurch wird viel Altes herausgearbeitet. Alle Chakren werden genährt mit Licht und beginnen, kräftiger zu schwingen.

Wenn wir diesen Prozeß zulassen, entschließen wir uns noch einmal mehr für das Licht und lassen los, was zum alten System gehört hat. Das neue System, das nun in uns aufgebaut wird, schwingt feiner und ist noch mehr auf Licht gepolt. Nach diesem Prozeß fühlen wir uns ganz rein, wie neu geboren. Diese Reinigung und Umstrukturierung erfaßt auch unseren Mentalkörper und unseren Emotionalkörper. Der Lichtkörper vergrößert sich, wird gestärkt und gefüllt mit neuem Licht. Jetzt werden wir in ein neues Wesen verwandelt. Zu einem kosmischen Wesen, welches das Irdische und das Kosmische in sein Leben einbezieht, und zwar im selben Maß. Wir leben auf der Erde, aber wir sind auch Teil des Kosmos. Nun haben wir die Basis geschaffen, um intensiv mit den Engeln arbeiten zu können.

EINNAHME: Täglich zwei Tropfen, sieben Wochen lang

AFFIRMATION
Ich bin als Stern neu geboren, mit einem Ring aus Licht. Aus meinen Zentren heraus strahlt Licht. Ich bin Licht.

MEDITATION
Es wird im Kopfbereich ganz warm, auch an den Schläfen. Und auch mein Drittes Auge wird ganz warm. Von dort sprühen Strahlen heraus, sie reichen bis über den Kopf hinaus. Die Energie bahnt sich nun einen Weg vom Dritten Auge hinunter zum Halschakra und zum Herzchakra. Der Fokus bleibt auf dem Dritten Auge.

Jetzt wird es heiß im Dritten Auge und dann kalt. Auf meinem Dritten Auge fokussiert sich ein feinstofflicher Trichter. Er füllt sich mit Licht. Mein Kopf fühlt sich angenehm leer an. Ich weiß nichts, und ich weiß alles.

Meine Schädeldecke wird ganz warm. Energetisch öffnet sie sich nun in der Mitte, von vorne bis hinten, einen Spalt breit. Ich fühle die Verbindung mit meinen höheren Chakren. Energie und Licht strömen in meinen Kopf.

Der Kanal verbreitert sich nach oben und dehnt sich aus. Ich bah-

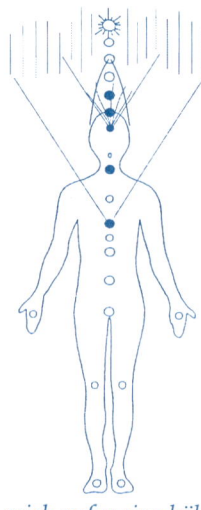

ne nun den Weg zum neunten und zehnten Chakra. Dies fühlt sich ähnlich an wie ein Bischofshut, der langgezogen nach oben geht und in einer Spitze endet. Die Energie öffnet meine geistigen Kanäle, die bis ins Universum reichen.

Jetzt spüre ich mein Halschakra. Es wird aktiviert. Der Druck ist stark. Das Chakra öffnet sich. Es bildet einen neuen Fokus. Auch mein Herzchakra öffnet sich und wird weiter.

Ich bin verbunden mit meinem Herzen. Licht strömt von oben ein, wie in einen Trichter. Die Spitze des Trichters ist auf das Herz gerichtet. Ich bin nun auf's Geistige ausgerichtet und stelle mich auf meine höhere Präsenz ein.

Mein Herz wird zur Basis meiner Erkenntnisse. Ich öffne mein Herz, spüre und weiß.

Ich bin ein Empfänger der geistigen Welt und bringe das Empfangene mit meinem Herzen zum Ausdruck. Ich fühle mich mit meiner geistigen Familie verbunden.

Ich werde von meinen Lichtschwestern und Lichtbrüdern genährt mit Licht und Liebe. Beides strömt in mich ein und füllt mich ganz. Überall strömt es hin, macht mich leicht und frei wie eine Feder.

Es fließt auch in alle meine Chakren, füllt diese auf. Auf meiner Vorderseite beginnen sie nun sich wie Wagenräder zu drehen. Jedes Chakra ist erwacht und dreht sich. Ich sehe, wie feinstofflich die Chakren sind, voller Licht.

Meine Gehirnhälften werden stark durchblutet, und mein Gehirn entspannt sich ungemein. Ich bin Ruhe und Frieden.

* * * * *

PUTULAS   ICH VERANKERE MICH IM LICHT

PUTULAS ist vom kosmischen Prinzip her vergleichbar mit der Sternenessenz *SATURN*, schwingt aber eine Oktave höher.

CHAKREN: Herz, Thymus, *Brunnen der Träume*, Drittes Auge, Krone, achtes und neuntes Chakra

WIRKUNG

Es fließt sehr viel neues, weißes Licht in uns ein. Dieses Licht bahnt sich den Weg durch unser ganzes System durch.

Licht soll in uns Platz nehmen können. Wir sind Licht und wir sind Liebe. Diese Bewußtsein setzt sich bis in die letzte Zelle von uns durch.

Wir fühlen uns von Licht durchflutet. Licht erfaßt uns und breitet sich aus. Unser Lichtkörper wird nochmals aktiviert, wird mit unserem Körper verbunden und in ihm verankert.

Das reine, klare Licht reinigt nochmals alte Schlacken aus. Wir können uns von viel Altem befreien.

Der Mental- und der Emotionalkörper werden gereinigt und miteinander verbunden. Alle feinstofflichen Körper werden mit dem physischen Körper verbunden. Wir erleben eine Einheit und eine Ganzheit.

Das Licht, das in uns einströmt, bewirkt eine Neustrukturierung in uns, eine neue Ordnung. Wir werden auf das Licht ausgerichtet. Wir wissen, daß wir wegen des Lichts hier auf diese Erde gekommen sind. Unser Leben beginnt sich nun auf das Licht zu konzentrieren, damit wir bereit sind, dem Lichte zu dienen. Wir lassen dieses Licht ganz tief in uns einfließen. Wir verankern uns im Licht.

EINNAHME: Täglich zwei Tropfen, sieben Wochen lang

AFFIRMATION
Ich bin im Licht verankert. Ich habe Verbindung zu dem großen Stern, der ich bin.

MEDITATION
Mein Bewußtsein geht in alle Zellen. Ich spüre, wie jede meiner Zellen gesäubert wird. Energie klärt jede Zelle. Vieles kommt in Reinigung und Bewegung.

Es findet eine Enegieerhöhung statt. Ich spüre, wie die Energie in meinem System angehoben wird. Sie arbeitet überall im Körper.

Alle meine Zellen werden neu mit Licht gefüllt. Jede Zelle wird mit Schwingung angehoben und fokussiert sich dadurch auf einer höheren Schwingungsebene. Jetzt wird jede Zelle energetisch durchgeschüttelt. Das hat den Zweck, jede Zelle in mir gänzlich zu reinigen. Meine Zellen - also ich - befinden sich in einer Generalreinigung.

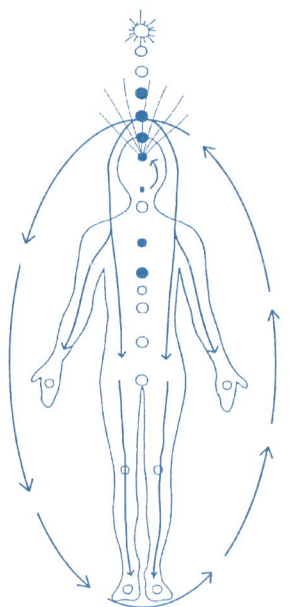

Jetzt wird mein Rücken mit Licht gestärkt. Dieses Licht versorgt mich mit neuer Energie. Ich bemerke, daß sich mein Rücken ganz aufgerichtet hat.

Mein Kopf wird mit Licht gefüllt. Mein Nacken, das Chakra "Brunnen der Träume", wird ebenfalls mit Licht gefüllt. Ich bin das Licht, die Liebe und die Kraft.

Jetzt öffnet sich mein Kronenchakra. Nun wird ein Lichtkanal hergestellt, der den ganzen Rücken hinuntergeht bis zu meinem Steißbein. Von oben, von meinen Chakren außerhalb des Kopfes, werde ich nun mit Licht gespeist. Dieses

Licht versorgt mich über diesen Energiekanal mit Licht. Das Licht verteilt sich bis in meine Beine und in meine Arme.

Mein ganzes System wird versorgt mit neuer Energie. Licht fließt in meinen Körper und durch meinen Körper.

Mein Körper wird ganz warm, diese Wärme verteilt sich überall im Körper. Ich spüre, wie mein Blut durch die Adern fließt. Diese Wärme im Körper ist wie ein Reinigungsfeuer, das mein System klärt.

Jetzt öffnet sich mein Drittes Auge. Von dort findet eine Verbindung nach oben statt. Die Energie strahlt über beide Gehirnhälften und fließt weiter in meine höheren Chakren hinein.

Von meinem Dritten Auge entsteht eine Verbindung zum Chakra "Brunnen der Träume" im Nacken. Energie fließt jetzt überall im Körper, es fließt vom Nacken her über die Gehirnhälften, fließt weiter vorne durch alle Chakren herunter, bis zu den Beinen und zu den Fußchakren. Meine Chakren drehen sich nach oben, sind von nun an dem Licht zugewendet. Von meinen Beinen fließt die Energie nun auf der hinteren Seite des Rückens wieder hinauf, fließt in die Arme und Hände, bis in den Nacken und Kopf. Ich erlebe einen ganz starken Energiekreislauf, mit viel Licht und erhöhtem Blutfluß. Dadurch wird jede Zelle und jedes Chakra gereinigt und neue Kraft im Körper mobilisiert.

Ich erlebe meine spirituelle Geburt und werde im Licht verankert.

3. Die Energetischen Transformationsessenzen
Die Wahrheit als Weg

Wo Licht ist, ist auch Schatten. Mit den vorher beschriebenen Licht-Energieessenzen wurden wir mit Licht aufgefüllt und vermehrt mit ihm verbunden. Es ist genau dieser erhöhte Lichtpegel, der uns nun die Schattenseite in uns näher ins Bewußtsein bringt.

Eigentlich hat jeder Mensch eine Schattenseite. Es wäre eine Illusion zu glauben, wir hätten nur lichtvolle Inkarnationen hinter uns. Wir wollten auch mit dunklen Kräften Erfahrungen machen. So haben wir unsere Fähigkeiten nicht nur für Gutes eingesetzt. Dadurch sind unsere Potentiale jetzt nicht nur im Lichte verankert, sondern ebenfalls im Dunklen. Experimente zwischen Hell und Dunkel sind nichts Schlechtes. Der Mensch braucht sie, um Gut und Böse unterscheiden zu lernen. Das wurde uns durch die Bibel, mit der Geschichte von Adam und Eva im Paradies und der Versuchung, die darin vorkommt, erklärlich gemacht. Über Erfahrungen erweitern wir unseren persönlichen Wissensschatz. Es ist etwas ganz anderes, ob wir etwas am eigenen Leib erfahren haben oder an Dinge glauben, ohne sie selbst erfahren zu haben. Das kann gefährlich sein, denn wir stützen uns nicht auf uns, sondern auf die Aussagen anderer. Wenn unsere Seele reif genug ist, erkennt sie die Energien von Hell und Dunkel. Sie braucht dann keine weitere Experimente mehr mit der dunklen Seite. Solche früheren Leben schwingen aber bis heute noch nach. Nun gilt es, die Restbestände davon aufzulösen.

Mit den Energetischen Transformationsessenzen können wir viel Unklares in uns aufräumen, denn durch das Ausprobieren gewisser Versuchungen und letztendlich durch das Nicht-Beachten der kosmischen Gesetze sind wir oft in einer Sackgasse gelandet. Daraus entstanden Gefühle von Unklarheit, Unglauben und Zweifel. Die Schattenseite von uns Menschen drückt sich meist subtil und hintergründig und nicht auf den ersten Blick erkennbar aus. Es geht nun darum, eine Etage tiefer zu steigen, in unseren Keller, und gewisse Ängste, was uns dort erwarten könnte, zu überwinden.

Auch die dunkle Seite gehört zum göttlichen Plan. Es ist die eine Hälfte von zwei. Diese zwei Seiten ergeben ein Ganzes. Beide gehören zum Erkenntnisspiel, das wir, über viele Inkarnationen hinweg, gespielt haben. Daraus konnten wir tiefe Erkenntnisse schöpfen. Die geistige Welt hat schon öfter betont, daß Seelen, die den Weg tief in die Dunkelheit wählen, sehr viel Licht in sich tragen. Das müssen sie auch, denn sie wissen, daß sie eines Tages den Weg wieder zum Licht zurückfinden müssen. Es ist wichtig zu wissen, daß solche Seelen den Weg in die Dunkelheit auch tun, um für den All-Einen neue Erfahrungen zu machen und somit das Spektrum der Vielfalt dieser Existenz erweitern. Darum werden diese Seelen auch, wie auch die unsrigen, von der Lichtseite behütet.

Diese Energetischen Transformationsessenzen stellen für uns eine Reinigung, man könnte sagen, in Form eines intensiven "Waschprogramms" dar. So nach dem Motto: Aus Grau wird Weiß. Sie leiten eine größere Transformation ein. Meist sieht ein Mensch, nachdem er diese Essenz eingenommen hat, etwas anders als vorher aus. Er wirkt klarer, wacher und sich seiner selbst mehr bewußt. Während der Transformation werden wir mit verschiedenen Aspekten unseres Wesens konfrontiert, und es gilt mancher Wahrheit ins Auge zu blicken. Unser Blick wird nüchterner, die Bilder erscheinen eher in Schwarzweiß als in Kunterbunt. So geraten wir in verschiedene Situationen, um unsere Unklarheiten in bezug auf das Licht nochmals sehen zu können. Die Wirkungsweise dieser Essenzen zeigt sich, indem sie uns im Spielraum plötzlich etwas eng halten. Man könnte diese Essenzen als energetische Polizisten bezeichnen, die sofort zur Stelle sind, wenn wir die Grenzen gewisser Gesetze überschritten haben. Von diesen Essenzen werden wir nicht getragen, auch nicht aufgepäppelt und auch nicht zu einem Fließen in eine unendliche Weite eingeladen, wie es zum Beispiel andere Essenzen von *La Sylphide* tun.

Eine solche plötzliche Strenge hat aber auch viele Vorteile. Wir merken sofort und viel klarer, wo Grenzen liegen. An diesen können wir uns orientieren. Solche Prüfungssituationen sind nicht dazu da, es uns besonders schwer zu machen. Im Gegenteil, so erkennen wir schnell und klar gewisse alte, eingespielte Verhaltensweisen – von uns, aber auch von anderen, die mit Geben und Nehmen zu tun haben.

In vielen Prüfungen, die wir durchlaufen, geht es darum, letztendlich einen tieferen Glauben an das Licht zu finden. Durch das Übertreten der kosmischen Gesetze in unserer Vergangenheit haben wir den Glauben, der uns eigentlich zueigen ist, verloren. Wir haben uns dadurch selbst verunsichert. Durch das Aufarbeiten dieser Themen werden wir vor die Möglichkeit gestellt, uns wieder für das Licht zu entscheiden. Die Folge ist eine noch tiefere Verankerung im Lichte. Gehen wir durch solche "Waschungs-Prozesse" hindurch, beginnen wir allmählich, in einem weißen Licht zu erstrahlen, so wie lange Zeit nicht mehr.

Jedesmal, wenn wir in der Vergangenheit kosmische Gesetze mißachtet haben, haben wir uns zugleich durch das "falsche" Tun Blockaden in unserem System kreiert. Nun gilt es, diese Blockaden zu lösen. Solche energetische Blockaden liegen tief in unserem System. Die Arbeit an unserer Schattenseite bedeutet, bereits in einer tieferen Ebene zu wühlen.

Wir werden an energetische Themen und Probleme herangeführt, die uns bis jetzt vielleicht verborgen geblieben sind. Da das Energetische stark mit dem Thema Geben und Nehmen zu tun hat, und das Spiel von Geben und Nehmen am häufigsten innerhalb von Beziehungsfeldern abläuft, werden diese nun besonders gut beleuchtet.

Wer von uns ist schon wirklich frei? Jeder von uns lebt in einem gesellschaftlichen Gefüge, in einem familiären Umfeld, in einem partnerschaftlichen Rahmen, in dem er sich bewegt und sich mehr oder weniger frei fühlt, aber oft auch mehr oder weniger gebunden. Genau solche Gebundenheiten werden über die Wirkung dieser Essenzen unter die Lupe genommen. Wo sind wir Verbindungen eingegangen, die zu eng sind, die uns zu unfrei machen?

Starke energetische Bindungen bestehen zuerst einmal zu unserer Mutter und natürlich auch zu unserem Vater. Dann zu den Geschwistern, aber auch zu Partnern, die wir im Laufe unseres Lebens kennenlernten, dann zu unseren Kindern sowie zu unseren Mitmenschen. Es geht nun darum, in unseren Beziehungen den Unterschied zwischen Gebundenheit und Verbundenheit zu erkennen. An einer tiefen Verbundenheit zwischen zwei Menschen sollte man nichts ändern, denn diese kommt beiden nur zugute, da sie sich gegenseitig Kraft und Unterstützung geben.

Viele Menschen machen aber den Fehler, wenn sie sich zu einem anderen sehr hingezogen fühlen, daß sie sich ihm völlig ausliefern. So verlieren sie sich und geben einen Teil der Verantwortung für sich gleich mit ab. Auf dem Lichtweg geht es aber nicht darum. daß wir uns hergeben, sondern vielmehr, daß wir uns immer mehr finden. Und natürlich auch, daß wir für uns und unseren Weg immer mehr Verantwortung übernehmen. Wie oft haben sich Menschen aus jugendlichem Leichtsinn oder aus dem Gefühl heraus, ohne einander nicht mehr leben zu können, Schwüre und Versprechen abgegeben. Aber nicht nur Liebesversprechen, sondern auch andere Versprechen und Eide, Schwüre usw. sind starke, energetische Bande, die wir knüpfen, die aber unsere persönliche Freiheit beachtlich einengen, denn alles, was wir versprechen, müssen wir früher oder später einlösen. Leider werden solche Versprechen von einem Leben zum andern oft vergessen, weil die Seele sich Wichtigeres vornimmt als persönliche Versprechen einzulösen. Dennoch bleibt ein solches Versprechen auf energetischer Ebene bestehen und bindet die zwei Menschen aneinander. Es ist ein Glück, wenn sich dann diese beiden Seelen wieder treffen und - hoffentlich - ihr Versprechen einlösen oder auflösen können.

Denn unsere Seele steuert, von einem Leben zum andern, jeweils andere Ziele für ihre Entwicklung an, Ziele, die vor allem für unser seelisches Wachstum wichtig sind. Versprechen wir nun heute, in diesem Leben, zum Beispiel unserem Liebespartner, die nächsten zwei weiteren Leben ebenfalls nur mit ihm zu verbringen, verbauen wir uns sehr viel Freiraum. Neue Partnerschaften können nicht entstehen, weil wir uns energetisch bereits jemand anderem versprochen haben. So sind wir nicht frei. Solche Versprechen bleiben oft lange, lange Zeit bestehen. In der Zwischenzeit fragt man sich, warum es in der Liebe nicht klappt oder warum man immer wieder alleine lebt. Mit den Energetischen Transformationsessenzen können solche Eide, Schwüre und Versprechen auf energetischer Ebene aufgelöst werden.

Um unseren spirituellen Weg gehen zu können, brauchen wir Freiraum. Sind wir zum Beispiel in einem zu festen und zu engem Beziehungsgefüge, haben wir automatisch einen kleineren Radius und Spielraum, um unsere Kreativität auszuleben. Kreativität aber braucht Spielraum, und der spirituelle Weg auch. Für das Licht da zu sein, bedeutet auch, für andere Menschen, nicht nur für den Partner und die Familie, ja, vielleicht sogar für viele Menschen, da zu sein. Das erfordert persönliche Freiheit. Darum dürfen Familie und Ehe nicht zur Falle werden. Wenn wir mehr ins Licht gehen, werden wir merken, daß auch noch eine geistige Familie auf uns wartet. Denn in Gruppen, auf Seminaren, bei Vorträgen, begegnen wir Seelenverwandten, die aus unserer geistigen Familie stammen. Für diese wollen wir auch noch Platz haben, um unseren spirituellen Weg gemeinsam mit ihnen weitergehen können.

Es gibt gewisse feinstoffliche Nabelschnüre zwischen Menschen. Diese verbinden die Chakren zweier Menschen. So gibt es zum Beispiel eine Nabelschnur, die zwei Partner im Solarbereich verbindet, oder eine, die von Herz zu Herz geht, usw.

Nun gibt es allerdings energetische Nabelschnüre zwischen zwei Menschen, die erhalten bleiben sollten, weil genau über diese eine große Verbundenheit gelebt werden kann. Es gibt aber auch überflüssige Nabelschnüre, die uns unnötig binden. Sie sind vielmals aus Angst und Unsicherheit entstanden, weil sich diese Menschen helfen und sich Kraft geben wollten.

Solche energetischen Arrangements vergrößern aber die Abhängigkeit zwischen Menschen. Vielmals merkt jemand durch die Einnahme einer Energetischen Essenz plötzlich, daß ihm unerlaubt Energie weggenommen wird. Das passiert besonders nachts, während wir schlafen. Oder wir merken nach einem Telefongespräch oder nach einem bestimmten Besuch, daß wir plötzlich ganz bleich sind oder uns kraftlos fühlen. Dann hat man uns vielleicht Energie abgezapft. Dies kann nur passieren, wenn zwischen uns und anderen Mitmenschen derartige Nabelschnüre bestehen.

Wenn unsere Seele damit einverstanden ist, können diese durch eine Energetische Transformationsessenz leicht entfernt werden. Nabeln wir uns ab, befreien wir uns gleichzeitig von vielen Einflüssen, denen wir vorher unbewußt ausgesetzt waren. So werden wir auf energetischer Ebene eigenständiger, freier und unsere Energie wird klarer.

Eigentlich müssen wir ja keine Angst haben, denn wir sind in einem viel sicheren Netz, als wir meist annehmen - mit guten

Freunden und helfenden Händen, die plötzlich da sind, wenn es darauf ankommt. Und nicht zu vergessen – und noch viel stärker und hundertprozentig verlässlich - unsere Lichtschwestern und Lichtbrüder, die von oben helfend eingreifen und uns sanft in die richtige Richtung steuern. Es ist ganz sicher eine Illusion, zu glauben, daß wir am sichersten sind, wenn wir unsere Liebsten möglichst eng an uns binden.

Was hat es nun mit unseren Schwestern und Brüder im Kosmos auf sich?

Viele von uns haben Angst, sich mit der geistigen Welt einzulassen und sich ihrer Führung zu übergeben, denn ihre Seele hat vielleicht in früheren Zeiten auf anderen Planeten mit einigen Wesen schlechte Erfahrungen gemacht, und nun besteht eine innere Verunsicherung. Hinzu kommt, daß es auch im Kosmos eine dunkle und eine helle Seite gibt, nicht nur hier auf der Erde. Allerdings können diese zwei völlig verschiedenen Schwingungen sehr gut voneinander unterschieden werden. Bei der lichten Seite geht uns das Herz auf, bei der dunklen eher zu. Trotzdem, zu früherer Zeit waren unsere Sinne noch nicht so ausgebildet wie heute, unsere Seelen waren noch jünger und unsere Unterscheidungskraft war geringer. Heute können wir die Spreu von Weizen besser trennen. Also sind wir vielleicht mit Wesen im Kosmos Verbindungen eingegangen, die nicht gut für uns waren. Vielleicht haben wir auch deshalb Angst, uns jetzt geistig ganz zu öffnen. Denn die lichte wie auch die dunkle Seite aus dem Kosmos will jetzt, in dieser wichtigen Übergangszeit, stark auf uns einwirken.

Während unserer langen Inkarnationskette sind wir auch auf verschiedenen Planeten und in verschiedenen Sternensystemen heimisch gewesen. Zudem haben wir mit außerirdischen Kräften Erfahrungen machen können. Auch mit Kräften, die man als grau bezeichnen könnte. Graue Kräfte wirken im Moment ebenfalls stark auf unseren Planeten ein. Die grauen und die dunklen Kräfte sind als negativ zu bezeichnen. Sie wollen den von uns bereits begonnenen, großen Sprung ins Licht auf jeden Fall noch verhindern.

So probieren nun auch diese negativen Energien, über uns Menschen Einfluß auf den Planeten zu nehmen. Und da, wo wir energetisch mit ihnen verbunden sind, gelingt es ihnen oftmals auch, ihren negativen Einfluß geltend zu machen und sich über uns dann in der Welt auszudrücken und zu manifestieren. Solche negative Einflüsse können plötzlich auftreten, aber auch nur, wenn wir uns in früheren Zeiten mit dunklen Mächten eingelassen haben und gewisse Abkommen mit ihnen noch bestehen. Solche Verbindungen bleiben auf feinstofflicher Ebene in unserem System gelagert, bis sie aufgelöst oder abgekoppelt werden. Ein Bund mit der dunklen Seite erzeugt automatisch große Unsicherheit dem Licht gegenüber. Irgendwann kommen wir aber auf dem Lichtweg an den entscheidenden Punkt, an dem wir merken, daß man nicht zwei Herren gleichzeitig dienen kann. Solche Erkenntnisse erfordern von uns spirituelle Reife und Tiefgang. Will man sich von außerirdischen Arrangements frei machen, kann man dies mittels eines gezielten Clearings tun. Man sollte sich aber dabei nur in erfahrene Hände begeben, die diese Kräfte kennen. Die Energetischen Transformationsessenzen bilden dafür eine wunderbare Vorbereitung und bringen zusätzliche Klarheit.

Es sind die Erzengel, mit deren Energie wir vertraut gemacht werden und die sich uns über die Energetischen Transformationsessenzen nähern. Mit ihrem intensiven Licht reinigen sie uns durch und nabeln uns von unnötigen Einflüssen ab. Allerdings nur, wenn unser Hohes Selbst damit einverstanden ist. Somit werden wir genügend frei und offen für ihre Einflüsse. Die

Erzengel stellen den Gegenpol der schwarzen, grauen und astralen Kräften dar. Sie leuchten mit ihrem weißesten Weiß uns entgegen.

WIRKUNG

Die Energetischen Transformationsessenzen klären unser ganzes feinstoffliches System. Sie klären auf energetischer Ebene, klären und stärken unsere Aura. Sie öffnen unsere Sinne und reinigen die verschiedenen Kanäle unserer Sinne. Als Folge können wir mit unseren Sinnen bewußter wahrnehmen. Wir hören besser, sehen besser, spüren besser. Diese Essenzen bringen uns in eine große Wachheit, denn auch mit unseren Sinnen haben wir Mißbrauch getrieben oder an uns erfahren, vor allem in außerplanetarischen Erlebnisse. Alle diese Belastungen können jetzt aufgearbeitet werden.

Die Transformationsessenzen festigen und stärken unser ganzes System. Sie stärken unseren Rücken und erzeugen dort einen zusätzlichen, energetischen Schutz, geben uns damit Rückenschutz oder eine Art Rückendeckung. Wir fühlen uns jetzt stark und bauen auf unsere Kraft, damit wir uns beim Du und der äußeren Welt durchsetzen können. Wir haben vermehrt Kraft, für die Wahrheit zu kämpfen; lernen, uns mit der Wahrheit zu konfrontieren und auch andere mit Wahrheit zu konfrontieren; lernen, uns abzugrenzen, denn vielen von uns fallt dies schwer und wir lernen, unser Helfersyndrom fallen zu lassen. Mit viel Kraft setzen wir uns für energetische Ungerechtigkeiten ein, in der Hoffnung, einen besseren Ausgleich zwischen Geben und Nehmen in unserem Beziehungsfeld zu erzielen. Nicht zuletzt, um selbst mehr Einklang mit einer höheren Ordnung und Gerechtigkeit zu erlangen. Wir lernen, für unsere innere Gesinnung im Außen geradezustehen.

Wir lernen, unser System energetisch zu verteidigen, zum

Beispiel gegenüber astralen Angriffen oder astralen Wesen, die in unsere Aura oder sogar in unseren Körper eintreten wollen.

Diese Gattung Essenzen bringt uns die verschiedensten Energien und Schwingungen der vierten Dimension vermehrt ins Bewußtsein. Sie sind also unsere großen Helfer, damit wir die vierte Dimension leichter durchlaufen können, zumal es in dieser vierten Dimension von den verschiedensten Energien wimmelt, mit denen wir automatisch konfrontiert werden, wenn wir diese Dimension durchwandern. Es gibt dort viele nebulöse, illusionäre und astrale Energien, die sich in dieser Dimension auf mannigfaltige Art und Weise manifestieren und offenbaren wollen. Die Energetischen Transformationsessenzen helfen uns, damit wir in dieser Dimension nicht kleben bleiben oder uns sogar darin verlieren. Sie lehren uns, die Schwingungen viel bewußter wahrzunehmen, und sie lehren uns auch, diese zu unterscheiden. Wir lernen, welche Energien uns gut tun und welche nicht, welche uns erhöhen und welche Situationen unsere Energien herunterziehen. Und natürlich zu guter Letzt auch, mit welchen Energien wir uns verbinden sollen und mit welchen nicht.

Wenn die Seele bereits die Lektionen der vierten Dimension durchlaufen hat, begegnet sie schon sehr lichtvollen Energien, die ihr hilfreich die Hände reichen und sie letztendlich in die fünfte Dimension hochziehen.

Weil energetische Blockaden verschiedene Bereiche unseres Lebens betreffen können, wurden fünf verschiedene Essenzen kreiert. Alle fünf sind in ihrer Wirkung fast gleich. Die römische Ziffer, die hinter dem Namen der Essenz steht, weist auf eine Tarotkarte hin, welche die gleiche Zahl trägt. Diese Tarotkarte zeigt dem Menschen symbolisch gewisse Entwicklungswege und Schritte auf, die er begehen kann. Mit Hilfe der Essenz kann eine solche Entwicklung erfolgreich durchlaufen werden. Jede Tarotkarte zeigt einen etwas anderen Lernschritt auf.

TRIAS XX

Hier liegt die energetische Blockade darin, daß wir in unserem Leben wichtige Ziele fast nicht erreichen. Durch eigene Sabotage gibt es in unserem Leben nie eine Auferstehung oder ein Gefühl von: Endlich geschafft!

Mit dieser Essenz lernen wir, Widrigkeiten des Lebens zu überwinden und Schmied unseres Glücks zu werden.

TRIAS XX hat Bezug zu der Tarotkarte *Das Gericht XX*

TUJAS XIX

Hier liegt die energetische Blockade darin, daß wir große Mühe haben, unser wahres Wesen zu zeigen und zum Ausdruck zu bringen. Auch verfallen wir in eine zu große Offenheit und können uns zu wenig schützen.

Mit diese Essenz lernen wir, Eigenverantwortung für unser Wesen zu übernehmen, unser Wesen zu leben und zu zeigen, wer wir sind.

TUJAS XIX hat Bezug zur Tarotkarte *Die Sonne XIX*

TRIAU XV

Hier liegt die energetische Blockade darin, daß wir noch an einige Dinge gebunden sind. Wir erleben das Täter-Opfer-Spiel zwischen uns und den Mitmenschen. Es geht darum, uns aus Abhängigkeiten zu befreien.

Mit dieser Essenz lernen wir, noch vorhandene innere Fesseln zu erkennen und davon frei und unabhängig zu werden.

TRIAU XV hat Bezug zur Tarotkarte *Der Teufel XV*

TURIA XIV

Hier liegt das energetische Problem darin, daß wir mit unserer Energie oft sehr unausgewogen haushalten und zwischen Extremen schwanken, wodurch wir aus der Mitte und aus dem Gleichmaß gefallen sind.

Mit dieser Essenz lernen wir, in einen gleichmäßigen und stetigen Fluß zu kommen und uns nicht mehr in extreme Situationen hineinziehen zu lassen, sondern sorgsam mit unserer Energie umzugehen.

TURIA XIV hat Bezug zur Tarotkarte *Die Mäßigkeit XIV*

TRUSA IX

Hier liegt das energetische Problem darin, daß wir unser Heil im Außen oder bei andern suchen, aber nicht bei uns selbst. So führt der Weg immer von uns weg, statt zu uns hin. Wir haben das Gefühl, unvollständig und auf andere angewiesen zu sein.

Mit dieser Essenz lernen wir, unsere Ganzheit zu erkennen und auch, daß das wahre Gold in unserem Innern liegt.

TRUSA IX hat Bezug zur Tarotkarte *Der Eremit IX*

EINNAHME

Energetische Transformationsessenzen können anders eingenommen werden, zum Beispiel alle sieben Tage sieben Tropfen, oder alle vier Tage vier Tropfen, aber auch täglich drei Tropfen sind in Ordnung. Sie sind gut kombinierbar mit anderen Essenzen. Die Einnahmezeit dauert aber länger, bis zu fünfzehn Wochen. Die Einnahme dieser Essenzen muß nach einiger Zeit wiederholt werden, und das öfter, da sie eine der wichtigsten Brücken zum Licht darstellen.

Die Essenz unverdünnt auf die Zunge geben. Eine Viertelstunde nichts trinken und nichts essen.

MEDITATION

Es wird ganz warm in meinem Körper. Beide Körperhälften werden aktiviert, meine Energie bündelt sich. Ich bin aufgerufen, meine Energien in mir zu sammeln. Das gibt mir Kraft und Mut.

Ich brauche Kraft und Mut, um Widerstände, im Außen sowie im Innen, zu überwinden. Jetzt spüre ich, wo in meinem Körper Kraftdepots liegen. Ich fühle das energetische Ungleichgewicht in meinem Körper. Ich spüre auch die Orte im Körper, an denen Energie fehlt. Ich bemerke, daß ich Energien im Außen deponiert habe und hole sie wieder zu mir zurück. Wenn ich meine Energien bei mir behalte, fühle ich mich ganz bei mir und bin voller Energie.

In meinem Kopf beginnt sich alles zu entspannen. Gehirn, Augen, Ohren, Nase, Mundpartie. Ich fühle mich voll aufnahmefähig. Meine Wachsamkeit hat sich verschärft.

Ich ruhe in mir. Nüchtern betrachte ich die Welt. Ich beginne zu sehen, wie sie wirklich ist. Viele Illusionen lösen sich auf, viele Unklarheiten auch.

Kraftvoll und klar stehe ich da. Ich bin bereit, gewissen Herausforderungen neu zu begegnen und wenn es nötig sein sollte, auch mein Lichtschwert zu ziehen. Dann werde ich zum spirituellen Kämpfer.

Die Erinnerung an frühere Leben wird jetzt aktiviert, das Chakra "Brunnen der Träume" beginnt sich zu öffnen. Der ganze Bereich dort weitet sich. Eine Entspannung tritt von unten her über meinen ganzen Gehirnbereich ein und durchflutet ihn. Mein Gehirn ist jetzt ganz entspannt. Ich spüre die Hypophyse in der absoluten Mitte meines Kopfes. Ich fühle mich zentriert.

Mein achtes Chakra öffnet sich dem Uni-

versum. Ich suche Verbindung mit dem Licht, um mich mehr in ihm zu verankern. Das gelingt mir auch. Aus meinem neunten Chakra fließt magentafarbenes Licht über mich herab. Es öffnet mein Drittes Auge. Ich beginne Dinge zu sehen, die ich bis jetzt noch nie gesehen habe. Der Energiefluß aktiviert weiter mein Halschakra und mündet in mein Herz. Da fühle ich mich sicher und zu Hause.

Aus meinem Herzen heraus erwächst neue Kraft. Kraft für die Wahrheit, für die ich einstehe. In meinem Dritten Auge verarbeite ich neues Wissen. Es führt mich zu einer neuen Sichtweise.

Gleichzeitig fließt die Energie vom neuntes Chakra nun nach hinten, über den Kopf und den ganzen Rücken hinunter bis zum Steißbein und zum ersten Chakra. Viel Energie verteilt sich im Rücken. Er wird gestärkt und gefestigt. Auf dem Rücken bildet sich, zu meinem Schutze, ein feinstofflicher Schild. Alle meine hinteren Chakraausgänge werden gekräftigt, die Kanäle jedes Chakras durch den Körper hindurch von hinten her nach vorne geöffnet und gereinigt.

Ich biete der Welt meine Stirn. Ruhig, fest und klar stehe ich da. Ich bin voll in meiner Kraft und im Gleichgewicht zwischen innen und außen, unten und oben.

4. Die Meisteressenzen
Sieben Initiationsschritte zur inneren Vervollkommnung

Die Meisteressenzen bieten den krönenden Abschluß einer langen, inneren Entwicklungsreise. Sie bringen uns an sieben verschiedene Themen heran, bei denen wir zeigen können, wieviel wir verstanden und was wir bei diesem Thema spirituell schon erarbeitet haben. Mit Hilfe von hohen Lichtwesen der Meisterebene können wir nun erste, meisterliche Schritte tun, denn in der vorausgehenden Transformation haben wir an unseren Potentialen gearbeitet, sie gereinigt und geläutert. Nun ist der Moment da, sie für etwas Größeres einzusetzen.

Die Energien der Meisteressenzen lehren uns eine neue Art, mit unseren Potentialen umzugehen. Wir setzen sie zwar wie gewohnt ein, aber unsere Energien fließen in einem viel größeren Zusammenschluß mit den Energien der geistigen Welt. Dieses Zusammenspiel geschieht, weil wir bereit sind, unsere Gaben und Talente der geistigen Welt zur Verfügung zu stellen, um am göttlichen Plan mithelfen zu können. Durch die gemeinsame Arbeit mit ihnen lernen wir, sein und handeln zu können auf einer Ebene, die jenseits des Egos liegt. Da sind uns die Meister große Vorbilder. Die Meisterebene umfaßt zur Zeit ungefähr 144000 Meister und Meisterinnen. Sie alle dienen dem göttlichen Plan voller Überzeugung und mit großer Demut und Hingabe.

Um uns an diese Form der Arbeit und deren Spielregeln wieder erinnern zu können, bekommen wir über die Meisteressenzen einen erhöhten Zugang zu unseren früheren Leben, vor allem zu denen, in welchen wir unsere Gaben und Talente für einen höheren Zweck eingesetzt haben. Solche Leben sind in unserem zehnten Chakra gespeichert und auch in unserem Herzen verankert. Dieses zehnte Chakra wird nun aktiviert. Es stellt ein

Zentrum dar, durch das wir mit vielen, vielen anderen Orten im Universum und auch mit vielen unserer Seelenverwandten verbunden sind. Es bildet eine wichtige Vorstufe zu unserem Hohen Selbst. Mit den Meisteressenzen wird ebenfalls unser Herzchakra mehr geöffnet, denn die Arbeit im Zusammenschluß mit der geistigen Welt wird stark über das Herz ausgeführt. Unser Herz wird dadurch immer mehr zu einem wissenden Organ, zu einem Seismographen, der empfängt und sendet. Alle Meister führen ihre an sie gestellten Aufgaben über diese Herzebene aus. Jede ihrer Handlung ist gepaart mit ihrer eigenen Wesensenergie und mit ihrer Liebe. Der Auftrag aller Lichtarbeiter auf der Erde ist, das Christusbewußtsein auf die Erde zu bringen. Wir dürfen nicht vergessen, daß das Christusbewußtsein über unser Herz in die Welt fließen soll. Über das Herzchakra zu agieren ist für alle spirituellen Tätigkeiten wichtig. Achtet einmal genau darauf: Alle Dinge, die mit Liebe gemacht wurden, haben eine wunderbare Ausstrahlung. Die Liebe ist es, die den Dingen Leben einhaucht.

Während des Prozesses mit einer Meisteressenz werden wir an die Hand genommen und spüren die liebevolle Führung. So lernen wir, loszulassen und dem Fluß der göttlichen Kraft von Liebe, Schöpferkraft usw. zu vertrauen. Unsere Führung lehrt uns, neue Schritte in unserer Tätigkeit zu vollziehen. Sie will uns noch tiefer in die Gesetze der Spiritualität einführen und fester in der Liebe und im Licht verankern. Die Meisterebene als Kollektiv führt uns in Situationen hinein, in denen gewisse Aufgaben an uns gestellt werden, die in Verbindung zu dem jeweiligen Thema der Meisteressenz stehen. Während wir mit der uns gestellten Aufgabe beschäftigt sind, werden wir von geistiger Seite her aufmerksam beobachtet, wie wir mit ihr umgehen. Mit einer Meisteressenz gelingt uns manchmal eine Abschlußprüfung mit einem Thema, an dem wir schon lange gearbeitet haben.

Alle großen, wunderbaren Taten hier auf Erden sind unter göttlicher Führung und Inspiration entstanden. Wenn wir uns auf das Geistige ausrichten, wird uns Führung gegeben. Dann können wir zum Werkzeug für die göttliche Welt werden und stellen unsere Fähigkeiten dem Göttlichen zur Verfügung, damit Gottes Willen durch uns wirken kann. Wir realisieren somit ein Stück des göttlichen Planes, der sich auf Erden verwirklichen soll. Es soll bei uns so werden, wie es auf der Meisterebene schon lange ist:

Die Aufgaben der einzelnen Meister sind klar umrissen, indem die Aufgabe jedes Menschen dort endet, wo die des anderen beginnt. Alle zusammen ergeben ein Ganzes. Viele von uns arbeiten schon an ihrer Aufgabe. Jeder arbeitet somit an seinem Puzzlestück. Wenn alle diese Teile fertig sind und zusammengelegt werden können, wird ein einziges, großes Puzzlebild daraus entstehen. Dieses Bild wird bereits dem Neuen Zeitalter, also den Werten der fünften Dimension, entsprechen.

Mit einer Meisteressenz merken wir, daß wir vom großen Ganzen nicht abgetrennt sind. Wir sind es auch nie gewesen. Alle von uns sind mit dem großen Ganzen verbunden. Nur eine gewisse Ebene unseres Seins hat sich von dieser Ebene abgespalten. Diese kann durch den Abbau von Ego wieder aufgelöst werden. Wir lernen, mit unseren geistigen Geschwistern im Kollektiv zu arbeiten, und das wird uns sehr viel Spaß machen. Und so lernen wir auch, im Zusammenspiel mit ihnen etwas entstehen zu lassen, wie sie es untereinander schon lange tun. Sie arbeiten viel und gerne im Kollektiv und legen ihre Kräfte ganz bewußt zusammen.

Je höher eine Essenz schwingt, um so freier wirken ihre Energien, um so individueller wirkt sie. Somit kann eine gleiche Essenz bei verschiedenen Menschen in sehr unterschiedliche Richtungen wirken, je nachdem, wie die Eigenart und die Zielausrichtung dieses Menschen sind. Ganz sicher ist: Wenn wir schwingungsmäßig auf der Ebene der Meisteressenzen angelangt sind und eine solche Essenz brauchen, wird sie uns ein gutes Stück dem inneren Lebensplan näherbringen. Sie wird wichtige Gaben und Talente in uns aufdecken. Diese Gaben sind gut entwickelt und sollen nun für größere Zwecke eingesetzt werden. Wir haben mit ihnen bereits in anderen Inkarnationen gearbeitet. Sie sind mit der Zielausrichtung unserer Seele verbunden. Unsere Seele hat sich dieses Ziel gewählt, und wir bewegen uns schon lange auf diesem Weg. Darum haben sich gewisse Themen wie ein roter Faden durch viele Inkarnationen unseres Seins hindurchgezogen. Dieser begangene Weg stellt heute bereits unsere Seelengeschichte dar.

Diese Gaben, mit denen wir für das Spirituelle gearbeitet haben, liegen tief in uns verborgen und sind manchmal, weil wir sie nicht eingesetzt haben, etwas verstaubt. Oder wir hegen gegenüber derartigen Themen nicht nur gute Gefühle, sondern es existieren auch Ängste, weil wir durch sie früher auch Schwieriges erleben mußten. Wenn sie sich nun erneut melden, werden wir feststellen, daß wir auf ein wichtiges Lebensthema gestoßen sind. Vielleicht habt ihr es auch schon bemerkt: Da, wo unsere größten Talente liegen, liegen zugleich auch unsere größten Blockaden oder größten Ängste. Genau aus diesem Grunde wollen wir manchmal lange nichts von bestimmten Themen wissen und schieben sie vor uns hin. Erst wenn sich die Seele reif genug fühlt, läßt sie sich auf ein solches Thema ein. Außerdem braucht es wirklich Mut, ein größeres Fließen unseres Selbst zuzulassen.

Ein gutes Beispiel, wie verschieden die Einnahme einer gleichen Essenz wirken kann, ist folgendes: Eine Frau hatte sich durch das Einnehmen der Essenz KREATIVITÄT plötzlich stark zum Tanz hingezogen gefühlt. Sie tanzte in dieser Phase jeden Tag und fühlte sich während des Tanzens inspiriert. Sie tanzte aus ihrem Inneren heraus. Ihr Bedürfnis nach Bewegung und Ausdruck war sehr stark. In diesem Moment erinnerte sie sich an frühere Leben, in denen sie viele Male als Tänzerin, viele Inkarnationen auch als Tempeltänzerin, gelebt hatte. Sie empfand Freude am Tanzen, aber zugleich auch einen gewissen Widerstand, denn durch die Wahl solcher Leben mußte sie auch Schmerz erleben, weil sie sich voll und ganz dem Tanz verschrieben hatte, aber auf dem persönlichen Sektor auf vieles verzichten mußte. Das Tanzen hatte sie in diesem Leben immer etwas beiseitegeschoben. Diese neuen Erkenntnisse faszinierten sie sehr. Sie merkte, daß sie auf ein ganz zentrales Thema in ihrem Leben gestoßen war.

Eine Kollegin von ihr machte mit der gleichen Essenz eine gänzlich andere Erfahrung. Bei einem Spaziergang, auf dem sie einen Weg oberhalb ihres Dorfes wählte, schaute sie sinnend auf die Häuser ihres Dorfes herab. Die Häuser strahlten eine gewisse Geborgenheit aus und plötzlich wußte sie: Eigentlich wollte sie auch in einem solchen Häuschen wohnen, und zwar mit einem Lebenspartner und mit Kindern! Diese Erkenntnis galt für sie als bahnbrechend, denn bis jetzt hatte sie als Einzelgängerin gelebt. Aber nun war plötzlich dieser tiefe Wunsch an die Oberfläche getreten. Interessant für sie war noch eine weitere Erkenntnis: Sie hatte bis jetzt immer anderen Mitmenschen geholfen, zu einer guten Partnerschaft zu finden, denn sie konnte in Beziehungs- und Partnerproblemen sehr gut raten. Für sich selbst hatte sie ihr großes Talent aber noch nicht umgesetzt.

Die Energien der Meisteressenzen schwingen höher. Sie heben uns auf eine neue Ebene empor. Mit ihren Energien werden wir innerlich ein Stück größer und erwachsener. Weisheit senkt sich über uns herab. Wir können von höherer Warte aus erkennen, worum es nun geht, denn wir sind auch unserer Führung sehr nahe.

Wenn wir in die Fußstapfen der Meister, die uns helfen, treten wollen, erfordert das von uns Demut. Denn wahres Herrschen ist Dienen. Taten, in denen göttliche Energien mit im Spiele sind, sollten mit Demut und Hingabe vollbracht werden. Die geistige Führung lehrt uns auch die Spielregeln des absichtslosen Tuns und des Geschehenlassens. Wir lernen, auf unsere inneren Impulse zu achten und nur etwas zu tun, wenn wir es von innen heraus als Impuls verspüren. Wir lernen, aus einer höheren Ebene unseres Seins heraus zu handeln. Die Arbeit zusammen mit der geistigen Führung erfüllt uns mit Ehrfurcht. Wir können spüren, daß diese Wesen Bescheid wissen über den göttlichen Plan. Und wir können beobachten, wie durch die Arbeit mit ihnen etwas Großartiges entsteht. In uns ertönt ein inneres Jubilieren. Es macht uns glücklich, mit den göttlichen Kräften fließen zu können.

Während dieses Fließenlassens können wir unsere Person auf die Seite stellen. Wir führen über unser Potential etwas aus und stellen fest, daß die Arbeit zwar durch uns geschieht, wir sie aber eigentlich nicht tun. Es geschieht, indem wir unsere Kräfte fließen lassen über die Kräfte der geistigen Führung, die dabei ist und von ihrer Seite her Unterstützung leistet. Über ein solches Erleben wird der göttliche Teil in uns gestärkt.

Wenn wir mit dem Göttlichen fließen, sind wir verbunden mit dem Kollektivbewußtsein, in dem Wahrheit, Weisheit, Kraft, Liebe und Licht herrschen. Das beglückt uns und macht uns selig. Über die Meisteressenzen erkennen wir, daß wir mehr sind, als wir gedacht haben zu sein. Wir werden reifer und erwachsener, denn es wird uns mehr Verantwortung übertragen. Die himmlischen Chöre singen mit, wenn wir eins sind mit der göttlichen Kraft, eins sind mit dem göttlichen Plan und uns voller Vertrauen diesem Weg hingeben.

Wahrlich, wahrlich, es geschehe! Wahrlich, wahrlich, es geschehe!

Bereits in früheren Inkarnationen haben wir dem Göttlichen gedient und ein Stück von Gottes Plan auf diese Erde gebracht. So werden wir nun erneut in Situationen hineingeführt, in denen wir zeigen können, welche Stärken und Kräfte wir besitzen. Wir geben unseren Kanal frei für die göttliche Kraft, die durch uns fließt und die aus der Ebene des reinen, weißen Lichtes und der göttlichen Liebe stammt. Mit diesem Tun tragen wir zur Vergrößerung des Lichts bei.

Erinnern wir uns doch einmal, wie kleine Kinder sind. Sie beziehen ihre Kraft aus ihrem Innern und leben aus diesem heraus. Sie offenbaren sich über ihr Tun und ihren Ausdruck. Das Kind läßt seine Energie frei fließen. Mit seinem absichtslosen Tun strahlt es etwas sehr Reines und Göttliches aus. Während es sich so realisiert, hat es einen glücklichen Ausdruck im Gesicht und seine Augen strahlen. Noch kontrolliert es sich nicht und bewertet auch sein Tun noch nicht. Dem Kind ist es egal, zu welchen Resultaten sein Tun führen wird. Sein Handeln ist noch absichtslos. Es fließt mit seiner Energie, die im Moment da ist, und probiert, sie umzusetzen.

Genau mit dieser Ebene, die wir meistens schon längere Zeit verlassen haben, werden wir nun erneut verbunden. Dadurch können wir aus einer intakten, reinen Ebene heraus handeln. Es gibt viele Gründe, warum wir uns von dieser Ebene abgetrennt haben. Die Abspaltung von ihr ist meist schon in unserer Kinderzeit passiert. Vielleicht wurden wir in unserem Tun nicht verstanden oder kritisiert oder sogar ausgelacht. Aus Unsicherheit haben wir dann begonnen, uns anderen Mitmenschen anzupassen und deren Werte und Ziele zu unseren eigenen zu machen. Dadurch haben wir uns von unserer ursprünglichen Natur abgewendet. Die Meisteressenzen verbinden uns wieder mit unseren Stärken, auch mit denen, die vielleicht vom "Normalen" abweichen. Aus der Tiefe und Reinheit dieser Ebene heraus können wir wieder so sein, wie wir einst waren.

Wenn wir Kinder fragen, was sie im Leben einmal werden wollen, ob sie heiraten oder Kinder haben möchten usw., geben sie uns erstaunliche Auskünfte, denn sie kennen ihren Plan noch. Während sie uns ihre Wahrheit offenbaren, strahlen ihre Augen, denn sie offenbaren uns etwas Heiliges. Fragen wir sie dann, warum sie ihr Leben genauso haben möchten, können sie uns darauf keine Antwort geben. Sie sind mit einer Frage, die wir aus dem Mentalen heraus gestellt haben, überfordert, denn sie geben ihre Wahrheit aus dem Herzen preis. Alles, was aus dem Herzen kommt, ist absichtslos, ist einfach. Es ist so, einfach weil es so ist. Jede Aufgabe und jeder Auftrag ist ohne Wertung anzusehen und gleichwertig mit einem anderen, egal was es immer sein möge. Wenn alle Aufgaben ausgeführt sind, ergeben sie zusammen ein Ganzes und dies ist das Wichtige daran, denn so kommt Gottes Plan zur Erfüllung.

Als kleineres Kind sind wir noch sehr mit uns und unseren Potentialen verbunden. Die einzige Gefahr in der Kindheit besteht, wenn uns eine belastende Erziehung widerfährt. Das bringt uns aus der Kraft und verformt uns. Auch in jungen Jahren sind wir immer noch ein tolles Versprechen uns gegenüber und dem Leben, denn wir leben noch für unsere Ideale und wollen diese unbedingt umsetzen. Ab zwanzig jedoch beginnt uns langsam aber sicher das Leben einzuholen. Plötzlich gestaltet es sich anders, als wir es uns vorgestellt haben. Wir *versinken* in Situationen, mit denen wir nicht gerechnet haben. Unsere Seele hat solche Reinigungs- und Läuterungsarbeiten geplant. Das ist der Grund, warum wir auch in Schwierigkeiten hinein geführt werden - um altes Karma und alte Belastungen endgültig aufzulösen. Gut möglich, daß unsere Ideale dann in gewisser Weise immer weiter von uns wegschwimmen und wir nicht verstehen können, warum alles so gekommen ist.

Nach dieser Umwandlungszeit, die meistens etwas länger dauert, bekommen wir dann erneut die Chance, unsere Ideale einzulösen. Über die abgeschlossenen Transformationsprozesse stehen wir nun geläutert da und sind befreit von vielem, altem Ballast. So können wir wieder zu unserem ursprünglichen Wesen zurückfinden, sind aber in der Zwischenzeit viel bewußter geworden. Jetzt ist die Zeit da, uns den wichtigen Idealen zuzuwenden, die wir in uns tragen, um diese mit Hilfe unserer Potentiale umzusetzen. In diesem Stadium haben wir uns von der Vergangenheit befreit und können nun die Zukunft gestalten. Diese Zukunft ist immer an einen höheren Sinn gekoppelt. Wenn tiefe Ideale umgesetzt werden sollen, dann sind wir reif für die Meisterebene.

Im Zusammenhang mit den Meisteressenzen ist es wichtig zu wissen, daß der Weg der *La Sylphide*-Essenzen als ein moderner Adeptenweg anzusehen ist. Früher hat man sich als Adept oder als Lichtschüler, wie man ihn heute nennen würde, in die Hände eines erfahrenen Meisters begeben. Dieser Meister hat ihn dann geschult und ihm sein Lehrerwissen weitergegeben. Der Lehrer war es auch, der den Schüler nach gewissen Zeitabständen in Prüfungssituationen hineingeschickt hat, um ihn, wenn er sie bestanden hat, auf einer höheren Einweihungsstufe weiter zu führen. Heute ist der Weg des Lichtes freier geworden. Dieses heutige, moderne Adeptentum ist mit mehr Eigenverantwortung verbunden, denn heutzutage haben wir vielerlei Möglichkeiten, am Leben zu wachsen. Die Spiritualität hat viel mehr Einzug in unseren Alltag gefunden. Esoterik, was "verborgenes Wissen" heißt, ist zur "Exoterik" geworden – also der Allgemeinheit zugänglich. Um so mehr sind wir nun aufgefordert, auf unser eigenes Gespür und auf unsere innere Stimme zu gehen, um zu erkennen, wo bei den vielen Aspekten unser Weg liegt. Selbsterkenntnis und gute Einschätzung unseres Wesens kommen uns da sehr zu Hilfe.

Ob die Einnahme einer Meisteressenz angesagt ist, soll gut geprüft werden. Wichtig ist, daß wir uns mit dem Thema der jeweiligen Essenz genügend befaßt haben und unsere Seele jetzt bereit ist, eine Prüfungssituation anzunehmen. Wir sollten uns auf der Schwingungsebene zwischen 4 und 8 (siehe Schwingungsskala auf Seite 309) befinden, damit die Meisteressenz richtig greifen kann. Stimmt die Schwingung der Meisteressenz nicht mit der unsrigen überein, geschieht nichts. Dann wirkt sie wie Wasser. Stimmen die Ebenen, dann werden wir große Schritte tun und die Essenz wird uns in noch tiefere Prozesse hineinführen.

Die Essenzen von *La Sylphide* führen Stufe um Stufe ins Licht. Jede Stufe Essenzen trägt ihre eigenen Informationen in sich. Alle Stufen sind aufeinander abgestimmt. Die Meisteressenzen sind ein weiterer Schritt nach den Sternenessenzen und den Lichtenergie-Essenzen und auf deren Informationen aufgebaut. Läßt man diese Stufen aus und will gleich bei einer Meisteressenz einsteigen, kann diese nie so gründlich und vielfältig wirken, als wenn man vorher die Essenzen der unteren Stufen eingenommen hätte. Selbst wenn man sich schwingungsmäßig bereits zwischen Stufe 4 und 8 befindet, sollte man vorrangig einige Essenzen der darunterliegenden Stufen einnehmen. Die Erfahrung hat gezeigt, daß die Meisteressenzen mit ihren goldenen Etiketten aus der üblichen Essenzenlinie heraus leuchten und die Menschen faszinieren und der Name *Meisteressenzen* sogar Begeisterung auslöst. Denn wer will nicht letztendlich Meister über sein Leben werden und Ganzheit erlangen? Trotzdem sollten die unter den Meisteressenzen befindlichen Stufen der Essenzen nicht übersprungen werden. Die Meisteressenzen können zu einer Egofalle werden, in die wir aber nicht hineinfallen müssen.

Auch die Meisterin LADY NADA hat es als wichtig erach-

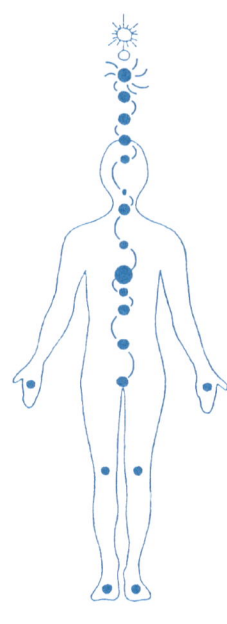

tet, zu den Meisteressenzen noch etwas zu sagen:
"Bitte, teile deinen Mitmenschen mit, daß es hier nicht darum geht, sich mit Meisteressenzen zuzuschütten, sondern es auf eine ausgewogene Arbeit mit den Essenzen ankommt, und zwar mit allen Essenzen. Meisteressenz heißt nicht, daß sie besser als die andern ist, sie hat nur eine andere Wirkungsweise. Und es ist wichtig, das deinen Mitmenschen klarzumachen".

Es ist ganz sicher so, daß die für uns im Moment richtige Schwingung heilt. Diese hat die größte Wirkungskraft und bringt unserem Entwicklungsprozeß die größte Unterstützung.

* * * * *

Meisteressenz LIEBE
Schwingungsstufe: 4 – 5, die höhere Oktave von *RIX* und *SIM*

Das Thema Liebe beschäftigt jeden Menschen auf dieser Erde. Jeder Mensch braucht Liebe – so notwendig wie Wasser. Mit dem Thema Liebe sind aber viele komplexe Themen verknüpft, die es aufzuarbeiten gilt, bevor unsere Liebe wieder voll fließen kann.

Die Liebe, die auf dieser Meisterebene angestrebt wird, ist die reine Liebe. Also eine Liebe ohne Absicht, eine Liebe ohne Erwartung oder Forderung. Die reine Strahlkraft der Liebe ist hier gemeint. Es geht darum zu lernen, Liebe fließen zu lassen, einfach weil sie da ist, weil wir sie in uns verspüren. Es geht hier auch um die Lektion, der Liebe zu vertrauen und ihr treu zu bleiben, auch wenn wir mit ihr an gewisse innere Grenzen stoßen und sie nicht das bringt, was wir uns von ihr versprochen haben. Hier ist es wichtig, die Liebe über alles andere zu stellen und sie als das größte Bindeglied zwischen zwei Menschen zu respektieren. Wenn wir beginnen, solch eine Haltung an den Tag zu legen, ist es gut möglich, daß unser Mentalkörper oder unser Emotionalkörper zu rotieren beginnt und Signale von Zweifel, Kritik und Ängsten ausstrahlt. Dann sind wir neu herausgefordert, zu entscheiden, welcher Ebene von uns wir mehr vertrauen wollen. Liebe ist. Liebe ist einfach, ohne Wertung oder ohne Grund. Sie ist.

Ewiger Fluß der Liebe, ich fließe mit dir.

Diese Essenz lehrt, Liebe zuzulassen und anzunehmen. Dabei lernen wir, zwischen echter und gespielter Liebe zu unterscheiden. Liebe ist überall, und man kann sie überall, auch bis ins kleinste Tagesgeschehen, mit einfließen lassen. Bei jedem Austausch von Liebe zwischen Menschen, beim Geben und Nehmen von Liebe, tanzen die Engel um uns mit, denn sie wissen genau: Liebe ist die Quelle, die alles Leben verbindet.

Wir lernen, in Demut und trotzdem mit Mut zur Liebe zu stehen. Es ist wichtig zu wissen, daß Liebe der Gegenpol von Angst darstellt. Gehen wir in die Liebe, schmilzt die Angst. Liebe ist die größte Kraft im Universum. Wenn wir uns von der Liebe begleiten lassen, wachsen wir in eine größere Präsenz hinein. Indem wir Liebe zulassen, sind wir von einer guten Schwingung umgeben, und wir werden merken, daß Liebe auch schützend wirkt.

Die Essenz *LIEBE* wird aufzeigen, wieviel wir über das Thema der zweiten Toröffnung, der bedingungslosen und selbstlosen Liebe, bereits gelernt haben. Aber auch, wieviel wir dem Fluß der Liebe vertrauen und wie weit wir uns ihm hingeben können

AFFIRMATION
Ich bin die Liebe Gottes, Gottes Liebe wirkt durch mich.
Liebe sei, Liebe sei, Liebe sei!

* * * * *

Meisteressenz SCHÖPFERKRAFT
Schwingungsstufe: 4 - 5, die höhere Oktave von *UPY* und *YPS*

Handelnde Hände, die im Sinne Gottes etwas tun, sind von geistiger Seite sehr gefragt, denn Gottes Plan soll ausgeführt werden! Bei dieser Essenz werden wir geschult, spontan aus einem innerem Impuls heraus zu handeln - aus einer innerer Gewißheit heraus, ohne lange zu überlegen, ob es richtig ist, was wir tun, oder auch, warum wir es tun. Der göttlichen Anteil in uns wird plötzlich aufgefordert, etwas zu tun. Wir tun es dann, ohne Absicht und auch ohne Zensur. So werden wir zu Gottes handelnder Tätigkeit, um an Gottes Plan mitzuwirken. Dieses Tun entspringt einer Ebene der Reinheit und Klarheit. Plötzlich ist der Impuls da, und wir gehorchen ihm. Unsere Hände werden mit unserem Herzen verbunden. Wir spüren Kraft und Stärke. Wir sind bereit, uns aktiv und tatkräftig für das Göttliche einzusetzen. In Demut tun wir es, obwohl wir merken, wie wirkungsvoll solch ein Handeln ist. Plötzlich haben wir Lust, aktiv zu werden und Großes zu vollbringen. Denn wir wissen, unsere Hände sind

Gottes Hände, unser Herz ist Gottes Herz, und unser Wissen ist zugleich Gottes Wissen. Nicht unser Wille, sondern Gottes Wille geschehe. Der eigene Wille wird mit dem Göttlichen Willen verbunden und ihm unterstellt. Viele Engel begleiten uns singend während solch eines Tuns.

AFFIRMATION
Ich bin die Schöpferkraft Gottes, Gottes Schöpferkraft wirkt durch mich.
Es sei, es sei, es sei!

* * * * *

Meisteressenz KREATIVITÄT
Schwingungsstufe: 4 - 5, die höhere Oktave von *TUX* und TIS

Mit Kreativität geht auch Freude einher. Zusammen sind sie ein gutes Gespann. Ein Anflug von Kreativität kann uns plötzlich, aus heiterem Himmel, erfassen. In einem solchen Moment sind wir herausgefordert, die Idee, die sich meldet, festzuhalten, oder sie gleich umzusetzen. Viele alte Verhaltensmuster können uns da noch im Weg stehen, wie zum Beispiel folgendes Denken: Ich kann jetzt nicht alles stehen und liegen lassen, denn ich stehe mitten in einer anderen Arbeit. Oder wenn wir in Gesellschaft mit anderen Menschen sind, getrauen wir uns nicht, Papier und Stift hervorzuholen, um die Inspiration festzuhalten. Aber genau das wäre in diesem Fall das Richtige. Die Inspiration festhalten, solange sie noch da ist. Denn so schnell wie die Inspiration gekommen ist, so schnell ist sie auch wieder weg.

Was bedeutet Kreativität überhaupt? Für jeden etwas anderes. Sie drückt sich nach der Art und Ausrichtung des Menschen aus. Bei dieser Essenz geht es darum, daß wir eine Idee oder einen Impuls umsetzen, ihn Gestalt werden lassen. Wenn wir unser Inneres ausdrücken, erleben wir gleichzeitig unsere Erfüllung damit, weil es uns glücklich macht, unsere Talente einzusetzen. Mit unserem Ausdruck bereichern wir die Welt, durch die Realisierung unseres Selbst. Jeder Mensch trägt tiefe Sehnsüchte in sich und er weiß auch, daß es wichtig für ihn ist, diese Wünsche erfüllt zu bekommen. Diese Sehnsucht umzusetzen, das ist jetzt gefragt, aber auch die Lust, etwas umsetzen zu wollen. Diese tiefen Sehnsüchte gehen mit unserem Lebensplan und dem göttlichen Plan einher. So ist es für das große Ganze wichtig, daß wir unser Selbst einlösen. Es gilt, die innere Vision umzusetzen. Es kann so geschehen, daß wir uns plötzlich von innen heraus gedrängt fühlen, irgend etwas zu tun. Wir haben plötzlich Lust dazu. Wenn diese Energie da ist, lädt sie uns ein, mit ihr zu fließen. Es gibt Zeiten, in denen diese Energie da ist, und Zeiten, in denen sie nicht da ist. Kreative Künstler kennen diese Art von Ebbe und Flut in ihrem Wirken. Es ist ratsam, erst wieder etwas zu tun, wenn der Fluß der Kreativität uns von Neuem erfaßt, denn dann sind wir verbunden mit etwas Größerem, und es fließt von selbst. Große Dinge können so mit Leichtigkeit entstehen. Die Essenz KREATIVITÄT vermittelt uns viel Freude und Leichtigkeit. Und die Engel helfen ganz gehörig mit und sind voller Jubel, wenn sie feststellen, daß Langerhofftes nun Gestalt annimmt.

AFFIRMATION
Ich bin die kreative Kraft Gottes. Gottes Kreativität wirkt durch mich.
Es geschehe, es geschehe, es geschehe!

Meisteressenz WAHRNEHMUNG
Schwingungsstufe: 5 – 6, die höhere Oktave von *UVQURTA* und *URKA-QUSA*

Wenn wir unsere Sinne öffnen, können wir viel mehr wahrnehmen. Mit den Sinnen nehmen wir etwas auf, mit ihnen können wir in etwas hineinspüren. Eine gute Wahrnehmung ist wichtig für unseren Weg ins Licht. Wenn wir unsere Wahrnehmung entwikkeln, brauchen wir nicht mehr zu anderen Menschen zu gehen, die für uns wahrnehmen. Wir erspüren es dann selbst. Mit einer erhöhten Wahrnehmung wird es einfacher zu erkennen, was der göttlichen Ordnung entspricht und was nicht. Wenn wir durch diese Essenz vermehrt in die Wahrnehmung gehen, ist diese vor allem auf das Göttliche gerichtet. Wir suchen Antworten für den göttlichen Plan. Mit dieser Essenz erleben wir eine erhöhte Offenheit, Aufmerksamkeit, Wachheit und Verbundenheit. Wir entwickeln feine, geistige Antennen, mit denen wir bis jetzt noch nicht Erkanntes wahrnehmen können. Diese neue Fähigkeit stellen wir auch Antwortsuchenden zur Verfügung. Mit der Essenz *WAHRNEHMUNG* stoßen wir auf neues Wissen und auf neue Zusammenhänge. Wir werden eine Bewußtseinserweiterung erleben.

Wenn wir anderen Menschen helfen und sie beraten, sind wir ein hilfreiches, göttliches Werkzeug, das Informationen und Wissen von höherer Ebene bezieht und dieses als Hilfe und Dienstleistung an andere weitergibt. Über unseren geistigen Kanal können plötzlich Informationen von geistiger Seite her kommen, die verwendet werden sollen. Wir können viele Dinge spüren und fühlen, zu denen andere noch keinen Zugang haben. Also werden wir für die geistige Welt wichtig. Es mag aber auch Zeiten geben, in denen wir keine Informationen bekommen. Dann steigt in uns die Frage auf, ob wir überhaupt medial sind, oder ob wir es uns nur eingebildet haben, medial zu sein. In so einem Fall braucht es Vertrauen.

Es braucht immer Vertrauen, wenn wir mit göttlichen Kräften arbeiten. Plötzlich wird etwas durchgegeben, und dann ist wieder nur Pause. Es braucht Demut, etwas zu tun, weil die göttliche Seite es will. Es erfordert aber auch Demut, den Moment der Leere, des Nichts, zuzulassen und trotzdem weiter unserer Führung und Medialität zu vertrauen. Schöpfung geschieht nicht dauernd, nur dann, wenn sie gebraucht wird. Während wir medial arbeiten, tanzen die Engel um uns herum und erfreuen sich an der Kommunikation mit der geistigen Welt und an der daraus entstehenden, neuen Klarheit bei uns.

AFFIRMATION
Ich bin die Wahrnehmung Gottes. Gottes Stimme wirkt durch mich. Es geschehe, es geschehe, es geschehe!

* * * * *

Meisteressenz GANZHEIT
Schwingungsstufe: 5 – 6, die höhere Oktave von PUTULAS und *PLEJADEN*

Mit dieser Meisteressenz erleben wir einen starken, inneren Prozeß. Mit dem Thema Ganzheit sind wir herausgefordert, alle Teile von uns zusammenzubringen. Wir werden zu einem Gesamtbild, das wir ausstrahlen und darstellen. Jeder Teil von uns wird gebraucht. Jeder Teil von uns ist, symbolisch gesehen, wie der Ton einer Musikleiter. Wenn wir diese Töne aneinanderreihen, ergeben sie zusammen eine Melodie. Jeder Teil gehört zu einem nächsten und ergänzt diesen. Alle diese Teile geben sich nun die Hände und verbinden sich. Unser ganzes Wesen wird erfaßt und bildet eine Einheit. Ganzwerdung bedeutet zugleich eine Abrundung unseres Selbst.

Die Herausforderung während des Prozesses mit der Essenz GANZHEIT besteht sicherlich darin, daß alle Potentiale von uns zum Zuge kommen können. Sie beleuchtet genau, wo wir noch nicht ganz sind und welche Potentiale von uns bis jetzt noch stiefmütterlich behandelt wurden. Diesen wird nun mehr Aufmerksamkeit geschenkt, denn auch sie sollen den ihnen gebührenden Platz einnehmen können. Ganz werden heißt auch heil werden. Werden wir ganz, erzeugen wir eine Schwingung von Ganzheit und können diese über unser Herz in die Welt hinaus tragen. Durch unsere neu gewonnene Integrität können wir in noch größerem Rahmen dem Göttlichen dienen. Wenn wir alle Potentiale in uns bejahen und sie einsetzen, entsteht etwas sehr Kraftvolles. Durch unsere Integrität wirken wir wie eine Symphonie, welche die Welt beglückt. Viele Engel werden mittanzen, wann immer diese Musik ertönt.

AFFIRMATION
Ich bin die Ganzheit Gottes, Gottes Ganzheit zeigt sich durch mich.
Es sei, es sei, es sei!

* * * * *

Meisteressenz VOLLKOMMENHEIT
Schwingungsstufe: 7 – 8, höhere Oktave von *SU-SU*

Das Thema Vollkommenheit ist eine Fortsetzungsarbeit zum Thema Ganzheit. Bei dem Prozeß der Ganzheit sind die verschiedenen Anteile unserer Persönlichkeit zusammengefügt worden und haben sich miteinander verbunden. Bei der Essenz *VOLLKOMMENHEIT* geht es nun darum, daß jeder Teil den Platz einnimmt, der ihm von kosmischer Sicht her zugemessen ist. So kommt alles in uns zu einer höheren Ordnung und in eine absolute Harmonie. Wir kommen zu einer kompletten Abrundung, denn es gibt in uns kein Zuviel und kein Zuwenig mehr. Jedem Teil von uns wird der letzte Schliff gegeben. Alle Teile von uns verschmelzen zu einer Einheit. Wir fühlen uns eins, ganz und gar verbunden mit dem Kosmos. Wir stehen da, in einer absoluten Ausgewogenheit, in Harmonie und im Einklang.

Natürlich können wir während des Prozesses mit der Essenz *VOLLKOMMENHEIT* ganz deutlich spüren, wo wir noch nicht vollkommen sind. Glasklar können wir es nun sehen. Wir beginnen zu verstehen, was Vollkommenheit bedeutet. Schon der Name sagt es: Alles ist *voll gekommen*.

Das Ziel dieses Prozesses ist, diese Information in alle Teile von uns zu bringen, damit wir mehr und mehr in göttlichem Einklang schwingen können. Dann werden wir voll aufgefüllt mit kosmischer Energie. Unsere Potentiale sind durch unsere intensive Vorarbeit hervorgeholt worden. Nun können wir sie voll einsetzen. Wir fühlen uns eins mit uns, eins mit der Welt und eins mit dem Universum. Ein immenser Frieden breitet sich in uns aus. Es ist vollbracht!

Wenn wir ein Vollkommenheitsgefühl in uns entwickeln können, werden wir gleichzeitig die Schwingung der Vollkommenheit in die Welt bringen. Alles, was makellos und rein ist, ist vollkommen. Alles, was vollkommen ist, ist von göttlicher Natur. Das Ziel unserer Inkarnationen ist es, das Göttliche auf die Erde zu bringen. Wir werden es durch uns gebären, indem wir göttlich werden. Viele wunderschöne Engel werden uns umringen und mit uns das Werk Gottes, das nun auf die Erde kommt, bestaunen.

ANMERKUNG

Diese Essenz wird nur sehr selten gebraucht. Sie schwingt von den Meisteressenzen am höchsten. Zusätzlich zu dieser Einnahme sollte ein Schutz, wie zum Beispiel in Form eines Aurasprays, verwendet werden.

AFFIRMATION

Ich bin die Vollkommenheit Gottes, Gottes Vollkommenheit offenbart sich durch mich.
Es sei, es sei, es sei!

* * * * *

Meisteressenz ICH BIN
Schwingungsstufe: 6 – 7, die höhere Oktave von *TUPA*

Bei der Essenz *ICH BIN* geht es um die Gesamtsumme aller unserer Potentiale. Diese Potentiale ergeben im Zusammenspiel miteinander unsere ICH BIN-Kraft. Diese Kraft soll für Gottes Zwecke eingesetzt werden. Mit der ganzen Größe unseres ICH BIN-Bewußtseins kann die Größe von Gottes ICH BIN-Kraft zum Ausdruck kommen. Denn Gottes Kraft wirkt durch uns.

Die Essenz fordert heraus, unsere ganze Größe zu zeigen, und uns auch zu getrauen, unsere ganze Kraft in vollem Einklang mit der göttlichen Kraft zu leben. Ein solcher Ausdruck kann gewaltig sein.

Unser göttliches Bewußtsein ICH BIN ist verbunden mit der großen ICH BIN-Kraft Gottes. Unser göttlicher Teil arbeitet mit der großen, göttlichen Kraft. Wir wirken aus dem Sein heraus.

Mit der Essenz *ICH BIN* sind wir extrem herausgefordert, uns in voller Kraft zu zeigen.

Sobald wir in unserer vollen Kraft und im Besitze unserer ganzen Potentiale sind, haben wir in uns die ICH BIN-Kraft angesammelt. Diese Kraft in uns ist göttlicher Natur. Diese göttliche Kraft sucht die Göttlichkeit, sucht die Ewigkeit und will sich mit göttlichen Kräften, auch hier auf Erden, verbinden.

Nehmen wir diese Essenz ein, werden wir ganz genau merken, wo wir uns noch nicht getrauen, zu unserer vollen Kraft zu stehen. Wir werden in Situationen hineinversetzt, in denen wir herausgefordert werden, diese volle Kraft zu leben. Unsere Potentiale, die wir hervorgeholt und gereinigt haben und die wir nun einsetzen, sind der Beitrag zum Göttlichen. Zugleich bedeutet der Einsatz unserer Potentiale unsere wahre Erfüllung. In voller Demut stellen wir unsere Kraft dem Göttlichen zur Verfügung. Wenn Gottes Wille durch uns, über unsere Potentiale, wirken kann, hat er einen Helfer mehr gefunden. Wir verstärken dadurch Gottes Kraft und sein Plan kann noch besser verwirklicht werden. Natürlich begleiten uns auch da viele Engel und lauschen der göttlichen ICH BIN-Kraft, die sich über uns in der Welt ausdrückt

AFFIRMATION
Ich bin die ICH BIN-Kraft Gottes, das göttliche ICH BIN manifestiert sich durch mich.
Es sei, es sei, es sei!
EINNAHME: Täglich ein bis zwei Tropfen, sieben Wochen lang

MEDITATION
Ich spüre meine Fußchakren. Sie öffnen sich. Viel Energie fließt durch sie in die Erde hinein. Ich fühle mich mit der Erde verbunden. Meine geöffneten Fußchakren beginnen zu rotieren.

Mit meinem Bewußtsein gehe ich nun weiter den Körper hinauf zu meinen Kniechakren. Auch sie öffnen sich. Nun lenke ich mein Bewußtsein zu meinen Handchakren. Auch sie öffnen sich. Energie fließt durch sie hindurch und ich spüre, wie auch sie rotieren. Nun richtet sich mein Bewußtsein auf mein Basischakra. Es öffnet sich. Die Energie fließt von ihm weiter hinauf zu meinem Sakralchakra und zu meinem Solarplexuschakra. Beide Chakren öffnen sich. Die Energie fließt weiter den Weg der Chakrabahn hinauf zum Milzchakra und zum Herzchakra. Auch diese beiden Chakren öffnen sich. Mein Herz wird ganz weit. Es bildet ein Zentrum, aus dem heraus ich tief von meinem Inneren aus sehen und kommunizieren kann. Ich strahle Liebe und Frieden aus. Die Energie fließt weiter zu meinem Thymuschakra und weiter zu meinem Halschakra. Auch diese werden geöffnet. Hinten im Nacken spüre ich mein Chakra "Brunnen der Träume". Auch dieses Chakra öffnet sich nun. Die Energie fließt weiter zu meinem Chakra Drittes Auge und zu meinem Kronenchakra. Auch diese beiden Chakren öffnen sich. Jetzt nehme ich das achte Chakra, das erste Chakra außerhalb meines Kopfes, wahr. Ich verbinde mich mit ihm. Mit meinem Bewußtsein wandere ich weiter den Kanal hinauf zu meinem neunten und zehnten Chakra. Ich bin jetzt auch mit diesen beiden Chakren verbunden. Alle Chakren im Körper sind nun geöffnet, miteinander verbunden und drehen sich im Gleichklang.

Mit meinem Bewußtsein bin ich nun im zehnten Chakra angekommen. Dieses Chakra fühlt sich an wie eine große Sonne. Ich spüre, daß es ein Zentrum ist, über das ich mit vielen anderen Orten und Wesen verbunden bin. Von dort strahle ich aus und empfange. Über diese Zentrale kann mein Bewußtsein weit ins Universum hinein reisen und ebenso tief in meine alte Weisheit eintauchen. In diesem Chakra ist der Ort des goldenen Lichts. Dieses Licht strahlt nun über mich herab, schafft eine Verbindung zu meinem Herzchakra. Diese beiden Chakren, das zehnte und das Herz, sind ganz eng miteinander verbunden. Ich kann die Verbindung sehen. Über diese Verbindung kommt mein spirituelles Wissen neu ins Fließen.

Goldenes Licht strahlt vom zehnten Chakra über mein ganzes Wesen. Zugleich fließt es auch durch die oberen Chakren außerhalb meines Kopfes in mein Kronenchakra hinein. Von dort aus fließt es über die Chakrabahnen durch meinen ganzen Körper hindurch, füllt ihn auf und nährt ihn. Goldenes Licht durchdringt mein ganzes Sein.

Ich bemerke viele kleine Energiebahnen in meinem Körper, die nun alle mit diesem goldenen Licht aufgefüllt werden. Mein ganzes System, alle Chakren und auch die vier feinstofflichen Körper außerhalb meines physischen Körpers werden voll aufgefüllt. Das goldene Licht fließt durch die goldene Matrix, die in meinem System angelegt ist. Diese Matrix ist über das goldene Licht aktiviert worden. Ich spüre, daß diese Aktivierung gleichzeitig eine Umstrukturierung meines Wesens ermöglicht. Ich empfinde mich jetzt ganz und gar als ein kosmisches Wesen, voll verbunden mit mir, voll verbunden mit der Erde und voll verbunden mit dem Universum.

Jetzt kann ich sehen, wie goldenes Licht durch alle Netzbahnen dieser Matrix fließt. Ich fühle mich wie neugeboren und neu erwacht auf einer Ebene, die mich mit der Ewigkeit verbindet. Alle meine Zellen vibrieren. Auch sie werden erfaßt und aufgefüllt vom goldenen Licht.

Ich spüre, wie nun alles in mir verbunden ist und miteinander schwingt. Das goldene Licht hat mich völlig umfaßt und bindet mich neu zusammen. Ich erlebe mich in Ganzheit.

Mein Herz ist weit geöffnet und fühlt sich an wie eine goldene Sonne. Aus meinem Herzen heraus bin ich verbunden mit der ganzen Welt. Ich liebe die Welt, und ich will ihr dienen. Ich bin bereit, über mein Herz göttliche Kräfte fließen zu lassen. Ich lasse sie, zusammen mit Liebe, sich in die Welt ergießen. Alles, was ich tue, tue ich aus der Ebene meines Herzens heraus. Mein wahres Zentrum ist mein Herz. Dort bin ich zu Hause.

ICH BIN DAS LICHT.
ICH BIN DIE LIEBE.
ICH BIN GOTTES KRAFT IN TÄTIGKEIT.

Stufe um Stufe ins Licht

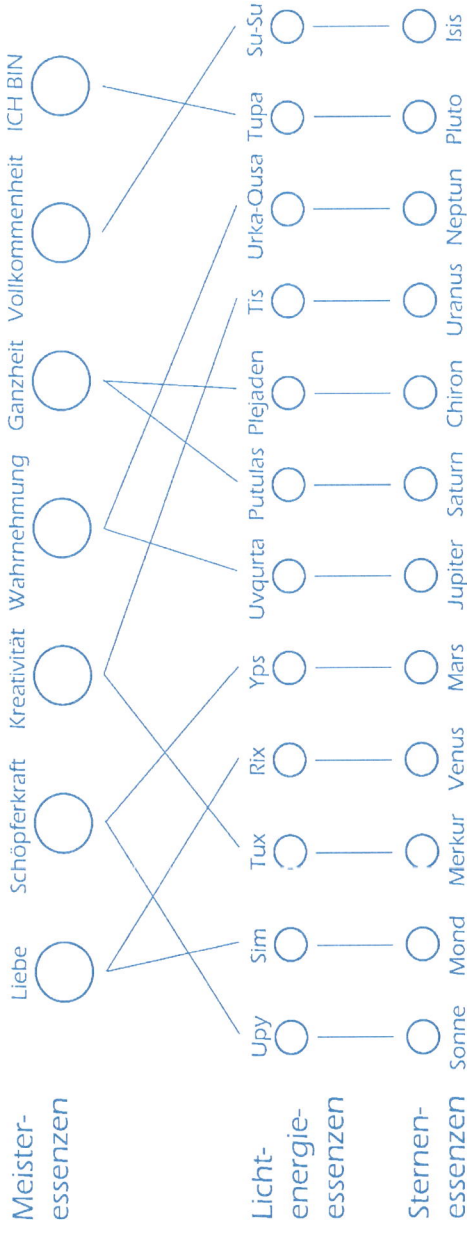

In dieser Zeichnung werden die verschiedenen Ebenen der La Sylphide-Essenzen aufgezeigt. Die zwölf untersten Kreise symbolisieren die Sternenessenzen, welche zugleich die zwölf Grundprinzipien des Kosmos darstellen. Die zwölf darüberstehenden Kreise zeigen die Licht-Energieessenzen auf, bei welchen diese zwölf Prinzipien höher und freier schwingen. Die obersten Kreise, welche die Meisteressenzen darstellen, drücken diese Prinzipien in sieben spirituell hochentwickelten Tugenden aus.

DRITTE TORÖFFNUNG

FRÜHJAHR BIS HERBST 1997

THEMA: WIR SIND ALLE EINS

DAS BEWUSSTSEIN WIRD GEBOREN:

WIR SIND VOLLER LEBEN, FREUDE UND LIEBE

UNTER DIESER TORÖFFNUNG ENTSTANDENE
ESSENZEN:

DRITTE TORÖFFNUNGSESSENZ
GEWÜRZ-ENERGIEESSENZEN

Zur Feier der dritten Toröffnung wurde uns eine Essenz geschenkt, mit der wir einen großen Sprung in die fünfte Dimension machen können:

DIE DRITTE TORÖFFNUNGSESSENZ

Diese Essenz wirkt wie ein Startschuß in eine neue Richtung. Diese neue Ebene, auf die wir geführt werden, beinhaltet mehr Freude, mehr Liebe, mehr Verbindung.

Sie lehrt uns, das Leben auf eine neue Art und Weise anzunehmen: Selbstverständlicher, vertrauensvoller, fließender.

Es spielt sicherlich eine wichtige Rolle, wie wir leben. Nehmen wir das Leben eher als ein Muß, als einen täglichen Kampf, oder nehmen wir jeden Tag mit Freude an, als ein Spiel? Alles ist eine Einstellungssache. Über unsere Einstellungen entscheiden wir selbst. Es spielt auch eine große Rolle, mit welchen Gedanken und Gefühlen wir eine Arbeit verrichten. Machen wir sie mit Freude und Liebe, dann geht eine Schwingung der Freude und Liebe um die Welt.

Diese Essenz hilft uns, vermehrt Vertrauen in den Kosmos zu setzen. Wir erinnern uns wieder an das Gefühl des Getragenseins und lernen, zuzulassen. Dadurch lassen wir das Leben wieder näher an uns heran, und es kann uns bereichern. Das bedeutet auch, daß wir wieder bereit sind, vermehrt Beziehungen einzugehen, allumfassender als bisher. Franz von Assisi hat uns vorgelebt, wie stark wir als Mensch mit allem in Verbindung sein können. Mit unseren Partnern, Haustieren, Pflanzen, der Natur überhaupt. Wir lernen, was Verbundenheit bedeutet.

Schicken wir unsere Energie vermehrt in den Beckenbereich, in unsere Tiefe, kommen wir auch dem Urvertrauen wieder näher. Diese Essenz bringt uns dorthin, aber auch in die oberen Zentren. Bauen wir diese aus, sind wir dem Kosmos näher. Diese

Essenz gleicht unser Energiefeld aus. Jeder, der durch dieses drittes Tor, mit dem Motto *Wir sind alle eins* hindurchgehen will, sollte diese Essenz einnehmen. Durch den Prozeß, den sie auslöst, verbinden wir uns tiefer mit uns selbst, steigen mehr in unseren Körper hinein und beginnen, ihn als den Tempel unserer Seele zu akzeptieren.

Über diese vermehrte Verbundenheit mit uns und mit allem, was ist, kann Heilung geschehen. Endlich sind wir dort angekommen, nachdem wir so lange gesucht haben. Frieden kehrt in uns ein.

EINNAHME: Täglich zwei Tropfen, acht bis zwölf Wochen lang

5. Die Gewürz-Energieessenzen
   Der Weg zum inneren Kind –
   Schwingungen der Freude und Liebe

Die Gewürz-Energiessenzen sind während der dritten Toröffnung 1997 entstanden. Sie enthalten neue kosmische Formeln und Energien und wirken vielfältig auf unser System, erfassen gleichzeitig verschiedene Ebenen.

Das Bemerkenswerte ist, daß sie stark in unserem Becken arbeiten. Die Zeit ist offenbar da, bei uns in die Tiefe zu gehen, um zu sehen, was in diesen Regionen schlummert. Dort liegt meist noch Unbearbeitetes und Verdrängtes. Aber dort ist auch unsere Kraft zu finden.

Durch die Arbeit dieser Essenzen an unserem Becken und unserer Basis wird neue Lebenskraft freigesetzt. Das ist auch körperlich zu spüren: Das Thema Sexualität wird aktiviert (natürlich nur bei Erwachsenen, bei Kindern schlummern diese Kräfte bis zur Pubertät). Die Sexualität bedeutet für uns eine große Kraftquelle, die wir nutzen sollten, denn aus ihr heraus erwachen noch mehr körperliche Kraft, Freude und größere Lebenslust. Verdrängte Probleme mit der Sexualität werden durch diese Essenzen ans Tageslicht gebracht und neu beleuchtet.

In unserem Bauch liegt vieles, das wir für ein ganzheitliches Leben brauchen. Da gehört auch der gesunde Instinkt dazu. Und aus dem Bauch heraus kommt eine kindliche Sorglosigkeit und Fröhlichkeit. Wenn wir uns auf den Pfaden der Spiritualität bewegen und Zugang zu den geistigen Ebenen erhalten, kann es passieren, daß wir das Leben hier auf der Erde gering schätzen, weil hier alles vergänglich ist. Die Gefahr ist, daß wir uns dann nicht mehr richtig auf dieses Erdenleben einlassen. Das Leben auf der Erde bietet uns aber viele Schätze an, die Genuß und Lebensfreude bringen. Viele Menschen trauen sich nicht, sich auf den Genuß einzulassen, aus Angst, dann nicht mehr davon loszukommen. Der Genuß ist aber da, um uns zu stärken, damit wir weiter des Weges ziehen können. Gönnen wir uns die schönen Dinge des Lebens nicht, wird es fade und farblos.

Die GEWÜRZ-ENERGIEESSENZEN wecken unsere Sinnlichkeit und die Freude an der Erdigkeit. Wir bekommen einen intensiveren Bezug zu unserer inneren Natur wie auch zu der Natur unserer geliebten Mutter Erde.

Im Wort *Gewürz* ist der Begriff *Wurzeln* enthalten. So stärken sie auch bei uns die Wurzeln. Diese sind, neben Erdung durch die Füße, auch im Bauch, Becken und in unserer Basis zu finden. In dieser Tiefe liegen unsere Urtümlichkeit, unsere Eigenart und unsere Einzigartigkeit. Gewürze haben kräftige Farben. Also bringen sie Farbe in unser Leben. Sie würzen es.

Und das gilt auch für diese Essenzen. Viel Ballast wird weggeworfen und es entsteht in uns neuer Raum. Wir kommen an unsere wahren Kraftquellen heran, lernen, sie vermehrt fließen zu lassen. Die eigene Natur bricht durch, wir lernen, ihr zu vertrauen und sie gewähren zu lassen.

Genauso intensiv arbeiten diese Essenzen in unseren oberen Bereichen. Jede dieser Essenzen arbeitet am Chakra *Brunnen der Träume*. So werden wir auf die neue Art des Lebens vorbereitet. Die Aktivierung dieses Chakras ist für die nächst höheren Chakren wichtig, die Zirbeldrüse und Hypophyse, die in unserem Kopf liegen und bis jetzt noch nicht aktiviert sind. Diese Chakren werden das neue Chakrasystem ausmachen, das zwölf Chakren beinhaltet (die transpersonalen Chakren sind hierbei nicht mit berücksichtigt).

Durch die Aktivierung im oberen Bereich unseres Systems machen sie uns bereit für die Kommunikation mit dem Kosmos. Ein neuer Boden wird für feine Antennen geschaffen, mit denen wir, wenn sie im Kopf ausgebaut sind, mühelos mit dem Kosmos kommunizieren können.

Ebenfalls arbeiten viele dieser Gewürz-Energieessenzen am neuen Chakra Milz.

Die Gewürz-Energieessenzen wirken vor allem am Rücken und stärken ihn ebenso wie die hinteren Chakraausgänge. So wird dieser Kanal im Rücken für die nun weltweit erwachende Kundalinikraft vorbereitet. Diese Essenzen sind somit eine wunderbare Ergänzung zu den Sternen- und Licht-Energieessenzen, die intensiv an unseren feinstofflichen Zentren im vorderen Bereich arbeiten. Beide Gattungen zusammen ergeben ein wertvolles Ganzes. Darum werden sie auch gerne zur Einnahme miteinander kombiniert.

Diese Energien reinigen auch die verschiedenen Schichten unserer Aura und stärken sie. Alle Körper, die feinstofflichen und der physische, werden miteinander verbunden. So entsteht ein größeres Ganzes, nach dem dritten Toröffnungs-Motto: *Wir sind alle eins.* Denn sie verbinden auf wunderbare Weise oben mit unten und zentrieren uns wieder im Körper.

Diese Essenzen schaffen vermehrt Verbindung mit allem, was ist. Eine erhöhte Verbindung zu unserer inneren Substanz, die unsere Einzigartigkeit ausmacht, zu unserem Körper, eine tiefere Beziehung zum Außen entsteht. Beziehungen werden wichtiger und bekommen neue Impulse. Die Kontakt- und Beziehungsfähigkeit nimmt zu. Sehr vieles kann nun auf diesem Gebiet geheilt werden. Liebevollere Beziehungen entstehen. Sie schließen auch unsere 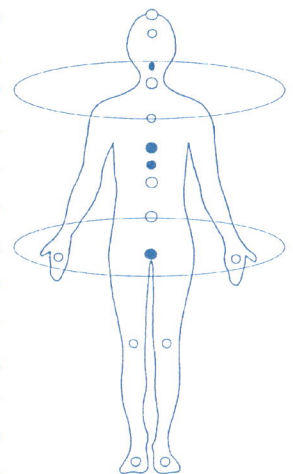 Haustiere und die Natur mit ein, denn wir begreifen: Alles ist eins.

Alle diese Essenzen öffnen unser Herz. Aus dem Bauch heraus kommt unsere Freude, aus dem Herzen heraus unsere Liebe. So können wir unser Leben vermehrt mit Freude und Liebe genießen, denn es ist ganz wesentlich, wie wir es anpacken. Es spielt auch eine Rolle, mit welchen Gedanken und Gefühlen wir eine Arbeit verrichten. Denken wir einmal über die Zubereitung eines Essens nach. Wenn das Essen mit Liebe gekocht wird, merken wir das, denn es wird uns köstlich munden. Wird es aber mißmutig zubereitet, mit negativen Gedanken und Gefühlen, sollten wir es lieber stehenlassen.

So geht es mit allem. Wenn es mit Liebe gemacht wird, strahlt es eine Schwingung der Liebe aus und wird zum Segen für die Welt. So können wir Liebe vervielfachen.

Diese Essenzen helfen uns auch sehr, das Unechte vom Echten zu unterscheiden und Unechtes stehen zu lassen. Wir gehen vermehrt mit dem Fluß des Lebens und vertrauen uns und unseren Wahrnehmungen. Wir spüren einfach, was Wahrheit ist, und das ist toll!

Viele von uns, die hier auf der Erde inkarniert sind, wissen um ihren geistigen Auftrag. Aber sie können sich vielleicht nicht genügend durchsetzen und ihren Auftrag realisieren, weil ihnen die Kraft und der Mut dazu fehlen. Es gilt aber, genau dieses zu finden. Die Gewürz-Essenzen helfen uns dabei. Sie geben uns die Kraft, uns von äußeren Normen, Vorgaben, Erwartungen zu lösen. Wir stehen zu uns, zu unserer Persönlichkeit, das heißt: Wir leben wahrhaftig.

Die Essenzen wecken in uns die Liebe zu uns selbst. Diese Eigenliebe ist das geeignete Sprungbrett, um unsere ureigene Natur besser anzunehmen. Können wir uns lieben, können wir auch die Welt lieben. Dann lieben wir auch Gott, was immer wir darunter verstehen.

Die Gewürz-Energieessenzen wirken auf drei verschiedenen Ebenen. Die ersten sieben Essenzen bilden die Basis, in der Grundsätzliches auf dem Weg zum inneren Kind gelernt wird. Die zweiten sieben Essenzen bilden schon eine fortgeschrittene Stufe. In der dritten Ebene hat man bereits Teile vom wahren Selbst gefunden.

"Werdet wieder wie die Kinder, und ihr werdet ins Himmelreich eintreten" hat Jesus gesagt. Diese Essenzen bereiten uns den Weg zu unserem inneren Kind, denn wenn wir das gefunden haben, dann sind wir wieder heil.

Wenn ein Kind auf die Welt kommt, bringt es bereits ein größeres Bewußtsein mit, und genau das strahlt es aus. Man kann spüren, daß es von einer anderen Welt kommt. Die Kinder wissen noch genau, was sie vom Leben wollen und erwarten. Wenn man sie fragt, was sie später einmal werden wollen, teilen sie uns das ganz feierlich mit, denn sie geben uns ihr Innerstes preis. Das Problem sind wir Erwachsene, die ihnen nicht glauben, obwohl sie uns unglaublich viel lehren könnten.

Die Gewürz-Energieessenzen sind daher besonders für Kinder geeignet, damit sie sie selbst bleiben können.

Die "neue" Erziehung, die spirituelle, läßt Kinder so sein wie sie sind und unterstützt ihre Fähigkeiten in allen Bereichen.

Unsere Kinder bringen Neues in die Welt – das, was wir Erwachsene noch nicht entwickelt haben. Sie sind in vielen Bereichen weiter als wir und wollen uns helfen. Wir aber wehren uns oft genug gegen das Neue, und damit auch gegen sie. Wir verstehen das Spiel nicht. Sie bringen uns die Energie, die es uns möglich macht, uns mit all dem Neuen auseinanderzusetzen. So aktivieren sie das Thema. Sie tragen die Zukunft in sich. Darum ist es wichtig, ihnen den nötigen Platz zu geben. damit sie sich entfalten können. Mit diesen Gewürz-Energieessenzen bekommen sie genügend Durchsetzungskraft, um sie selbst bleiben zu können, denn es sind schon viele, viele Sternenkinder geboren, die die Welt des neuen, des Goldenen Zeitalters, aufbauen werden. Sie tragen alle große Pläne in sich. Diese Essenzen wurden auch für diese Sternenkinder gegeben, denn sie sind wichtig für sie. Die Eltern, die sie sich sehr bewußt ausgewählt haben, können sie über diese Mittel unterstützen, damit sie den Übergang von der alten Welt in die neue besser bewältigen können und nicht unnötigerweise geschwächt werden. Sie helfen uns – und wir ihnen. Das entspricht der zukünftigen Lebensart, in der jeder jeden unterstützt und fördert.

Diese Essenzen stammen aus einer Palette von auserlesenen Gewürzen, die im östlichen Ajurveda eine wichtige Rolle spielen. Ajurveda ist eine Lehre, die den Menschen ganzheitlich erfaßt, bedeutet *langes Leben* und arbeitet mit den verschieden Elementen wie Erde, Feuer, Wasser, Luft, Äther, damit der Mensch ein langes, gesundes Leben führen kann.

Auf diesen fünf Elementen ist unser ganzer Kosmos aufgebaut. Ist ein zu großes Ungleichgewicht dieser Elemente in unserem Körper-System, bedeutet dies den besten Nährboden für eine Krankheit. Auf welches Element jede einzelne Essenz wirkt, ist auf der untenstehenden Elementetafel abzulesen.

Die Gewürz-Energieessenzen wurden auf die fünf Elemente ausgerichtet und wirken immer ausgleichend - führen negative Energien ab oder bringen neue, positive Energien, je nachdem, was wir brauchen.

Viele von uns merken in der heutigen Zeit, daß ihr Körper viel sensibler wird. Wir haben plötzlich seltsame Empfindungen oder unerklärliche Schmerzen. Fast jeder von uns hat Rückenprobleme. Jetzt ist es wichtig, unser Augenmerk verstärkt auf den Körper zu richten, wurde er von uns doch bisher meist stiefmütterlich behandelt. Nun zeigen sich bereits gewisse Mängel o-

Der Heilkreis der Gewürz-Energieessenzen

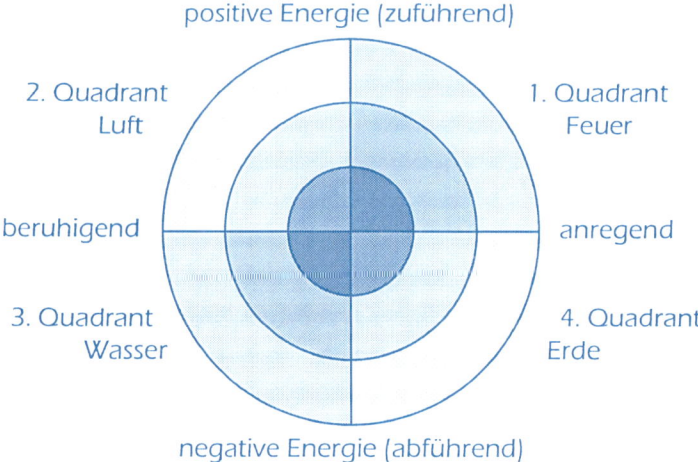

Der äussere Kreis dieses Heilkreises zeigt eine heilende, der mittlere Kreis eine harmonisierende und der innere Kreis eine zentrierende Wirkung auf.

der Schwachstellen. Viele von uns haben am Nacken oder Steiß Geburtsschäden, ohne daß sie es wissen.

Darum haben wir auch das Rescue-Öl kreiert, um diese Stellen im Körper zu stärken und Blockaden aufzulösen. Indem wir vermehrt auf unseren Körper eingehen, tun wir ihm Gutes, und er wird aufleben. Unser Körper ist der Tempel unserer Seele! Das dürfen wir nie vergessen! Beginnen wir, ihn ernst zu nehmen, nehmen wir auch uns damit ernst. Wenn wir unseren Körper herabsetzen, setzen wir uns gleichfalls im Wert herab, denn das hat mit Eigenliebe zu tun. Wir sollen unseren Körper ehren, er ist unser Vehikel, und ihn nicht verachten, nur weil er vergänglich ist. In ihm ist viel mehr enthalten, als wir meinen. Er trägt in sich viele, viele Informationen, die wir brauchen, jetzt und später. Ist er gesund und stark, wird er die Klimmzüge in höchste spirituelle Ebenen verkraften – er ist unser physisches Gut, auf dem das Spirituelle aufgebaut wird.

So, wie wir mit unserem Körper umgehen, so gehen wir auch mit unserer Erde um. Wir muten ihr alles zu - alles ist selbstverständlich. Sie ehren und ihr danken – wer tut das schon? Dabei trägt sie uns, versorgt uns, nährt uns. Die Erde wird aus Profitgründen ausgeraubt. Alles, was wir los werden wollen, wird im Meer oder in der Erde versenkt. Sie wird ausgebeutet, ohne an die Folgen für uns und unsere Nachkommen zu denken, von der Verschmutzung der Umwelt ganz zu schweigen.

Die Erde ist das äußere Symbol unseres Körpers. Wie es unserer Erde geht, so geht es auch unserem Körper. Und so sollte es einer der Hauptanliegen der Menschheit sein, mit beiden achtsam und liebevoll umzugehen.

*****

STERNANIS COMING OUT

Im Energiekreis liegt *STERNANIS* im Bereich des Elements Erde, im Kreis der Heilung. Die Energie wirkt stark anregend und führt negative Energien aus unserem Fünf-Körpersystem.

PROBLEMATIK: übermäßiges Harmoniebedürfnis
POTENTIAL: Wahrheit

WIRKUNG

Diese Essenz bricht unseren inneren Panzer auf, den wir uns selbst angelegt haben – aus Angst vor Verletzung. Sie bringt die Angst vor Nähe, Berührungen oder Streicheleinheiten zum Verschwinden und hilft uns, die eigene Verletzbarkeit zu überwinden und uns erneut zu öffnen. In uns entstehen neuer Mut und Lebendigkeit. Wir trauen uns wieder zu sagen, was wir denken und zu zeigen, was wir fühlen oder brauchen. Wir lassen uns wieder auf das Spiel der Spontanität ein. Wenn es in manchen Situationen knifflig oder schwierig wird, geben wir nicht gleich auf, sondern diskutieren tapfer die Probleme aus und vertreten unsere Ansichten. Durch Diskussionen kann neue Nähe entstehen, entsteht Distanz doch oft als Schutzschild, den wir nun nicht mehr brauchen. Über die neu gewonnene Nähe können Vertrautheit, körperliche Berührung und Sinnlichkeit zwischen Menschen entstehen. Durch gelebte Offenheit gewinnen wir das Vertrauen in uns zurück. Wir bekommen die Kraft, uns der Wahrheit zuliebe durchzusetzen. Dadurch wird viel "Scheinharmonie" in Beziehungen aufgelöst, zugunsten von mehr Wahrheit und einer neuen, als echt empfundenen Harmonie. Wir erkennen, daß Konfrontation und Diskussion zum Leben dazugehören, können sie zulassen. Diese Essenz schafft den Ausgleich zwischen Distanz und Nähe und holt uns aus der Passivität in die Aktivität.

AFFINITÄT zu anderen Essenzen: *SONNE, MERKUR, PLUTO*
AFFINITÄT zu der Bach-Blüte *Agrimony*

AFFIRMATION
Ich öffne mich und getraue mich, mich zu zeigen.

EINNAHME: Zwei mal acht Tropfen täglich, sieben Wochen lang

MEDITATION
Ich spüre meine Wirbelsäule, sie wird ganz warm. Beim hinteren Punkt meines Herzchakras wird es ebenfalls warm. Ich nehme dort Energie auf und strahle von dort Energie aus. Die Energie fließt nun nach vorne, ins vordere Herzchakra. Auch dort wird es warm. Es strahlt nach innen, in mein Herz.

Energie fließt die Wirbelsäule hoch zum "Brunnen der Träume". Dort wird es warm. Dieses Chakra strahlt bis über meine beiden Schultern und bis nach oben aus, zu meinen anderen feinstofflichen Zentren im Kopf. Diese werden mit Energie versorgt und beginnen zu strahlen.

Zugleich fließt die Energie vom "Brunnen der Träume" die Wirbelsäule hinunter bis zu meinem Steißbein und noch weiter hinunter bis in meine Basis. Das ganze Becken wird von dort aus mit Energie versorgt und durchwärmt.

Die Energie fließt weiter in die Füße. Meine Fußchakren öffnen sich und beginnen sich zu drehen. Auch aus diesen Fußchakren strahlt die Energie nun. Alle aktivierten Zentren in meinem Körper strahlen wie Sterne.

Mein Rücken, meine Basis und die Füße, alles ist ganz warm.

Der "Brunnen der Träume" strahlt noch immer wie eine Sonne. Erinnerungen an altes Wissen aus vergangenen Leben kommen hoch. Aus all den neuen Einsichten und Erkenntnissen heraus drehe ich das Steuer meines jetzigen Lebens um und bewege mich in eine neue Rich-

tung. Selbstbewußt gehe ich darauf zu und lasse mich nicht mehr länger einschüchtern. Ich bin ich, und das ist gut so.

* * * * *

BOCKSHORNKLEE   ABGRENZUNG/ WAHRE GRÖSSE

Im Energiekreis liegt *BOCKSHORNKLEE* im Bereich des Elements Feuer, im Kreise der Harmonisierung. Die Energie wirkt anregend und bringt positive Energien in unser Fünf-Körpersystem.

PROBLEMATIK: Ängste, Rückzug
POTENTIAL: Selbstbehauptung

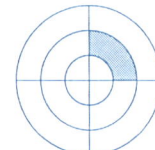

WIRKUNG

Diese Essenz gibt uns die Kraft, uns gegen Zurückweisung zu wehren. Wir trauen uns in einer schwierigen Situation, in der zum Beispiel andere über uns bestimmen wollen, unsere eigene Meinung "durchzuboxen". Dadurch entstehen neue Möglichkeiten zur eigenen Entwicklung. Wir machen uns nicht länger klein, sondern wachsen in ein neues Selbstbewußtsein hinein. Das heißt auch, daß wir uns nicht länger "ins Bockshorn jagen" lassen oder unseren alten Ängsten erliegen; uns trauen, dem Leben die Stirn zu bieten, überall da, wo es nötig ist. In uns wird eine starke, neue Kraft freigesetzt, mit der wir uns (endlich) verwirklichen können.

Mit dieser Essenz lernen wir auch, uns abzugrenzen. Wir werden im positiven Sinne egoistischer. Wir stellen uns in den Mittelpunkt; die anderen kommen später dran, und nicht umgekehrt, wie es früher war. Wir fügen uns nicht länger dem Willen von anderen, wenn er nicht unserem eigenen entspricht. Wir lassen uns auch nicht aus Angst von anderen manipulieren. Wir setzen uns nun durch. Diese Essenz gibt uns dabei große, seelische Hilfe – sie macht uns stark und verhilft uns zum Durchbruch, selbst in ganz schwierigen Situationen.

AFFINITÄT zu anderen Essenzen: *SATURN, PLUTO*
AFFINITÄT zu den Bach-Blüten *Centaury, Aspen*

AFFIRMATION
In mir erwacht ein neues Selbstbewußtsein. Es verleiht mir Kraft.

EINNAHME: Drei mal acht Tropfen täglich, sieben Wochen lang

MEDITATION
Mein Herz wird geöffnet. Aus ihm heraus bestimme ich, was getan werden soll. Neue Lebenskraft und neuer Lebensmut entstehen aus einer neu gefundenen Wahrheit im Herzen.

Nun öffnet die Energie meinen ganzen Kopfbereich und belebt ihn mit neuer Energie. Sie fließt weiter ins Dritte Auge hinein. Dort entsteht eine Öffnung.

Nun weiß ich, wie mein Weg verlaufen soll, ich kann es sehen. Hartnäckig verfolge ich diesen neuen Weg, auch wenn Probleme und Widerstände ihn schwierig gestalten. Ich lasse mich nicht länger unterjochen und in meine Angst zurückbringen. Ich erkenne mein wahres Potential und wachse in meine wahre Größe hinein.

Die Energie fließt durch das Rückgrat hinunter bis ins Steißbein, verteilt sich dort, fließt weiter in meine Geschlechtsorgane und belebt auch diese. Ich ziehe neue Kraft aus meiner Basis. Nun findet ein wunderbarer Energieausgleich zwischen oben und unten statt, von meinem Kopfbereich und meiner Basis. Ich fühle mich ausgeglichen und heil.

WEISSER PFEFFER   OPTIMISMUS

Im Energiekreis liegt *WEISSER PFEFFER* im Bereich des Elements Feuer, im Kreis der Heilung. Seine Energie ist sehr anregend und führt positive Energien in unser Fünf-Körpersystem

PROBLEMATIK: Müdigkeit auf allen Ebenen
POTENTIAL: Neue Frische

WIRKUNG

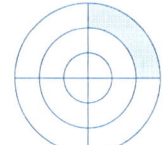

WEISSER PFEFFER ist die ideale Essenz, wenn sich eine körperliche Müdigkeit, auch eine ganz tiefe, breitgemacht hat. Sie wirkt von allen Gewürz-Energieessenzen am stärksten auf den physischen Körper, verleiht ihm neue Spannkraft, gibt ihm Kraft und Saft.

Allerdings ist sie nichts für "hibbelige" Leute, die da und dort zur gleichen Zeit sind und nirgends still und ruhig sitzen bleiben können.

Die Essenz bringt neues Licht und Frische ins Leben, pustet viel Abgestandenes weg und macht den Weg frei für ein spontanes Fließen der Energie. So wirkt sie auch stark auf den Sexualbereich, stimuliert die sexuellen Kräfte. Sie hilft, die Kraft der Sexualität in unserem Körper anzunehmen und zu bejahen. Die Kraft der Sexualität ist positiv, obwohl man uns vielleicht in anderen Inkarnationen eines Besseren belehrt hat und wir sie damals ablehnen mußten. Auch mit der Kraft der Sexualität können wir die Liebe, die wir für unseren Partner hegen, zum Ausdruck bringen.

Mit dieser Essenz haben wir die Chance, ein ganz neues Verhältnis zu unserem Körper zu gewinnen. Wenn wir jetzt die innere Ablehnung ihm gegenüber auflösen, können wir ihn als Instrument annehmen, wahre Lust zu empfinden. In unserem Körper erwacht neues Leben, das sich durch vermehrtes Bedürfnis nach Bewegung und Sport zeigen kann. Diese Essenz pustet speziell auch den Kopf durch und befreit uns von einer zu großen Kopflastigkeit. Sie entkrampft das Gehirn. Entspannung ist die Folge. Daraus entstehen erhöhte Konzentrationsfähigkeit und ein neuer, klarer Geist – und ein neues Körperbewußtsein.

AFFINITÄT zu anderen Essenzen: *MARS, PLUTO*
AFFINITÄT zu den Bach-Blüten *Hornbeam, Olive*

EINNAHME: Täglich zwei mal acht Tropfen, sieben Wochen lang

AFFIRMATION
Wunderbarer Reigen meiner Energie, ich tanze mit dir.

MEDITATION
Mein Körper beginnt zu prickeln und sich zu beleben. Eine enorme Leichtigkeit breitet sich aus. Ich spüre meine innere Dynamik, sie findet sich in einem Ausdruck von Bewegung und Aktion. Energie, die bisher gestaut war, wird jetzt frei. Auch überall da, wo zuviel Energie ist, verteilt sie sich jetzt neu. Ein großer Fluß von Energie breitet sich im Körper aus. Ich spüre ein neues Gefühl der Freiheit.

Ich pulsiere mit dem Leben, nehme Leben auf. Unternehmungslustig und offen trete ich dem Leben gegenüber.

So frei wie jetzt habe ich mich als Kind gefühlt – damals, als ich mich vertrauensvoll dem Fluß des Lebens hingegeben habe, ganz natürlich, ohne Vorbehalte. Mein Körper löst alle Blockaden auf, in denen noch Energien gestaut sind.

Durch den verstärkten Energiefluß in mir fühle ich mich ganz lebendig. Alle meine Sinne sind wach. Ich nehme wahr, was immer ist. Meine Ohren sind gespitzt, meine Nase ist offen, meine Augen sind klar. Es ist wunderbar, so stark aufnehmen zu können.

Das Zuviel an Energie im Kopf fließt nun in mein Herz. Mein Herz ist weit geöffnet und bereit, mit allem zu kommunizieren. Ich atme durch mein Herz ein und atme durch mein Herz aus. Durch mein Herz bin ich verbunden mit allem Leben.

Ich empfange, ich gebe. Ich gebe, ich empfange. Meine Kommunikation ist ein Ein- und Ausatmen mit der Welt. Ich nehme teil, an allem, was ist - mit meiner ganzen Persönlichkeit.

Glücklich spüre ich meine Kraft, lebe sie und drücke sie aus. Ich fülle mich auf mit Energie und gebe sie ab, im harmonischen Einklang von Geben und Nehmen.

* * * * *

MYRRHE/HARZ   VERBINDUNG VON ERDE UND HIMMEL

Im Energiekreis liegt *MYRRHE* im Bereich des Elements Wasser, im Kreis der Harmonisierung. Die Energie wirkt beruhigend und führt negative Energien aus unserem Fünf-Körpersystem heraus.

PROBLEMATIK: Der innere Bremsklotz
POTENTIAL: Neuer Fluß

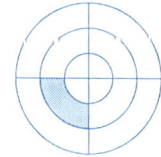

WIRKUNG

Sind wir in unserem Leben vor allem aufs Praktische, Logische und Irdische bezogen? Ist unser Tagesbewußtsein nur noch auf das Materielle ausgerichtet? Oder leben wir auch nach einem übergeordneten, höheren Sinn? Die Essenz *MYRRHE* wirft solche Fragen auf, bringt sie ans Tageslicht. Die wahren Beweggründe unseres

Tuns werden neu beleuchtet, und die Denkmuster, die dahinter stecken, auch. Jetzt wird unser tägliches Leben dahingehend überprüft, ob auch Geistiges darin Platz haben kann. Die Frage, ob wir wegen der vielen materiellen Dinge, die auf dieser Welt existieren, unsere spirituelle Herkunft vergessen haben, wird gestellt. Ist die Antwort ja, appelliert *MYRRHE* an unser Sternenselbst, das wir im Grunde sind. Dadurch sickert ein anderes Denken durch, ein ganzheitlicheres, das auf das Ewige ausgerichtet ist. Die Seele in uns kommt plötzlich wieder zur Sprache und bringt unser Leben in ein neues Licht hinein. Wenn wir der Stimme unserer Seele Gehör schenken, dann wird auch das Tor zur Intuition neu geöffnet. Mit ihrer Hilfe erlangen wir Zugang zu einer ganz hohen Intelligenzebene. Von dort werden uns wertvolle Informationen durchgegeben. Intuition ist der Kanal, durch den das Göttliche zu uns fließt.

Wir werden mit *MYRRHE* an unsere Blockaden gebracht, an die großen und hartnäckigen, die oft an ganz zentralen Stellen unseres Systems liegen und durch deren Existenz unsere Entwicklungsmöglichkeiten erschwert oder sogar unmöglich werden. Das wird deutlich durch den zweiten Namen der Essenz: Harz. Also wird sie uns an den Punkt heranbringen, der in unserem Leben besonders harzt. Die Auflösung dieser Blockaden kann manchmal etwas unangenehm sein und geht folgendermaßen vor sich: Die Blockade oder der Schock fühlt sich an wie Gefrorenes, das langsam auftaut. Durch eine solche Auflösung der Blockaden können sich mitunter auch körperliche Symptome bemerkbar machen, die mit der Blockade zu tun haben. Aber wenn diese Blockaden dann verschwunden sind, fühlen wir uns wie neu geboren! Der wahre Sinn unseres Daseins nimmt eine viel zentralere Stellung ein. Eine Neuausrichtung zu Unvergänglichem, Ewigem, oder, wie man auch sagen kann, zum Himmel, findet statt. Nach den Mühen der Auflösung wird es unsere Seele sein, die den Sieg davonträgt.

BESONDERHEIT

MYRRHE löst Blockaden auf, die unsere Entwicklung bremsen. Wir stoßen in einem gewissen Sinne auf unsere innere Behinderung. Diese Essenz kann auch eingesetzt werden, wenn anderweitige Essenzen keine Entwicklung mehr bringen.

AFFINITÄT mit anderen Essenzen: *SATURN, EICHE*
AFFINITÄT mit der Bach-Blüte *Star of Bethlehem*

EINNAHME: Täglich vier Tropfen, sieben Wochen lang

AFFIRMATION

Ich nehme das heilige Wesen, das in mir liegt, jetzt an. Ich bin Geist.

MEDITATION

Ich bin ruhig. Mein Geist wird ganz klar. Der ganze Kopfbereich wird entspannt und entkrampft. Das Kronenchakra öffnet sich, meine Fußchakren ebenfalls. In mir geschieht ein Ausgleich zwischen Himmel und Erde.

Die Energie fließt in mein Zirbeldrüsen-Chakra. Jetzt wird dieses aktiviert. Blockaden, die in meinem Körper liegen, werden spürbar. Ich kann sie jetzt auflösen. Die Energie fließt weiter zum „Brunnen der Träume". Auch dieses Chakra wird aktiviert. Mein Hinterkopf wird ganz heiß, es strahlt hinunter bis zu den Schultern.

Ich erlebe eine große Entspannung und eine große Reinigung im Kopf. Meine Gedankenwelt wird geklärt. Was will ich? Ich merke, daß nun die Möglichkeit entsteht, neu entscheiden zu können. Nun fließt die Energie durch den ganzen Körper. Auch da geschieht eine große Reinigung, zuerst im Körper und dann auch in allen meinen feinstofflichen Körpern.

Mein physischer Körper fühlt sich nun viel leichter und lichter an.

Die Schwingung der Energie in meinem Körper hat sich erhöht. Energien, die in meinem Körper noch zu verdichtet sind, werden jetzt verfeinert und umgewandelt. Mein Körper wird durchgeputzt und von Schlakken befreit. Vieles beginnt durch diese Reinigung wieder neu zu fließen. Ich fließe vermehrt mit dem Leben, erlebe mich viel ganzheitlicher.

* * * * *

OREGANO   GEDULD

Im Energiekreis liegt OREGANO im Bereich des Elements Erde, im Kreis der Harmonisierung. Die Energie wirkt anregend und reduziert negative Energien in unserem Fünf-Körpersystem.

PROBLEMATIK: Leistungszwang, Ehrgeiz
POTENTIAL: Entspannung, Loslassen

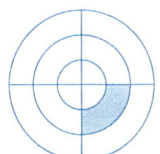

WIRKUNG

Wer kennt das nicht: Noch schnell das und dann noch schnell das erledigen – immer in Eile und Hektik. Zuletzt ist es zwölf Uhr nachts, wir sind todmüde und die Arbeit ist immer noch nicht getan. Mit den Gedanken sind wir aber schon längst am Ziel, denn wir haben es uns in den Kopf gesetzt, daß alles, was wir uns vorgenommen haben, unbedingt fertig werden muß. So überfordern wir uns und verlangen zuviel. Diese Haltung, immer wieder angewendet, rächt sich mit der Zeit, denn unsere Gesundheit wird damit massiv überstrapaziert.

Wir sind dauernd mit der Peitsche hinter uns her und treiben uns an, um möglichst viel zu leisten. Wir werden hektisch und sind dauernd gestreßt. Dieses Verhalten endet in einer chronischen Überforderung. Und das Schlimme ist: Was wir innerlich an Leistung von uns verlangen, verlangen wir, oft unbewußt, auch von unserer Umgebung. Wir stressen somit auch unsere Partner und unsere Familie. Diese spüren unsere unterschwelligen, hohen Anforderungen, aber können ihnen natürlich nie genügen.

Wir brauchen aktive Zeiten in unserem Leben, aber auch passive, Zeiten, in denen wir neue Kraft schöpfen. Außerdem macht Arbeit keinen Spaß, wenn es nur um Leistung geht. Arbeit ist auch Therapie und tut der Seele gut. Wenn wir sie mit einem inneren Rhythmus und Gleichklang ausführen, dann schenkt sie uns Befriedigung.

"Geduld bringt Rosen". Dieses Sprichwort steht genau für den Lernprozeß, der mit OREGANO eingeleitet wird. Manchmal geht es im Leben eben nicht so schnell, wie wir möchten. Eine Sache braucht ihre Zeit, wir aber wollen alles möglichst sofort haben und nicht lange darauf warten. Die innere Anspannung, die ein solches Verhalten erzeugt, kann mit dieser Essenz gelöst werden. Wir werden ruhiger. Eine innere Ruhe macht sich in uns breit, selbst wenn wir im Außen mit Streß konfrontiert sind. Diese Essenz läßt uns auch liebevoller zu uns sein, denn wir beginnen, gewisse, für uns wichtige Bedürfnisse nicht länger zu unterdrücken und hetzen uns auch nicht mehr so umher. Wir lernen, dann aufzuhören, wenn wir müde sind, und uns zu entspannen. Diese Essenz ist ein großer Streßlöser. Wir brauchen sie sehr oft.
AFFINITÄT mit *VENUS* und *ULME*
AFFINITÄT mit den Bach-Blüten *Oak* und *Vervain*

EINNAHME: Zwei mal sechs Tropfen täglich, sieben Wochen lang

AFFIRMATION

Ich lasse geschehen und beschreite meinen Weg mit Gelassenheit und Klarheit.

MEDITATION

Im neuen Chakra "Brunnen der Träume" prickelt es stark. Dieses Chakra öffnet sich und balanciert mich neu aus. Meine Schultermuskeln beginnen sich zu entspannen, mein Atem wird flach und fließend. Jetzt findet eine Verbindung vom "Brunnen der Träume" zu meinem Kronenchakra statt. Ich fühle mich ausgeglichen und ruhig. Ich richte mich auf meine höhere Präsenz aus. Mein ganzer Kopf entspannt sich, überall prickelt es wohlig. Meine Schulterblätter werden immer entkrampfter. Die Energie geht ins Herzchakra. Mein Herz öffnet sich und wird ausgeglichen und ruhig. Eine innere Festigkeit macht sich breit.

Die Energie fließt den Rücken hinunter bis in die Basis und in die Füße. Meine Fußchakren beginnen sich zu bewegen. Ich stehe ganz standfest da, werde völlig stabilisiert.

Jetzt werden die Energien im oberen und unteren Teil meines Körpers ausgeglichen. Ich fühle mich weiterhin ganz ruhig. Klar erkenne ich meinen Plan, meine Arbeit, was es zu tun gibt. Ich packe alles ruhig an und bleibe in meiner Mitte. Ich arbeite dann, wenn die Arbeit mich ruft, und höre auf, wenn ich nicht mehr weiterarbeiten mag und müde bin. So bleibe ich ausgeglichen, harmonisch und klar. Gelassen nehme ich das Leben hin, so wie es ist. Ich spüre, wie wichtig diese Haltung ist. Dadurch bleibe ich in meiner Mitte. Es gibt keinen Grund, mich aufzuregen. Es ist so, wie es ist.

Alles in mir ist ausgeglichen. Ich stehe in meiner absoluten Mitte. In mir erblüht eine neue Kraft von Gelassenheit und Annahme. Ich kämpfe nicht mehr länger sinnlos vor mich hin, sondern lasse geschehen. Ich beschreite meinen Weg mit Klarheit und Heiterkeit. Groß ist die Freude über meine neu erworbene Tugend des Geschehenlassens, die sich jetzt in mir breitmacht.

WACHOLDER — FREIHEIT DES GEISTES

Im Energiekreis liegt WACHOLDER im Bereich des Elements Erde, im Kreis der Heilung. Die Energie wirkt anregend und führt negative Energien aus unserem Fünf-Körpersystem.

PROBLEMATIK: Aberglauben, geistige Fixierung, geistige Unklarheiten
POTENTIAL: Inneres Wissen

WIRKUNG

Diese Essenz reinigt und klärt unseren Mentalkörper. Sie öffnet den Geist und macht uns frei von geistigen Fixierungen oder erstarrten Ansichten. Eine geistige Öffnung geschieht. Dadurch können wir die Ansichten oder Lebenshaltungen anderer Menschen besser annehmen. Eine Neuorientierung findet statt: Wir haben uns ein großes, inneres Wissen bereits vor langer Zeit erschaffen. Nun führt der Weg wieder zu dieser inneren Weisheit zurück. Von innen heraus erkennen wir, was richtig für uns ist und was nicht. Dadurch verschwinden Unsicherheiten und Ängste, die oft Unwissen zugrunde liegen. Es macht sich eine geistige Lockerung breit, weil wir von innen heraus spüren, welches Wissen für uns annehmbar ist und welches nicht. Klare Gedanken, eine neue klare Sicht und geistige Offenheit resultieren aus dieser mentalen Reinigung.

Es ist wichtig, einen freien Geist zu entwickeln, denn in früheren Leben wurde uns manches aufgetischt, woran wir glauben sollten. Daher geistern in unserem Mentalkörper noch verschrobene Ansichten herum, die aus dem Mittelalter und anderen Zeiten herrühren, in denen freies Denken und eine andere Meinung oft genug mit dem Scheiterhaufen bestraft wurden. Mit dieser Essenz kann wichtiges Wissen von unwichtigem unterschieden werden. Sie teilt, sozusagen geistig, die Spreu vom Weizen.

Wir leben in einer Zeit, in der mehr und mehr ein neues Bewußtsein entsteht. Nun gilt es, althergebrachten Glaubensmustern den Kampf anzusagen und sie loszulassen, denn sehr viel neues Wissen fließt derzeit in unser Bewußtsein ein, so daß wir keinen Platz mehr für festgefahrene Denkstrukturen haben. Alte Zöpfe können jetzt endgültig abgeschnitten werden. Diese Essenz hilft dabei. Nur das Wissen, das wir als wichtig und stimmig empfinden, bleibt bestehen.

AFFINITÄT zu anderen Essenzen: *SATURN, CHIRON, URANUS*
AFFINITÄT zu den Bach-Blüten *Rock Water, Beech*

EINNAHME: Täglich zwei mal sechs Tropfen, sieben Wochen lang

AFFIRMATION

In meinem Sein erhellt sich alles durch meine neu erwachte Klarheit. Ein neues Bewußtsein nimmt von mir Besitz.

MEDITATION

Die Energie fließt in den Brustbereich. Mein ganzer Brustbereich lockert sich und wird ganz weich und weit. Diese Weite tut mir gut und öffnet mein Herz.

Ich merke, wie mein Herzchakra sich dreht wie ein Rad. Ich bin mir der Existenz meines Herzens nun viel bewußter.

Mein Herz bildet mein neues Zentrum. Dort zentriere ich mich, dort bin ich zu Hause. Von diesem Zentrum sende ich Strahlen aus, es wird ganz hell.

Zudem spüre ich den Halsbereich ganz. Mein Halschakra öffnet sich. Dieses Chakra nehme ich wahr und integriere es in mein Sein. Dieses Chakra ist ein Kanal. Von dort her gebe ich etwas in die Welt.

Ich merke, daß ich durch diese beiden Öffnungen, Herz und Hals, nun ausgeglichener werde. Ich atme tief auf und komme in eine neue, wunderbare Ruhe hinein. Ich kann alles wahrnehmen, aufnehmen, verarbeiten, wiedergeben.

In mir ist viel Wissen gespeichert. Jetzt kann es aus mir herauskommen. Vieles hat bis jetzt geschlafen, jetzt wird es erweckt. Lange habe ich im Außen gesucht, jetzt suche ich in meinem Innern.

Mein Halsschakra ist direkt verbunden mit dem neuen Chakra, dem "Brunnen der Träume". Dieses Chakra öffnet sich und ermöglicht mir ein ganz neues Sehen und Spüren. Ich erkenne den großen Plan und weiß jetzt, welche Rolle mir im Leben zufällt.

Ich bin mir meiner Aufgabe bewußt.

Ich baue auf mich selbst und konzentriere mich auf mein inneres Wissen. Dadurch finde ich zu meiner inneren Wahrheit. Diese Wahrheit setzt sich durch und läßt viel Altes, nicht mehr Wichtiges, verschwinden. Ich fühle diese Reinigung und bin glücklich darüber.

Es kommt mir viel wichtiges Wissen in den Sinn. All dem schaffe ich jetzt Platz. Ich erwache zu neuem Leben, zu meinem Sinn. Ich werde authentisch. Dadurch übergebe ich der Gesamtheit der Menschheit das größte Geschenk, das im Moment überhaupt möglich ist: Mich und meine Wahrheit.

Ich tue es in Freude und Dankbarkeit.

* * * * *

SÜSSHOLZ — DIE EIGENE MITTE FINDEN

Im Energiekreis liegt *SÜSSHOLZ* im Bereich des Elements Wasser, im Kreis der Harmonisierung. Die Energie wirkt beruhigend, negative Energien werden aus unserem Fünf-Körpersystem abgeführt.

PROBLEMATIK: Extreme
POTENTIAL: Aufbrechen wahrer Bedürfnisse

WIRKUNG

Wer kennt das nicht: Wie ein Schiffchen auf hoher See läßt man sich treiben und sucht geradezu die Herausforderung, sich noch weiter treiben zu lassen. Mit einer solchen Haltung suchen wir die Übertreibung in irgendeiner Form. Sei es mit zu wenig Schlaf, zu wenig Essen, oder umgekehrt zuviel Schlaf, unbändigem Essenverhalten und vielem mehr.

Diese Maßlosigkeit hat mit unseren Trieben zu tun. Man will eine neue Diät machen, um sich und seinen Trieben den Meister zu zeigen. Man will sich auf diese Art beweisen, daß man seinen Trieben nicht verfällt, sondern sie beherrscht. Und dann merken wir, daß das so nicht funktioniert. Eigentlich gilt es hier, etwas ganz Einfaches zu lernen: Auf unsere Triebe zu hören, aber sie im Zaum zu halten. Zu essen, wenn wir hungrig sind, und aufhören zu essen, wenn wir satt sind. Mit dem Schlaf und anderen Dingen verhält es sich ähnlich. So lernen wir, den Rhythmus des Körpers zu entdecken, ihn zu akzeptieren und ihm zu folgen. Dieser Rhythmus lehrt uns genau, wann wir hungrig sind und wann wir Schlaf brauchen. Immer "über die Schnur zu hauen", wie wir in der Schweiz sagen, kann großer Streß sein. Durch alle diese Übertreibungen kippt unsere innere Balance fatal in eine Richtung und bringt uns aus der Harmonie.

Süßholz gleicht aus, bringt uns wieder ins Gleichgewicht. Extreme Lebenshaltungen oder Lebensarten können losgelassen werden, zugunsten eines größeren Gleichmaßes in uns. Die Essenz leitet einen Prozeß ein, der in die Tiefe geht, denn einer maßlosen Lebensart liegt oft Verdrängtes zugrunde. Durch die Auflösung der Blockade, die zu einer solchen Verdrängung geführt hat, kann nun endlich ein verborgener Teil unseres Wesens zum Vorschein kommen.

Jedes Zuviel und jedes Zuwenig schadet dem Menschen. Wir können unseren Trieben hemmungslos nachgehen, diese aber genauso gut auch verdrängen. Beides bringt uns nicht zu einem ausgewogenen Leben, sondern bedeutet eine einseitige Lebensweise. Tiefe, wahre Bedürfnisse haben ihre Berechtigung. Sie dürfen gelebt werden. Aber das Leben bietet nicht immer nur die Chance, "Süßholz zu raspeln", sondern es ist auch wichtig, wahre Gefühle wie Wut, Angst oder Schmerz zuzulassen und zu zeigen.

AFFINITÄT zu anderen Essenzen: *SATURN, NEPTUN, PLUTO, ISIS*
AFFINITÄT zu den Bach-Blüten *Heather, Scleranthus*

EINNAHME: Täglich zwei mal sechs Tropfen, sieben Wochen lang

AFFIRMATION
In mir breitet sich eine neugewonnene Harmonie aus. Ich erkenne, was ich wirklich brauche.

MEDITATION
Ich spüre das neue Chakra, das Milzchakra, unterhalb des Herzchakras. Es beginnt sich zu öffnen und auszuweiten. Es fühlt sich an wie eine neue Sonne, die dort entsteht. Dieses Chakra macht jetzt eine Verbindung zum Thymuschakra, das oberhalb des Herzchakras liegt. Auch dort findet eine Öffnung statt. Das Thymuschakra beginnt sich zu drehen. Es verbindet sich nun, durch einen Bogen, der durch einen Halbkreis über das Herzchakra gespannt ist, mit dem Milzchakra. Beide Chakren sind nun aktiviert und drehen im Gleichklang. Sie verbinden

sich zu einer Einheit. Ein Zuviel an verdichteter Solarplexus-Energie wird auf diese Weise umgewandelt und verfeinert und kann ins Herz fließen.

Nun spüre ich einen großen Druck auf das Halschakra. Durch diesen Druck wird es geöffnet, damit ich ausdrücken kann, was mich bewegt und innerlich beschäftigt. Ich erhalte ganz neue Impulse, wie ich mich dem Du gegenüber öffnen und besser ausdrücken kann. Es darf in größerer Harmonie und Gleichklang geschehen. Ich sage nun, was ich denke, denn so kann Austausch geschehen. Ich spreche aus meinem Herzen heraus, über meine Empfindungen. Ich verdränge sie nicht mehr, weil ich erkenne, daß Ausdruck geschehen soll. Ausdruck ist kreativ und bildet eine Bereicherung für mich und für andere. Ich traue mich nun, mich dem Außen preiszugeben, im Vertrauen darauf, daß ich verstanden werde. So komme ich in ein nötiges Gleichgewicht. Auch extreme Energien in mir haben nun die Möglichkeit, sich ausdrücken, denn so können sie sich befreien. Dadurch bin ich wieder eins mit dem Fluß des Lebens.

* * * * *

DILL   WAS WILL ICH?

Im Energiekreis liegt *DILL* im Bereich des Elements Luft, im Kreise der Heilung. Die Energie wirkt beruhigend und führt positive Energien in unser Fünf-Körpersystem.

PROBLEMATIK: Rivalisierung, Neidgefühle
POTENTIAL: Eigener Wille

WIRKUNG

"Dill macht, was er will". Dieser Spruch zeigt, daß wir mit dieser Essenz - endlich - das machen werden, was wir wirklich wollen. Manchmal ist ein gesundes Ego vonnöten, um weiterzukommen. Dadurch können wir uns besser durchsetzen. Sonst besteht die Gefahr, daß wir auf der Strecke bleiben, weil wir anderen zu oft den Vorzug geben. Das bekümmert uns, und es entsteht der Eindruck, daß es anderen besser geht. Plötzlich sehen wir nur noch die positiven Resultate der anderen. Und weil wir uns zu stark mit ihnen vergleichen, verlieren wir unseren Weg. Ihr Erfolg irritiert uns und macht womöglich sogar neidisch. Aber was wollen wir denn? Vielleicht etwas ganz anderes! *DILL* erinnert uns daran, was wir wollen. Er holt uns aus den Projektionen auf andere heraus. Jeder kann ein Sieger sein, und jeder kann es schaffen! Unser Seelenplan, den wir in uns tragen, ist einzigartig und nur auf uns bezogen. Kein anderer kann ihn so gut erfüllen wie wir. Wir selbst sollen ihn, zum Wohle aller, realisieren. Diese Erkenntnis stärkt den Willen und die Konzentration auf die eigenen Belange. In uns geschieht eine Umkehr. Wir begeben uns in ein konstruktives Vorwärtsgehen. Wir lassen Protesthaltungen oder destruktives Verhalten fallen. Es ist verständlich, daß, wenn wir nicht machen können, was wir machen möchten, Trotzreaktionen entstehen. Aber damit blockieren wir uns und andere. Wir machen dann Dinge, die wir nicht machen möchten, nur weil wir früher anderes, was wir machen wollten, nicht machen durften. *DILL* holt uns aus diesem Teufelskreis heraus und bewirkt eine Entspannung auf mentaler Ebene. Es geht ein großes Tor auf. Wir finden zu uns selbst zurück und können dadurch sehen, wie einzigartig wir sind.

AFFINITÄT zu anderen Essenzen: *SONNE, URANUS*
AFFINITÄT zu den Bach-Blüten *Cherry Plum, Willow, Holly*

EINNAHME: Zwei mal sieben Tropfen täglich, sieben Wochen lang

AFFIRMATION

Ich gebe meine Fähigkeiten und Talente in die Welt hinaus und erfreue mich an den neuen Möglichkeiten, die sich daraus ergeben.

MEDITATION

Mein Oberkörper richtet sich auf. Ich spüre, wie die Energie durch meine Wirbelsäule von unten nach oben fließt. Ich werde belebt und gekräftigt. Meine Wirbelsäule fühlt sich an wie der Stamm eines Baumes, in dem viel Energie von unten nach oben fließt, wo die Energien bis in die äußersten Ästchen und Blättchen verteilt werden. Dadurch fühle ich mich gut durchblutet und vitalisiert. Die Energie im Körper fließt gleichmäßig von unten nach oben und zurück.

Diese neue Energie hebt mich aus alten erstarrten Formen heraus. Vielleicht habe ich mental zu stark an etwas festgehalten oder mich innerlich verbarrikadiert. Jetzt fallen diese Schranken, und ich bestimme neu. Ich weiß jetzt, was ich will, und setze es auch durch, im Wissen, daß es mir und meiner Umgebung dient. In Klarheit verständige ich mich mit anderen. Ich verfolge meine eigenen Ziele. Diese aufrechte Haltung ermöglicht es mir, einen direkten Weg zu gehen, meine Wahrheit zu erkennen und sie preiszugeben, da, wo es nötig ist. Ich signalisiere, was ich vom Leben will und brauche. In einer neuen Selbstverständlichkeit erkenne ich, daß das die Haltung ist, um weiterzukommen. Ich will jetzt weitergehen und halte mich nicht länger mit Banalitäten auf. Mein Weitergehen bereitet mir innere Freude und großen Mut.

Nach jedem neuen Schritt, den ich tue, strahle ich aus meinem Inneren heraus. Ich folge meinem Plan. Endlich bewegt sich mein Leben so, wie es sein soll. Mit meinen Fähigkeiten und meinen Gaben, die ich in mir trage, erfüllt es sich. Ich erkenne, wer ich wirklich bin und welche Stärken und Talente ich besitze. Diese lasse ich nun spielen. Ich steige ein in das Spiel der Manifestation und sehe, wie ich daran wachse.

KÜMMEL   AUSRICHTUNG AUF HÖHERES

Im Energiekreis liegt *KÜMMEL* im Bereich des Elements Wasser, im Kreis der Harmonisierung und der Heilung. Die Energie wirkt beruhigend, negative Energien werden aus dem Fünf-Körpersystem ausgeleitet.

PROBLEMATIK: Konzentration auf Materielles, auf das kleine Ich.
POTENTIAL: Ausrichtung auf das Höhere

WIRKUNG

Bei dieser Essenz hat sich folgender Spruch durchgesetzt: "Kümmel ist gut für den inneren Lümmel". Mit diesem inneren Lümmel ist das kleine Ich in uns gemeint, das oft einer gewissen Bequemlichkeit unterliegen kann. Wir fallen in Übertreibungen, weil wir darin einen Lebenssinn suchen. Ein deftiges Konsumieren kann verlockend sein, und manchmal brauchen wir es auch, als seelische Streicheleinheit, die uns im Moment gut tut. Ist aber das Materielle dann plötzlich der einzige Sinn in unserem Leben, dreht sich alles nur noch darum, dann sind wir sicherlich in eine Einseitigkeit hineingeraten. Ein solches Verhalten zieht unsere Energien herunter und nicht hinauf. Wir drehen uns im Kreise und kommen nicht mehr vom Fleck, bleiben buchstäblich an der Materie kleben. Solch ein Verhalten kann mit der Zeit zu einer Sucht oder Abhängigkeit führen.

Bei diesem Programm kommen auch Geist und Seele zu kurz. Einseitigkeiten führen ins Nichts. Wir sind ja auf einer Reise, die uns zu Höherem führen soll. Mit *KÜMMEL* können wir vermehrt unsere wirklichen Bedürfnisse ergründen, denn hinter übermäßigem Konsumverhalten könnte ein Bedürfnis nach Nähe und Geborgenheit, Zärtlichkeit oder liebevollen Worten und Gesten liegen, das zu einer früheren Zeit vielleicht bitterlich vermißt wurde. Daraus entsteht dann übermäßiges Konsumieren, wovon auch immer: Kleider, Essen, Zigaretten oder Alkohol. Dies geschieht aus dem Wunsche heraus, sich selbst etwas Gutes zu tun, damit das Leben etwas erträglicher wird. Leider bekommen wir auf diesem Wege nicht das, was wir eigentlich suchen, sondern geraten eher in eine erneute Isolation hinein.

Wir sind ganzheitliche Wesen und haben nicht nur materielle Bedürfnisse. Mit KÜMMEL wird automatisch unser Augenmerk auf Tieferliegendes gerichtet und die Mechanismen vom ewig drehenden Kreis der Wiederholung können überwunden werden. Allerdings geht es nicht darum, das Tier in uns abzuschaffen, denn das brauchen wir; ein intakter Instinkt erhält uns am Leben. Eine Unterdrückung des natürlichen Triebes kann für unsere Entwicklung gefährlich sein, denn durch Verzicht oder Entzug wird ein mögliches inneres Manko vergrößert. Aber eigentlich wollen wir uns ja heilen und unsere Mankos wieder auffüllen. Und das können wir nun. Wir sind jetzt erwachsene Menschen und haben es in der Hand, was wir mit unserem Leben tun und wie wir mit uns umgehen.

Wir bewegen uns in einer Welt, in der eine gewisse Dichte herrscht. Darum müssen wir aufpassen, daß wir uns nicht zu stark auf das Materielle konzentrieren. Wir werden sonst zu "praktisch" und zu rational, sind dann zu stark im Tagesbewußtsein und zu irdisch. So geraten wir in die Fänge des Materialismus, messen ihm zuviel Gewicht bei und verlieren den Kontakt zur Seele. Die Materie ist vergänglich, die Seele ewig.

AFFINITÄT zu anderen Essenzen: *SATURN, YPS*
AFFINITÄT zu der Bachblüte *Chicory*

EINNAHME: Täglich zwei mal sieben Tropfen, sieben Wochen lang

AFFIRMATION

Aus dem Herzen heraus verlange ich nach dem, was ich wirklich brauche.

MEDITATION

Es wird ganz warm im Körper. Besonders der Rücken ist gut durchblutet. Mein Herz öffnet sich. Dadurch kann ich von höherer Ebene aus wahrnehmen.

Ich spüre den "Brunnen der Träume". Er öffnet sich und schafft eine Verbindung zu meinem Dritten Auge. Die Gehirnströme in meinem Kopf werden aktiviert. Das entspannt ungemein. Gleichzeitig nehme ich meinen Magen wahr. Im Bauchbereich macht sich ebenfalls eine große Entspannung breit. Ganz warm wird es dort. Ich fühle mich wohl und rund.

Ich bekomme Verbindung zu meinem inneren Tier und kann sehen, wie es sich beruhigt. Dadurch werde ich auf natürliche Weise Herr über meine niederen Instinkte. Ich habe mich besser im Griff. Ich konzentriere mich nun auf Höheres und lebe mehr aus dem Herzen heraus.

In mir findet eine energetische Klärung und Erhöhung statt. Da, wo ich vorher immer im Kreis gelaufen bin, lasse ich jetzt los. Ein neues Bewußtsein findet Einzug in mein Sein. Ich fühle mich freier, weil ich disziplinierter bin. Dadurch erhöhen sich meine Energien, und Friede kehrt ein. Durch das Loslassen all dieser Blockaden geschieht eine große Befreiung. Ich begegne mir nun selbst. Ich bin froh darüber, daß ich mich ein Stück mehr gefunden habe.

* * * * *

GEWÜRZNELKE   SELBSTBEWUSSTSEIN

Im Energiekreis liegt *GEWÜRZNELKE* im Bereich des Elements Luft, im Kreis der Harmonisierung und Heilung. Die Energie wirkt beruhigend und unserem Fünf-Körpersystem werden positive Energien zugeführt.

PROBLEMATIK: Mangelndes Selbstbewußtsein
POTENTIAL: Mut, Selbstbewußtsein

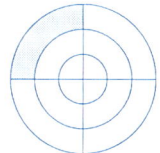

WIRKUNG

Die Gewürznelke, so wie sie bei der Ernte gepflückt wird, ist eine noch nicht entfaltete Blütenknospe – Also: Mit dieser Essenz wird das Thema Entfaltung behandelt. Dann, wenn uns Ängste daran hindern, unser Selbst zu realisieren. Oder es an Mut mangelt, uns zu verwirklichen und das eigene Leben zur Blüte zu bringen. Diese Essenz ist ein wahres Seelenfutter. Sie gibt der Seele große Kraft. Sie bestärkt unser ganzes Wesen, gibt uns neues Rückgrat und hilft, wenn wir uns aus mangelndem Selbstbewußtsein, aus Unsicherheit und Scheu zurückziehen - mit Gedanken wie: Die anderen sind lebensfähiger und können es viel besser. Die Tendenz ist somit da, das eigene Licht unter den Scheffel zu stellen. Aus dieser Haltung heraus stellen wir uns oft in die zweite Reihe und geben anderen den Vorzug. Durch dieses Rückzugsverhalten weiß keiner, auch wir selbst nicht, was eigentlich in uns steckt. Wir kennen uns gar nicht richtig. Das kommt daher, weil wir uns in entscheidenden Momenten zu stark zurücknehmen und nicht einbringen. So leben wir nicht wirklich, und selbst unsere nächsten Angehörigen wissen nicht, mit wem sie sich eingelassen haben.

Diese Essenz vermittelt Mut. Es entsteht ein inneres Aufrichten. Dadurch trauen wir uns, etwas zu riskieren. Sogar Fehler nehmen wir in Kauf, denn mit ihnen kommen wir auch zu neuen Erfahrungen, und diese wiederum bringen uns zu neuer Erkenntnis. Auch die Angst, jemandem zu nahe zu treten, können wir mit dieser Essenz überwinden, denn wir erkennen, daß eine solche Haltung nur ungewollten Kontaktverlust bringt. Jetzt aber haben wir genug von dem immer wiederkehrenden Gefühl der I-solierung, das wir durch unseren ständigen Rückzug selbst aufgebaut haben. Nun haben wir die Kraft, uns einzubringen und zu zeigen, wer wir sind.

BESONDERHEIT
   Diese Essenz wird von den Gewürz-Energieessenzen neben *OREGANO* am meisten eingesetzt.

AFFINITÄT zu anderen Essenzen: SONNE, SATURN, URANUS, UPY
AFFINITÄT zu den Bach-Blüten *Larch* und *Gentian*

EINNAHME: Täglich zwei mal sechs Tropfen, sieben Wochen lang.

AFFIRMATION
   Ich fühle meine Größe, meine Stärke und meine Kraft und teile sie jetzt mit dem Universum.

MEDITATION
   Ich spüre eine neue Kraft im Körper. Der ganze Rücken wird gestärkt, von unten bis oben. Jetzt fließt die Energie in den "Brunnen der Träume" und baut sich dort auf. Durch die Aktivierung dieses Chakras findet eine Dekodierung statt und neue Informationen werden entschlüsselt. Eine Kraftzentrale tut sich auf, aus der viel Kraft freigesetzt wird.

Diese Kraft fließt in den Körper und in den Kopf. Beide Teile werden stark durchblutet. Auch die Gehirnströme werden neu aktiviert. Alles fließt. Ich bin ganz voll von dieser Kraft, sie stärkt mich ungemein. Mit ganz geradem Rücken stehe ich da. Mein Selbstbewußtsein wächst. Ich zeige mich jetzt, denn ich erkenne, daß ich mich nur dadurch selbst begreifen und verstehen kann. Auch für meine Nächsten ist dies wichtig, damit sie mich in meinem Sein erkennen können. Ich bekenne nun Farbe und schäle mich aus dem Mantel meiner Schüchternheit heraus, bringe mein Inneres zum Ausdruck. Ich schenke es mir und der Welt. So werden meine inneren Gaben zu Gaben für die Welt im Außen. Mit dieser neuen Lebenshaltung gewinne ich nochmals an Kraft, werde geradliniger und wachse über mein kleines Ich hinaus. Jetzt erkenne ich, daß ich größer bin, als ich zu sein glaubte. Ich stehe da in der Welt - in vollem Glanze.

* * * * *

PAPRIKA   NÄHE ZULASSEN

Im Energiekreis liegt *PAPRIKA* im Bereich des Elements Feuer, im Kreis der Stabilisierung. Die Energie der Essenz wirkt anregend und bringt positive Energien in unser Fünf-Körpersystem.

PROBLEMATIK: Ausweichen
POTENTIAL: Nähe zulassen

WIRKUNG

PAPRIKA öffnet alle Sinne. Über diese werden wir wach und lebendig, und auch kommunikativer. Wir öffnen uns den reizvollen Dingen des Lebens, lösen Ängste oder eine Ablehnung dieser Reize auf, die uns über eine falsche Erzählung vermittelt wurden. Solche falschen Bilder über die Sinnlichkeit und deren Reize rühren oft von alten Zeiten her und wirken sich negativ auf unser Glück aus. Vielleicht haben wir auch Angst, diesen Reizen zu erliegen? Die Herausforderung jetzt lautet, alles, was wir in uns tragen, zu leben und nichts zu verleugnen. So viel Schönes kreuzt unseren Weg und bietet sich an. Es geht nicht darum, an diesen Dingen festzuhalten, sondern sie zu genießen, um damit gestärkt unseren Weg weiterzugehen. Der puritanische (oder asketische) Weg hingegen führt oft in eine innere Isolation hinein.

Diese Essenz ist auch wichtig, wenn wir Angst vor seelischer oder körperlicher Nähe haben. Sie öffnet das Tor zu vermehrter Intimität, auf allen Ebenen, auf denen Austausch stattfinden kann. Denn wir lassen nun alles näher an uns heran. Intimität kann entstehen, wenn wir Verbundenheit fühlen und die Nähe zulassen. Wir lassen uns mehr mit dem Leben ein. Nähe gibt uns die Kraft, uns zu trauen, alles, was auf uns zukommt, intensiver zu erleben. Intensität entsteht, wenn wir den jeweiligen Zustand, in dem wir gerade sind, zulassen, mit allen Sinnen, hautnah. Außerdem befreit diese Essenz von unnötigen Hemmungen. Diese halten uns nur zurück. Wir nehmen uns zurück, sozusagen aus einem falschem Anstand heraus. Wenn unsere Sinnlichkeit erweckt ist, können wir über viele Dinge Freude empfinden: An der Natur und deren Vielfältigkeit, an einem guten Essen oder einem guten Glas Wein, einem Gemälde und anderem. Das Leben bekommt viel mehr Farbe.

BESONDERHEIT

Diese Essenz kann sich als wichtig erweisen bei jeglicher Art von innerer Ablehnung, die sich auch körperlich über Allergien ausdrücken kann.

AFFINITÄT mit anderen Essenzen: *VENUS, PLUTO*
AFFINITÄT zu der Bach-Blüte *Water Violet*

EINNAHME: Täglich zwei mal sechs Tropfen, sieben Wochen lang.

AFFIRMATION
Ich öffne mich dem Leben, dem Genuß, der Freude und der Sinnlichkeit.

MEDITATION
Ich werde ruhig und zuversichtlich. Ganz entspannt lasse ich zu, was passiert. Ich spüre das Chakra "Brunnen der Träume". Es wird aktiviert. Nun beginnt die Energie im Kopf zu fließen. Ich fühle mich wohl dabei. Vermehrt nehme ich meine Sinne wahr und beginne, über sie mit dem Außen zu kommunizieren. Eine große Sinnlichkeit breitet sich in mir aus, ich genieße das Leben und erfreue mich an der Herrlichkeit der Erde. Über mein Herz und meine Sinne erspüre und erfühle ich die Welt. Ein großer Reichtum eröffnet sich mir. Ganz versunken lasse ich mich überall da ein, wo es gilt, mit den Sinnen aufzunehmen oder zu genießen. Und lasse die Freude, die sich daraus ergibt, zu. Ich merke, wie mir dieses Erfühlen, Erspüren, Aufnehmen gut tut und ich dadurch in ein inneres Gleichgewicht komme. In mir entsteht eine große Zufriedenheit, weil ich vermehrt annehmen und mich mit größerer Intensität auf das Leben einlassen kann. Ich erlebe mich selbst dadurch intensiver, freudiger und genußvoller.

Ich öffne mich der Freude, die durch Sinnlichkeit entsteht. In dieser Freude über all das, was mir das Irdische bietet, geht mir das Herz auf.

* * * * *

CAYENNE   DURCHBRUCH

Im Energiekreis liegt *CAYENNE* im Bereich des Elements Feuer, im Kreis der Heilung. Die Energie der Essenz wirkt anregend und bringt positive Energien in unser Fünf-Körpersystem.

PROBLEMATIK: Mit halber Kraft leben
POTENTIAL: Große Kraft, Durchbruch

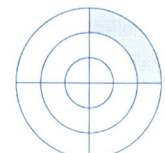

WIRKUNG
CAYENNE bringt Pep und einen großen Energieaufschwung. Wir leben auf und kommen in unsere ganze Kraft, sind mit unserer Kraft nicht länger auf Schonkurs. Die Essenz hat große Wirkung auf Körper, Geist und Seele, verleiht uns große Spannkraft. Wir bekommen neue Farbe und fühlen uns wunderbar belebt. Auch auf unsere Umgebung wirken wir sehr lebendig. Plötzlich lächeln wir nicht nur, sondern lachen, vielleicht sogar aus vollem Halse heraus. Wir können spontan starke Gefühle zeigen, ganz einfach, weil wir zu vollem Leben erwacht sind.

Diese Essenz hat großen Einfluß auf Sinnlichkeit und Sexualität. Eine große Spontanität entsteht. Dadurch können Hemmungen und eventuelle Berührungsängste abgebaut werden. Schüchternheit, vor allem auf sexueller Ebene, kann überwunden werden. Sie regt unsere männlichen Hormone an.

CAYENNE hilft aber auch, nötige Wechsel in unserem Leben schnell vollziehen zu können, denn sie verhilft zum schnellen Umschalten eines Programms. Diese Fähigkeit wirkt sich auch günstig auf belastende Gewohnheiten aus. Diese können schnell und doch tiefgreifend korrigiert und verändert werden. *CAYENNE* bringt uns aus vielen, eingefahrenen Programmen heraus, macht uns frei davon.

Darum ist *CAYENNE* eine wichtige Essenz bei Suchtthemen.

Wenn der Zeitpunkt stimmt und wir innerlich bereit sind, aus der Sucht auszusteigen, sei es Rauchen oder Drogenkonsum oder eine andere, wird es uns mit *CAYENNE* viel leichter gelingen. Wir verkraften den radikalen Wechsel besser und fallen nicht in ein seelisches Loch. Die Essenz bietet uns da wirkliche Hilfe, denn sie befreit uns auch von zwanghaften Gedanken.

AFFINITÄT zu anderen Essenzen: *MARS, URANUS, PLUTO*
AFFINITÄT zu der Bach-Blüte *Walnut*

EINNAHME: Täglich zwei mal acht Tropfen, sieben Wochen lang

AFFIRMATION
Ich fließe mit dem Leben. Ich bin voller Energie und bringe diese neugewonnene Energie nun zum Ausdruck.

MEDITATION
Ich spüre meinen Nacken. Die ganze Schulterpartie beginnt sich zu lockern. Ich atme tiefer. Entspannung tritt ein. Im hinteren Nackenbereich beginnt es energetisch zu arbeiten, es lockert und löst sich dort vieles. Auch der Hals wird frei. Dadurch kann ich tiefer durchatmen. Verspannungen lösen sich. Die Entspannung breitet sich über den ganzen oberen Rücken aus. Nun wird der "Brunnen der Träume" energetisiert. Dort baut sich ein Energiefeld auf, das bis über die Arme reicht. Ich empfinde mich wie ein Drache, der dabei ist, in die Luft zu steigen. Eine große Kraft erwächst in mir. Ich fühle mich stark und mutig, bin motiviert und bereit, neue Schritte zu tun. Ich fühle in mir eine große Freiheit. Sie steht mir zu.
    In mir wird alles weit, um dieses neue Freiheitsgefühl voll aufzunehmen und zu integrieren. Die Energie im Körper fließt immer stär-

ker, sie breitet sich überall aus. Ich spüre meine Basis, mein Herz und meinen Kopf. Alles ist voller Energie und Kraft. Ich atme tief in alle diese Bereiche ein: Ins Basiszentrum, ins Herz und in den Kopf. So puste ich alles weg, was noch an Schwere in mir ist. Viel neues Leben kann dadurch einfließen.

* * * * *

SAFRAN — DAS GROSSE HERZ

Im Energiekreis liegt *SAFRAN* im Bereich des Elements Feuer, im Kreise der Harmonisierung. Die Energie der Essenz wirkt anregend und bringt positive Energien in unser Fünf-Körpersystem.

PROBLEMATIK: fehlende Liebe
POTENTIAL: Rückkehr ins Herz

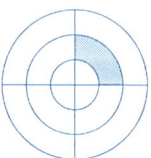

WIRKUNG

SAFRAN öffnet uns das Herz. Herzqualitäten wie Wärme und Liebe, ein tiefes Verständnis und Mitgefühl gegenüber den Mitmenschen werden in uns aktiviert und kommen in unseren Beziehungen neu ins Spiel. Diese Essenz lehrt uns, aus unserem Herzen heraus zu sehen, zu denken und zu sprechen. Diese Art zu leben bringt eine große und tiefe Wahrheit zutage. Sie macht das Leben viel einfacher, weil alles, was aus dem Herzen geschieht, einer Ebene von Einheit entspringt.

Auch die körperliche Liebe bekommt einen ganz anderen Anreiz, wenn wir sie mit dem Herzen verbinden können. Sexualität spielt sich dann nicht mehr nur in den unteren Regionen ab, sondern verbindet sich mit dem Herzen und kann so viel ganzheitlicher, feiner und tiefer erlebt werden. Dann kann unsere Seele mitleben und ihre Liebe zum Ausdruck bringen. Jemanden mit Haut und Haaren lieben zu können, aus ganzem Herzen und aus voller Seele heraus, ist etwas Wunderbares, - und etwas ganz anderes als ein *One Night Stand*. Dabei geht es meistens um die Befriedigung der unteren Chakren und um eine Bestätigung für das Ego. Sind wir in der Liebe, kann uns nicht viel passieren. Liebe verleiht uns immer noch den besten Schutz, denn über die Liebe fühlt sich niemand angegriffen. Vielmehr entsteht daraus eine erhöhte Menschlichkeit, die zum Zuge kommen kann.

AFFINITÄT mit anderen Essenzen: *JUPITER, NEPTUN, DRITTE TORÖFFNUNG*
AFFINITÄT zu der Bach-Blüte *Holly*

EINNAHME: Täglich zwei mal sechs Tropfen, sieben Wochen lang

AFFIRMATION
Liebe erzeugt Liebe. Ich beginne damit jetzt!

MEDITATION
Mein Herz öffnet sich wie ein Feuerball. Ich nehme das Leben durch mein Herz wahr. Wohlig verteilt sich die Wärme des Herzens im ganzen Brust- und Thymusbereich, geht hoch bis zum Halschakra und aktiviert dieses. Die Energie fließt weiter zum "Brunnen der Träume" und öffnet auch dieses Chakra.

Es kribbelt wunderbar vorne im Hals und hinten im "Brunnen der Träume".

Die Wärme und die Energie breiten sich aus bis in die Arme. Es erwachsen mir Flügel der Liebe. Das Zentrum ist mein Herz.

Mein Herz ist mein wahres Zentrum. Das kann ich nun ganz genau spüren. Nun beginne ich, alles aus diesem Hauptzentrum heraus zu tun: Ich fühle, ich denke, ich handle daraus.

Die wahre Motivation in allem ist Liebe. Diese Liebe wird für mich nun etwas ganz Zentrales. Auf diesem neuen Boden werde ich weiter aufbauen.

Liebe ist die wahre Kraft meines Wesens. Ich beginne jetzt, diese Liebe aktiv auszudrücken und vermehrt in die Welt zu setzen. Ich lasse Liebe fließen, weil Liebe die ganze Welt erhellt und erhebt. Mich erhebt sie mit, ich bin ganz beflügelt von dieser Liebe zu allem und jedem.

Liebe ist meine wahre Absicht. Ich werde sie jetzt in die Welt fließen lassen, weil die Welt sie braucht und sich dann weiter darin entflammt zu neuer Liebe.

* * * * *

KURKUMA   DAS HIER UND JETZT

Im Energiekreis liegt *KURKUMA* im Bereich des Elements Feuer, im Kreis der Heilung. Die Energie der Essenz wirkt anregend und bringt zusätzlich positive Energie in unser Fünf-Körpersystem.

PROBLEMATIK: Unklarheiten, Unausgeglichenheit
POTENTIAL: Klärung, Wachheit

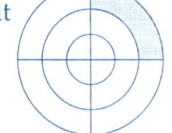

WIRKUNG

In den östlichen Lehren und Disziplinen wird immer wieder betont, wie wichtig es ist, im Hier und Jetzt zu leben. "Awareness", Wachheit, um die Realität voll und ganz aufnehmen zu können, denn nur im Jetzt kann das Leben an uns herankommen, und nur in diesem Jetzt können wir neue Situationen ergreifen, uns ihnen öffnen und sie nutzen. Zudem bietet sich die Realität, die sich von Moment zu Moment zeigt, für uns als bester Spiegel. Sie zeigt permanent auf, welche Realität die unsere ist. Ja, welche Realitäten wir uns selbst erschaffen haben.

Es ist eine große Herausforderung, in jedem Moment wirklich präsent zu sein. Wie schnell und gerne "rutschen" wir in Gedanken oder mit unseren Gefühlen in eine andere Ebene oder Sphäre ab. Wir leben dann entweder in der Vergangenheit oder in der Zukunft, aber nicht in der Gegenwart. Über viele Gedankengänge gleiten wir weg, verlassen die innere Wachheit und Bewußtheit. Wir gehen in unsere Illusionswelten, nähren uns an ihnen und spazieren dort umher, weil es uns dort besser gefällt als in unserer (selbst erschaffenen) Realität. Durch ein Ausweichen gegenüber der Realität sind wir nicht wirklich da und können Wichtiges verpassen, das das Leben für uns bereithält.

KURKUMA gibt der Seele Kraft, um sich dem Alltag zu stellen. Es reinigt stark den mentalen Bereich. Weiter stärkt und reinigt es unseren physischen Körper. Diese Reinigung kann sich auch durch körperliche Reaktionen bemerkbar machen. Alle anderen Körper werden ebenfalls mit dieser Essenz gereinigt und geklärt. Alle fünf Körper werden vermehrt miteinander verbunden.

Übrigens sind die Kleider der Buddhisten in den tibetischen Klöstern sehr oft mit KURKUMA eingefärbt. Sie gibt ihnen den gelborangen Ton.

AFFINITÄT zu anderen Essenzen: *NEPTUN, ISIS, UVQURTA*
AFFINITÄT zu den Bach-Blüten *Clematis* und *Scleranthus*

EINNAHME: Zwei mal sieben Tropfen täglich, sieben Wochen lang

AFFIRMATION
Ich lebe im Hier und Jetzt, voller Wachheit, Bewußtheit und Liebe.

MEDITATION
Ich fühle mich ausgeglichen und ganz ruhig. Ich spüre, daß die Energie stark auf der Ebene des physischen Körpers wirkt. Ich werde im Großen gereinigt, ganz viele Kräfte mobilisieren sich, um eine tiefe Reinigung zu bewirken. Alles in mir wird durchgeputzt und geklärt. Große Ausgeglichenheit macht sich breit. Ich merke, wie die Energien zu ihrem richtigen Platz in mir zurückfinden. Sie verteilen sich neu. Ich spüre, wie überall im Körper mehr Energie entsteht.

Das Chakra unterhalb des Herzens, das Milzchakra, beginnt sich zu öffnen. Es zieht Energien, die im Solarplexus sind, zu sich herauf und reinigt sie. Dadurch findet in mir eine Enegieerhöhung statt. Viel, noch nicht geklärte Energie im Solarplexus wird nun umgewandelt. Eine neue Klarheit entsteht. Ich befinde mich in einer großen Reinigung. Zudem merke ich, wie die Energien nach oben wandern, in mein Herz und ins Chakra oberhalb des Herzens, ins Thymuschakra. Dieses Chakra schafft nun eine Verbindung zum Halschakra. Ebenfalls wird der "Brunnen der Träume" aktiviert. Die Energien und all die neue Klarheit bauen sich auf. Diese sollen jetzt zu einem Ausdruck finden.

Damit berühre ich mein Umfeld neu, das auch merkt, daß sich meine Energien verändert haben. Meine Mitmenschen werden mich nun durch meinen neuen Ausdruck besser erkennen können.

* * * * *

ZIMT   KONZENTRATION

Im Energiekreis liegt ZIMT im Bereich des Elements Luft, im Kreise der Heilung. Die Energie wirkt beruhigend und führt positive Energien in unser Fünf-Körpersystem.

PROBLEMATIK: Zerstreutheit, große seelische Auf und Abs im Leben
POTENTIAL: Ausgleich zwischen der mentalen und emotionalen Ebene.

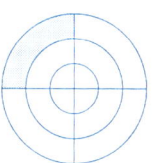

WIRKUNG

ZIMT stärkt unsere seelischen Kräfte und stellt ein großes Gleichgewicht her, vor allem zwischen dem Mentalen und dem Emotionalen. Beide Ebenen werden beruhigt und in Ausgleich gebracht. Aufgewühlte Gefühle werden über ZIMT beruhigt, wie Wogen, die nun geglättet werden. Dennoch fordert uns ZIMT heraus, unsere Gefühle, die wir in uns tragen, vermehrt in das Leben einzubinden. Die Erkenntnis wächst, daß wir unsere Gefühle ernst nehmen sollen, weil es eigentlich sie sind, die uns den Weg weisen.

Außerdem wirkt ZIMT entspannend auf das Gehirn und damit auf Konzentrationsmangel (oder zunehmende Vergeßlichkeit). Die Energien in uns werden gebündelt, sie "tanzen" nicht mehr willkürlich umher. Daraus erwachsen ein verstärkter Wille und eine große Klarheit.

Der Mentalkörper und Emotionalkörper werden gereinigt. Viel alter Ballast kann aus diesen beiden Körpern herausgearbeitet werden. Das Denken wird mit dem Herzen verbunden, das Fühlen auch. Über diese entstandene Verbindung, die im Herzzentrum liegt, stehen sie nun vermehrt im Einklang. Durch diese Zentrierung im Herz entsteht ein verfeinertes Gefühlsleben, ganzheitliches Denken ist die Folge.

ZIMT bringt neuen Schwung und Munterkeit in unser Leben, das Kind in uns erwacht.

BESONDERHEIT
Wir brauchen *ZIMT* sehr oft bei Kindern, die Schulprobleme haben, weil sie vom geforderten Stoff her intellektuell an ihre Grenzen stoßen. Oder weil sie nicht lange still sitzen bleiben können. Und natürlich bei Konzentrationsschwierigkeiten.

AFFINITÄT zu anderen Essenzen: *MERKUR, URANUS, SU-SU, TIS, TUX*
AFFINITÄT zu den Bach-Blüten *White Chestnut, Chestnut Bud*

EINNAHME: Täglich zwei mal sieben Tropfen, sieben Wochen lang

AFFIRMATION
Ich kommuniziere über das Herz, in Klarheit, Konzentration und Liebe.

MEDITATION
Zwischen meinem Herzen und meinem Kopf entsteht eine Verbindung. Mein Kopf entspannt sich, es beginnt im oberen und hinteren Teil zu kribbeln. Ich atme tief durch. Die Energie fließt jetzt in den "Brunnen der Träume". Dort arbeitet sie sich durch und öffnet neue Tore. Durch diese Öffnung wird mein Körper neu fokussiert und ausge richtet. Entspannung tritt ein und ein Ausrichten auf meine höheren Chakren. Der Kanal zu meinem Hohen Selbst wird frei. Ich werde in eine innere Geradlinigkeit und in eine große Klarheit gebracht.

Jede Gehirnzelle entspannt sich in meinem Kopf. Die Energie fließt dort viel besser. Beide Gehirnhälften sind entspannt. Meine Ohren werden voll geöffnet und aktiviert. So kann ich jeden Ton im Außen genau wahrnehmen und hören.

Ich bin ganz Ohr dem Leben gegenüber, aufnahmefähig, neugierig, um Neues erfassen zu können. Jeder Gedanke in mir ist klar, eindeutig, erkennbar. In meiner Gedankenwelt entsteht eine neue Struktur. Sie ist von Klarheit geprägt. Ich registriere alles, was um mich herum geschieht, bin ganz wach und überall voll dabei. Konzentriert kann ich klare Gedanken fassen und setze sie um. Mein hinteres Herzchakra öffnet sich. Die Energie fließt durch diesen Eingang und bahnt sich den Weg frei ins Herz. In meinem Herzen wächst eine Blume. Eine Blume der Wachheit.

* * * * *

VANILLE   SEHNSUCHT NACH DEM HIMMEL /
              DAS INNERE KIND

Im Energiekreis befindet sich *VANILLE* im Bereich des Elements Feuer, im Kreise der Harmonisierung und der Heilung. Die Energie wirkt anregend, führt positive Energien in unser Fünf-Körpersystem.

PROBLEMATIK: Fehlende Zärtlichkeit
POTENTIAL: Heilung des inneren Kindes

VANILLE heilt vieles, auch auf ganz tiefer Ebene. Sie ist Nahrung für unsere Seele, indem sie ihr wieder vermehrten Platz einräumt. Erinnerung an eine heile Welt wird wach, die wir ganz tief in uns tragen. Der Wunsch und die Sehnsucht danach werden wieder wach. Wir wollen zum Ursprünglichen zurückfinden und im Schoß der Geborgenheit unser verlorenes Selbst wiederfinden.

Diese Essenz macht sehr sensitiv und feinfühlig. Unsere Gefühlswelt bekommt ein größeres Gewicht, ausgehend durch eine Öffnung zu dieser. *VANILLE* macht uns weich und sanft und wir haben das Bedürfnis, vermehrt Zärtlichkeiten auszudrücken und zu empfangen. Der Bezug zum inneren Kind wird geweckt. Die Erinnerung, wie wir einst als Kind waren, wird damit wach, kommt an die Oberfläche. Wir erinnern uns, was uns damals wichtig war, an Spielen, Hobbys usw. Nun können wir diesen verlorenen Faden wieder aufnehmen. So gewinnt unser Leben an Sinn und an Erfüllung. Vielleicht hören wir wieder vermehrt Musik, oder wir beginnen wieder zu malen, zu fotografieren usw. Unser Seelenleben kann so Ausdruck finden.

Mit *VANILLE* kommen Körper, Geist und Seele in einen absoluten Ausgleich. Unsere Seele wird zu einem neuen Mittelpunkt. Sie zeigt uns, über die Sehnsüchte, die sie auslöst, den Weg. Der Mensch muß im Leben einen Sinn finden, sonst verkümmert er. Dieser Sinn sollte von Freude begleitet sein, wie ein Kind, das Freude hat, weil es etwas macht, das ihm wichtig ist. In der fünften Dimension wird Freude die Triebfeder unseres Tuns werden. Sie wird der wahre Beweggrund sein, warum wir eine Tätigkeit ausführen, denn ohne Freude macht das Leben keinen Sinn. Zudem werden in dieser neuen Dimension genau diese Hobbys oder alles andere, was wir so liebend gerne machen, plötzlich zu unserem Beruf. Dies wird möglich, weil die Werte des Lebens sich stark verändern werden.

Zuviel mentale Energie wird vom Kopf abgezogen und ins Herz gebracht. So entsteht ein entkrampftes, neuartiges Denken, weil das Denken mit dem Herzen verbunden wird. Durch den Ausgleich zwischen Emotional-, Mental- und Lichtkörper wird Platz gemacht für die innere Stimme und die Intuition. Dieser inneren Stimme zu folgen wird für uns von nun an das Wichtigste sein. Alle drei Körper werden in unserem Herzen fokussiert.

AFFINITÄT zu anderen Essenzen: *MOND, VENUS, NEPTUN, SIM, UVQURTA*
AFFINITÄT zu den Bach-Blüten *Holly, Wild Rose, White Chestnut*

AFFIRMATION
Meine Seele nährt mich. Ich lasse meine Zartheit und Verspieltheit zu.

Einnahme: Täglich dreimal sechs Tropfen, sieben Wochen lang

BEONDERHEIT
Die Essenz ist wunderbar bei zu großer Kopflastigkeit, die sich in unser tägliches Leben eingeschlichen hat.

MEDITATION
Ein weiches, warmes Gefühl durchfließt mich. Ein Gefühl von Geborgenheit und liebevollem Beschütztsein. Dieses warme Gefühl sickert über die Aura in mich ein. Ich werde weich, empfindsam, sensibel. Jede Zelle in mir öffnet sich.

Ich bin bereit, diese Wärme aus dem Herzen und dieses Geborgenheitsgefühl, das Akzeptieren, so wie es ist, ist es gut, an die Welt weiterzugeben. Ich lasse es aus mir fließen. Geben ist mir ein Bedürfnis. Ich möchte mit meiner inneren Fülle die Welt nähren.

Ich merke, daß das wahre Gold in meinem Herzen liegt. Ich beziehe dort meinen Platz. Alte Belastungen, die im Solarplexus liegen, werden dort aufgelöst und umgewandelt, und die daraus neugewonnene Energie fließt in mein wahres Zentrum, ins Herz.

Eine zu starke Energiekonzentration in meinem Kopf löst sich. Die Energie beginnt, sich neu zu verteilen, normalisiert sich. Diese überschüssige Energie fließt durch das Halschakra ins Herz. Vom Solarplexus fließt Energie hinauf, vom Hals hinunter. Beide Chakren, Hals und Solarplexus, vereinigen sich nun mit meinem Herzchakra.

Das Reservoir in meinem Herzen wird immer größer, und ich habe eine unbändige Freude, daraus schöpfen zu können und es an andere weiterzugeben.

Ich trage alles Wissen in meinem Herzen. Aus diesem Wissen heraus treffe ich automatisch die richtigen Entscheidungen. Sie bringen mir und anderen Segen. Aus meinem Herzen heraus fließt Segen in die Welt.

Alte Verletzungen, durch eine zu große Offenheit, die ich an den Tag gelegt habe, auch Schmerz durch Ablehnung, lasse ich nun los. Für diesen Prozeß lasse ich nochmals alle Gefühle zu.

Ich sehe die Bilder der Geschehnisse vor mir, sehe mir alles noch einmal an und lasse diese Bilder dann gehen. Eines nach dem andern. Ich erlöse die alten Erinnerungen, die alten Gefühle, lasse alles los.

Während dieser Heilungen bleibe ich die ganze Zeit mit dem wunderbaren Energiefluß, der sich in mir aufgebaut hat, verbunden. Ich kann viel Altes freilassen und gehenlassen und gewähre mir somit große Heilung.

* * * * *

SESAM   REINIGUNG UND VERBINDUNG ALLER
             KÖRPER / NEUAUSRICHTUNG

Im Energiekreis liegt SESAM im Bereich des Elements Erde, im Kreise der Stabilisierung. Die Energie wirkt anregend, es werden negative Energien aus unserem Fünf-Körpersystem ausgeleitet.

PROBLEMATIK: Zögern, Angst vor dem großen Schritt
POTENTIAL: Klarheit in bezug auf den weiteren Weg

WIRKUNG

SESAM stärkt auf intensive Weise den seelischen Bereich. Es reinigt uns auf allen Ebenen, bis hinein ins Feinstoffliche. Dies führt zu großer Klarheit, Erkenntnisfähigkeit und neuer Offenheit. *SESAM* bietet große Hilfe bei Entscheidungen. Meistens haben wir gerade in wichtigen Fällen Mühe, uns endgültig zu entscheiden, auch aus Angst, wir könnten eine falsche Lösung treffen. Die Tendenz ist dann, abzuwarten. Aber manchmal warten wir so lange, bis der Zug abgefahren ist, ohne uns. Das ist auch eine Möglichkeit, sich nicht entscheiden zu müssen. Aber wir werden von geistiger Seite her geführt. Wenn dieses Bewußtsein wieder in unseren Alltag einfließen darf, werden wir merken, daß Angst vor der Zukunft unnötig ist und einer Illusion zugrunde liegt.

Durch Angst können wichtige Stationen unseres Lebens, die auf unserem Lebensplan stehen, verpaßt werden. Viele Menschen bekommen Angst, wenn sie merken, daß es nun konkreter wird und nun das eintritt, von dem sie immer geschwärmt haben, weil das Universum es ihnen nun präsentiert. Aber genau durch solche Situationen geht das Leben weiter und unsere Entwicklung auch. Unser Leben bekommt weiteren Sinn und neue Farbe. Wenn wir klare Entscheidungen treffen, zeigen wir unserer Umwelt eine klare Ausrichtung an. Wir werden so durchschaubarer.

Aber nur, wenn wir wissen, wer wir sind, wissen wir auch, was wir wollen. Nur dann können wir den göttlichen Plan in uns verwirklichen und sind bereit, längerfristige Ziele anzuvisieren.

Diese Essenz ist außerdem dazu geeignet, unsere Individualität auch in Gruppen beizubehalten. Immer da, wo eine starke Gruppendynamik herrscht, müssen wir aufpassen, daß wir uns trotz ihrer großen Einflüsse treu bleiben können, denn in Gruppen kann es schnell eine Dynamik geben, und plötzlich besteht die Gefahr, daß wir etwas mitmachen, weil es alle anderen auch tun, obwohl es nicht zu unserem Weg und unserer Ausrichtung gehört. Diese Essenz gibt dem Einzelwesen in der Gruppe dazu die nötige Unterstützung.

Mit *SESAM* ist der innere Kern gefragt. Und die Essenz bringt uns zu ihm, denn sie verleiht die Kraft, die Wahrheit zu ergründen. Die Wahrheit ist das Ziel, und das wird klar über *SESAM*.

Das heißt aber nicht, daß Gruppen nicht gut wären. Ganz im Gegenteil. Je mehr ein Mensch auf seinem Weg fortgeschritten ist, umso mehr ist er auch der Normalität entwachsen. So fühlt er sich oft einsam und unverstanden. Und wenn alle umliegenden Menschen so anders sind und so anders leben, kann sich plötzlich Zweifel einschleichen und ihn verunsichern. Da kann eine Gruppe, in der er Gleichgesinnte findet, Wunder wirken. Das bestärkt ihn, seinen Weg weiterzugehen und ihn trotz der vielen Opfer, die er ihm abfordert, nicht zu verlassen. In Zukunft werden wir ohnehin vermehrt in Gruppen leben. Diese neue Lebensart beinhaltet dann ganz neue soziale Spielregeln. *SESAM* öffnet den Weg zu diesem Bewußtsein. Über lange Zeit hat dieses alte Wissen in uns geschlummert. Jetzt ist die Zeit angebrochen, in der es wieder erweckt werden darf.

AFFINITÄT zu anderen Essenzen: *ULME, ISIS, TIS, SLI-SU, PU TULAS*

EINNAHME: Zwei mal täglich sechs Tropfen, sieben Wochen lang.

AFFIRMATION
 Ich habe meinen inneren Kern gefunden. In Klarheit begegne ich der Welt.

Ich bin über das Herz mit dem Kosmos verbunden. Ich fühle mich eingebunden.

MEDITATION

In mir wird alles voller Licht, hell und leicht.

Ich entspanne mich und lasse geschehen. Große Ruhe breitet sich aus. Ich weiß, daß alles richtig ist, so wie es ist, und alles richtig kommen wird. Gottvertrauen erwächst in mir und eine starke Verbundenheit mit meinen Sternenbrüdern und Sternenschwestern im All.

Vieles kann ich erkennen, was mir bis dahin verborgen blieb. Ich richte mich auf und bin bereit, mich auf Neues einzulassen und Neues zuzulassen. Ich öffne mich mir und dem Universum.

Im "Brunnen der Träume" arbeitet es stark. Dadurch wird mir vieles bewußt. Ich erkenne, daß ich nun ein Stück mehr erwache.

In diesem Chakra arbeitet es weiter. Es tut mir gut. Ich merke, wie sich die Energie im Körper, in jeder Zelle meines Körpers, beginnt, anders zu drehen. Die Energien fließen in mir völlig neu.

Auch meine Gehirnströme fließen anders. Das wirkt ungemein erfrischend. Ich fühle mich wie neugeboren. Alle hinteren Chakraeingänge werden auf feine Art und Weise aktiviert. Es geschieht in mir eine große Öffnung. Jedes Chakra ist neu aktiviert und beginnt sich vermehrt zu drehen. Ich stimme mich darauf ein und lasse es geschehen. Alle Chakren werden jetzt der Reihe nach durch ein Lichtband miteinander verbunden. In mir entsteht ein Lichtweg, der auf die obersten Chakren über meinem Kopf ausgerichtet wird.

Alles in mir ist aktiviert. Ich bin ausgeglichen. Ich schwinge neu. In mir ist eine andere Schwingungsmatrix entstanden.

* * * * *

AJOWAN   KOMMUNIKATION AUF ALLEN EBENEN

Im Energiekreis liegt *AJOWAN* im Bereich des Elements Luft, im Kreis der Heilung. Die Energie wirkt beruhigend und führt positive Energien in unser Fünf-Körpersystem.

PROBLEMATIK: Verminderte Kommunikation
POTENTIAL: Erweiterter Austausch

WIRKUNG

Eigentlich ist es logisch, daß *AJOWAN*, die Essenz, die den vermehrten Ausdruck fördert, genau nach der Essenz *SESAM* kommt, die für das Gruppenbewußtsein steht, denn in einer Gruppe ist eine viel ausgeprägtere und erweiterte Kommunikation notwendig, damit alle Gruppenteilnehmer einander wirklich verstehen können. Und da merkt man dann sehr deutlich, ohne zu werten, wie mangelhaft unsere herkömmliche Kommunikationsfähigkeit noch ist. Bis jetzt hat eine Schmalspur-Kommunikation vielleicht gerade noch gereicht. Aber nun, mit dem neuen Bewußtsein, das auch mit einer zukünftigen Lebensform mit mehr Gruppendasein einhergeht, reicht diese nicht mehr. Der Ausdruck, sei es über das Sprechen oder über die Körpersprache, über den Tanz oder über andere künstlerische Tätigkeiten, kommt bei uns Menschen leider viel zu kurz.

Ausdruck und Kommunikation sind wichtig und ein Segen für das Miteinander. Auf gar keinen Fall stellen sie eine Belastung oder sogar eine Nötigung dar, falls sie richtig fließen. Aber auch das muß gelernt sein. Zu viel Reden kann wirklich auf die Nerven gehen, zu wenig Gespräch macht hilflos. Mit *AJOWAN* lernen wir wahren Austausch und wahre Kommunikation. Und das immer wieder. Auch weil wir in diesem Prozeß, in den *AJOWAN* uns hineinbringt, in einem erhöhten Maße merken, warum es unter Menschen immer wieder Mißverständnisse gibt. Denn wenn etwas zu wenig klar und eindeutig ausgesprochen wird, besteht die Gefahr, daß jeder es dann so macht, wie er es für richtig hält.

AJOWAN ist eine wichtige Essenz, wenn man in Gruppen oder in der Familie zusammenlebt, denn da sind gleich etliche miteinander betroffen. In einer Gruppe merken wir vermehrt, wie einsilbig wir in Sachen Kommunikation noch sind. Und gerade da, wo sich eine innere Betroffenheit bemerkbar macht, kommt die Diskussion schnell ins Stocken. Dann sind wir versucht, aufzuhören, obwohl das Problem nicht bis zum Ende durchdiskutiert wurde. Über AJOWAN breitet sich eine große Wachheit aus. Dadurch entsteht ein vermehrtes Zuhören und Aufnehmen, was zu einem tieferen Verständnis der Lage, auch der unseres Gegenübers, führt.

Es braucht einiges, um sich in einer Gruppe so ausdrücken zu können, daß jeder versteht, was wir wirklich meinen. Dies setzt die Fähigkeit voraus, sich ausdrücken zu können. Die richtigen Worte zu wählen und darüber hinaus nicht zu wenig und nicht zu viel zu sagen, wird dabei entscheidend sein. Die Notwendigkeit des Entwickelns einer immer wiederkehrenden und erweiterten Kommunikation als neues Lernfeld wird zunehmend erkannt. Es braucht viel Geduld und viel Bemühung, bis wirklich alles klar ist, für jeden und alle, und man muß so lange am Ball bleiben, bis wirklich alles gesagt, richtiggestellt und auch verstanden wird. Dann ist der Durchbruch zum ganzen Verständnis aller Beteiligten erreicht.

Diese Essenz eröffnet uns eine vermehrte Kommunikation auf allen Ebenen: Zu den Nächsten, zu Kindern, zu Tieren und zu der geistigen Welt.

AFFINITÄT zu anderen Essenzen: *MERKUR, TUX, WAHRNEHMUNG*

AFFIRMATION
Ich kommuniziere mit allem. So fühle ich mich eins.

MEDITATION
Lichtfunken bewegen sich vor meinen Augen. Ich gehe mit meinem Bewußtsein ganz tief in die Zellen meines Körpers hinein. Meine Zellen füllen sich mit Licht. In diesen Zellen findet eine Energieumwandlung statt. Viel Altes wird gelöst, damit das Licht Besitz von meinen Zellen nehmen kann.

Nach dieser intensiven Aktion in meinem Inneren werde ich ruhig.

Durch das Licht, das in meine Zellen geflossen ist, ist eine neue Lichtbasis in mir entstanden, auf der ich aufbauen kann. Ich lasse geschehen, was immer kommt.

Die Energie steigt tief in mir auf, ähnlich wie bei einem Vulkan. In meinem Herzen nimmt sie vermehrt Raum ein und öffnet mein Herz ganz weit. Mein Herz fühlt sich an wie ein Fenster, das geöffnet wird, und aus dem ich mit meiner Umgebung neu kommunizieren kann.

Die Energie steigt weiter hinauf bis zu meinem Halschakra. Auch dieses öffnet sich. Bestehende Schranken werden in diesem Chakra beseitigt, damit sich das neue Licht und die neue Kraft im Halschakra breit machen können.

Nun fließt die Energie weiter zum "Brunnen der Träume". Dort wird weiter aktiviert und auch dekodiert. Von dort aus geht eine Umstrukturierung in mir vor. Ich sehe die Welt in einem anderen, neuen Licht. Ein lichtvolles Begehen meines Weges wird möglich. Ich erkenne, was Wahrheit ist. Der "Brunnen der Träume" wird ganz weit geöffnet, alte Blockaden werden gelöst. Dieses Chakra wird jetzt direkt mit dem Halschakra verbunden und dieses mit meinem Herzchakra. So entsteht in mir ein Dreieck, das diese drei Energiezentren verbindet. Diese Energien werden nun eins und fließen zusammen. Dadurch entwickelt sich eine große, innere Kraft, die sich durch einen erhöhten Ausdruck äußert. Mein Ausdruck, meine Worte, meine Gedanken sind jetzt völlig verbunden mit meinem Herzen und dem alten Wissen, das ich in mir trage.

Ich kann jetzt voller Licht und mit meiner Weisheit sprechen, die Sprache des Lichts setzt sich in mir durch, die schon immer in mir war, die ich aber über längere Zeit vergessen und zu der ich nun zurückgefunden habe.

Auch große Tabus in der Kommunikation mit meinen Nächsten kann ich jetzt aufbrechen und auflösen. Durch die innere Kraft, die sich in mir breitgemacht hat, entsteht ein viel größerer Kommunikationsfluß.

Ich spüre die Göttlichkeit mitschwingen, wenn Worte mit Wahrheit und Liebe ausgedrückt werden. Neue, große Welten öffnen sich mir. Diese neu erstandene Liebe und Wahrheit befreien mich ungemein. Ich fließe ganz neu mit dem Universum. Auch das Chakra, das oberhalb meines Körpers liegt und "spirituelle Frau" / "spiritueller Mann" heißt, wird nun stark aktiviert. Die Kraft, die von diesem Chakra in mich einströmt, bringt mich in eine ganz neue Balance und zu einem viel größeren Verständnis.

* * * * *

RESCUE   AUFLÖSUNG VON ALTEM SCHOCK

Diese Essenz besteht aus fünf verschiedenen Gewürz-Energieessenzen: *OREGANO, DILL, GEWÜRZNELKE, VANILLE und SELLERIE.*

(Sellerie ist in diesem Buch noch nicht enthalten).

PROBLEMATIK: Schocks und Trauma
POTENTIAL: Neues Fließen

WIRKUNG

Die *RESCUE* kann ähnlich verwendet werden wie die Rescue-Tropfen von den Bach-Blüten. Also bei einem Zahnarztbesuch oder anderen Aufregungen, nach Unfällen usw.

Sie kann aber auch regelmäßig, also täglich, eingenommen werden. Dann greift sie tiefer, holt Schock oder schmerzhafte Erlebnisse hoch, die weiter zurückliegen und die wir noch nicht verdaut haben. *RESCUE* spürt also tief in uns liegende Blockaden auf. Vielleicht werden wir plötzlich, während wir diese Essenz einnehmen, an Schocksituationen im Außen herangeführt, damit uns diese an eine solche im Inneren heranbringen. Wir haben dann die Chance, sie zu verarbeiten und zu heilen. Es kann auch sein, daß unter dem bearbeiteten Schock ein noch älterer Schock liegt, der nun auch hochkommt, um bearbeitet und aufgelöst zu werden. Solche noch älteren Schocks sind oft in früheren Leben entstanden. Unsere Seele hat sie mitgebracht, in das jetzige Leben hinein, in der Hoffnung, sie in diesem Leben auflösen zu können. Zwei solche Schocks stehen immer in direktem Zusammenhang.

Diese Essenz kann also tief gehen, muß es aber nicht, weil die Seele bestimmt, was zum Aufarbeiten freigesetzt wird.

Sind wir für einen tiefen Prozeß bereit, werden wir es niemals bereuen, sondern heilfroh sein, endlich an diese alten schwerwiegenden "Behinderungen" in uns zu stoßen. Wie wollen wir ganz aufsteigen, wenn wir noch solche Behinderungen in uns tragen? Also ist diese Essenz eine der wichtigsten Essenzen überhaupt. Unsere Seele wird jubeln, wenn sie die Chance bekommt, diese Arbeit zu tun, denn sie leidet schwer unter solchen Belastungen.

Durch diese Essenz werden wir ganz zu uns zurückgeführt. Endlich, endlich, endlich! So tönt es in unserem Innern. Wir atmen befreit auf.

Es lohnt sich also, diese Schocks aufzuarbeiten. Unsere Seele dankt es uns, nach einer solchen Auflösung können wir befreit leben. Wir merken den Unterschied erst nachher, denn der Mensch gewöhnt sich an alles. Mit der Zeit merkt er Belastendes nicht mehr. Er integriert es in sein System, arrangiert sich damit; findet es normal, daß er sich so fühlt. Er wundert sich höchstens, warum sein Leben nicht so gut funktioniert wie das Leben anderer. Aber er weiß nicht warum. Ist der Schock oder sind die Schocks verschwunden, wird er den Unterschied merken und viel fröhlicher werden, weil nun das Leben auf einer neuen Ebene weitergehen kann.

BESONDERHEIT

Diese Station des Aufarbeitens kommt meist nicht gleich zu Beginn unseres Weges, sondern erst, wenn wir uns im Spiel der Transformation genügend zu Hause fühlen und seine Regeln schon kennen. Dann können wir uns auf eine tiefere Arbeit einlassen.

AFFINITÄT mit anderen Essenzen: *LINDE*
AFFINITÄT zu den Bach-Blüten *Rock Rose* und *Star of Bethlehem*

AFFIRMATION

Ich stehe in meiner Mitte, absolut ruhig. Mein Bewußtsein ist glasklar.

MEDITATION

Jede Zelle in meinem Innern beruhigt und klärt sich. Ich komme zur Ruhe und atme tief durch. Vieles erscheint mir klar auf meinem Weg, und dies führt zu einem höheren Bewußtsein.

Die Vergangenheit senkt sich herab, in neuem Licht. Ein Weg tut sich auf.

Ich stehe an einem Scheidepunkt. Welchen Weg wähle ich? Bleibe ich im alten Kreisel oder wechsle ich in eine neue Spirale?

Es fällt mir leicht, zu wechseln, denn ich fühle mich stark. Stark genug, um neue Wege gehen zu können. Alles in mir wird aufgewirbelt, um zu einer neuen Ordnung zu finden. Auf diese Weise lasse ich los. Mein ganzes System reinigt sich. Ich beruhige mich. Die Ruhe geht bis ganz ins Innere hinein, weil ich weiß, daß alles, was geschieht, seine Richtigkeit und seine Ordnung hat. Und weil ich weiß, daß ich jetzt neu entscheiden kann. Ich empfinde diese Freiheit, neu entscheiden zu können, ganz stark. Dadurch gehen Türen auf, die mich weiter in meine Zukunft bringen.

Alte Türen gehen zu. Ich sehe noch einmal, was dahinter war, um begreifen zu können, welchen Weg ich gegangen bin. Ich schließe jetzt mit diesem Weg ab, auch mit alten Lebenshaltungen, die diesen Weg begleitet haben. Ich wende mich Neuem zu und entwickle neue Verhaltensweisen, die sich auf Liebe, Freude und wahrem Sein gründen. Ich gehe jetzt einen Weg, der mir wirklich dient und mir guttut, weil er zu meiner inneren Grundstruktur paßt.

Alles in mir entspannt sich, bis in die tiefste Faser meines Wesens hinein. Ich erkenne, daß ich der Schöpfer meines Lebens bin, und erkenne diesen Weg.

Ich bin der Schöpfer, der meine Realität formt. Ich entscheide über mein Leben und begebe mich nur in Situationen, die mir guttun. Alles andere, auch andere Werte, lasse ich jetzt los, weil ich weiß, daß ich nun darüber hinausgewachsen bin.

Ich wähle jetzt einen lichtvollen Weg, voller Liebe und Frieden.

* * * * *

RESCUE-ÖL   AUFLÖSEN VON KÖRPERLICHEN
                  BLOCKADEN

Dieses Öl ist Träger der Essenz *RESCUE* und kann wunderbar als Erstehilfe-ÖI bei kleineren Unfällen und Verletzungen, von denen vor allem Kinder betroffen sind, angewendet werden. Zudem besänftigt es Schmerzen jeglicher Art, löst gestockte oder gestaute Energien im Körper auf, wirkt entkrampfend und harmonisierend. Die Heilkraft dieses Öls reicht bis in die Zellen unseres Organismus hinein. So können Schocks, auch alte, die in den Zellen unseres Gewebes gelagert sind, aufgelöst werden, solche, die durch einen Unfall oder eine Operation, auch einen Operationsschnitt, entstanden sind. Aber auch ganz alte Blockaden, die von früheren Leben herrühren und heute unsere Schwachstellen ausmachen, können mit diesem Öl gelöst und energetisch behandelt werden.

Dieses Öl hat eine Sofortwirkung und bringt verblüffende Heilresultate. Auch nach schwereren Unfällen, oder bei Hautverbrennungen, läßt dieses Öl die Wunden extrem schnell heilen.

Schwachstellen in unserem Körper melden sich in letzter Zeit vermehrt, meist mit eigentümlichen Schmerzen, von denen wir gar nicht wissen, warum sie auftreten. Diese Schmerzen sollten wir ernst nehmen, sie rufen jetzt nach Heilung, denn die Zeit ist angebrochen, in der wir uns auch den Blockaden auf physischer Ebene zuwenden sollten, um sie aufzulösen. Wir sollten nun unseren Körper stärken und gesunden lassen, denn letztendlich kann ein gesunder Geist sich nur in einem gesunden Körper wohl fühlen.

Ebenfalls gut geeignet ist dieses Öl für die Rückenschmerzen, die heute bei vielen Menschen auftreten und sich oft als Altlasten der Vergangenheit in Form von gestauten und blockierten Energien im hinteren Beckenbereich bemerkbar machen. Mit der

Entblockung dieser Stellen am Rücken bereiten wir zugleich den Weg für die Kundalini-Energie vor.

EINNAHME: Einreiben des Öls als Kur, etwa sieben Wochen lang

VIERTE TORÖFFNUNG

11. AUGUST 1999

THEMA: DIE TIEFSTE, EIGENE REALITÄT

DAS BEWUSSTSEIN WIRD GEBOREN:

WIR SIND SCHÖPFER DER EIGENEN REALITÄT

UNTER DIESER TORÖFFNUNG ENTSTANDENE ESSENZEN:

VIERTE TORÖFFNUNGSESSENZ
(weitere werden entstehen)

AUFBRUCH ZUR INNEREN VISION

Die vierte Toröffnung ist die als bisher wichtigste Toröffnung zu bezeichnen, abgesehen von dem ersten großen Tor 11:11 vom 11. Februar 1992, das den Auftakt zu allen weiteren bildete.

Bei der vierten Toröffnung geht es darum, tiefer zu der eigenen, inneren Realität vorzudringen, tiefer in sich zu gehen und neue Bereiche, die bis jetzt geschlummert haben, zu entdecken. Je tiefer wir kommen, desto mehr nähern wir uns dem inneren Schatz und auch unseren tief verborgenen Idealen.

Sind wir fündig geworden, finden wir auch unsere innere Vision. Die Themen, die damit zu tun haben, werden uns nun näher vor Augen gebracht, und wir können feststellen, wie weit wir in unserer jetzigen Realität noch von ihnen entfernt sind. Das können tiefe, brennende Gräben sein. So sehen wir, was wir auf unserem Werdegang schon alles realisiert haben, und was nicht.

Hierbei ist es wichtig, die Muster zu erkennen, die uns noch von dem Glück trennen, denn wir sind die Schöpfer unserer eigenen Realität. Das Glück - aber auch Unglück – liegt in unseren Händen. Trotzdem fallen wir oft wieder in den alten Trott zurück, obwohl wir genau wissen, daß wir mit unserem alten Verhalten keinen Zoll weiterkommen, sondern uns nur unnötig abmühen. Muster über Muster wird uns in dieser neu angebrochenen Zeit aufgezeigt, damit wir sehen können, welche alten Gefühle und welches alte Denken uns noch im Wege stehen. Zum ersten Mal ist es möglich, ein Lebensmodell, das der neuen Zeit entsprechen wird, zu erschaffen. Ein Modell mit neuen Werten, das gekoppelt ist mit unseren tiefen Sehnsüchten und Träumen. Bis jetzt haben wir diese in eine Ecke ganz hinten verbannt, weil wir instinktiv wußten, daß es noch nicht möglich war, sie zu realisieren. Es gab Zeiten, da glaubten wir vielleicht nicht mehr an unsere Träume. Nun aber ist die Zeit da, sie zu realisieren.

Es geht jetzt darum, uns die gewünschte Zukunft vorzustellen. Die Chance, diese Vision umzusetzen, ist heute sehr viel größer als früher. Wir wachsen in unsere Schöpferkraft hinein, die wir bis jetzt unterschätzt haben. Dazu aber müssen wir genau wissen, was wir wollen und auch prüfen, ob diese Wünsche sich im göttlichen Einklang befinden. Denken wir an die große Schöpferzeit in Atlantis zurück, in der sich die Wissenschaftler von den Hohenpriestern abgewandt und ihre Schöpfungen nicht mehr einer geistigen Überprüfung unterzogen haben! Genau an diesem Punkt ist der spätere Zerfall von Atlantis vorprogrammiert worden. Es ist möglich, nun in eine größere Realität hineinzuwachsen. Wir haben aber dabei auch eine größere Verantwortung für unser Tun zu übernehmen, weil es die gewohnte Tragweite um einiges übersteigen kann.

"Eine größere Realität" ist die richtige Bezeichnung für das, was das Vierte Tor uns eröffnet. Unsere Seele tritt nun in den Vordergrund, sie sieht und denkt umfassender. Wir haben die einmalige Chance, mehr in die Ebene der Seele hineinwachsen und dadurch aus vielen Begrenzungen, in denen wir bis jetzt noch steckengeblieben sind, herauswachsen. Vieles berührt unser Ego nicht mehr. Was ihm vorher noch wichtig war, hat nun an Bedeutung verloren. Auf der Seelenebene fallen viele persönliche Unzulänglichkeiten weg, es geht um etwas Größeres. Die Zeit, aus verletztem Stolz oder aus Eitelkeit zu reagieren, ist endgültig vorbei. Wenn wir aus der Seelenebene handeln können, sind wir ein großes Stück über uns hinausgewachsen und gleichzeitig viele Schmerzen los, die sich das Ego selbst geschaffen hat.

Neue Begegnungen mit Menschen werden möglich. Größeres kann vollzogen und umgesetzt werden. Seelen finden zu Seelen, Seelenpartner zu Seelenpartner. Und Seelen, die sich bestimmte Aufgaben vorgenommen haben, werden zusammengeführt, um diese Pläne zu realisieren.

Da es das vierte Tor ist, wird die Zahl vier während der Aktualität dieses Tores stark ins Schwingen kommen. Der Blick wird vermehrt auf die Materie, auf das Grobstoffliche gerichtet. Darum ist es nicht verwunderlich, daß sehr viele Lichtsuchende und Lichtarbeiter nun noch einmal, oder sogar so stark wie noch nie zuvor, mit dem Thema Geld konfrontiert werden, denn gerade jetzt haben viele Menschen zu wenig Geld, müssen sogar auf Erspartes zurückgreifen. Viele selbständige Lichtarbeiter verdienen zu wenig, weil ihre Praxen nicht wie gewohnt gut laufen. So ist es eine ideale Zeit, an die eigenen Geldmuster heranzukommen und sie zu beleuchten. Wie denken wir über Geld und wie und wofür setzen wir es ein? Vertrauen ist angesagt, und eine erneute Überprüfung, ob das, was wir tun, immer noch den kosmischen Gesetzen entspricht. Sehr viele Vertrauensprüfungen laufen über das Thema Geld ab. Aber gerade dann, wenn das Geld knapp wird, können wir spüren, daß Führung hinter uns steht. Wenn ein Türchen sich schließt, wird sich ein neues öffnen.

Auch unserem physischen Körper sollten wir nun vermehrt Aufmerksamkeit schenken. Wie gehen wir mit ihm um und wie gesund sind wir wirklich? Wie ernähren wir uns? Wieviel Erholung und Ruhepausen gönnen wir ihm? Genauso, wie Geldprobleme aufbrechen, brechen nun auch Krankheiten auf. Viele von ihnen haben schon lange in unserem Körper geschlummert. Nun kommen sie ans Tageslicht. Plötzlich merken wir, daß unser Körper kränker ist als angenommen. Also gilt es nach neuen Wegen für ihn zu suchen, um ihn gesunden und erstarken zu lassen. Um den begonnenen Aufstiegsweg weiter zu begehen, zumindest, wenn wir dafür unseren Körper mitnehmen wollen, sollten wir nun die Kräfte des Körpers steigern und die Gesundheit stählen. Wir werden auf neue Ernährungsmöglichkeiten stoßen. Die Mutter Natur birgt in sich so viele wunderbare Mittel wie Hölzer, Samen, Kräuter und Heilpflanzen, die der Mensch für sich als tägliches Nahrungsmittel noch nicht entdeckt hat, die ihn aber ungemein stärken und ihn gleichzeitig auch feinstofflicher werden lassen würden.

Immer wenn es in der laufenden Entwicklung vermehrt um unseren Körper geht, geht es auch um die Entwicklung unseres Planeten. In der heutigen Zeit können wir klar feststellen, daß sich unser Planet stärker bemerkbar macht. Er schüttelt und rüttelt uns, die Elemente melden sich mit Vehemenz. Wir lernen die Elemente unserer Erde spürbar kennen. Diese Elemente tragen wir auch in uns, und bis jetzt haben wir unserem Körper eher wenig Beachtung geschenkt, ebenso wie den vielen Elementarwesen auf unserem Planeten. Unser Planet will nun auch in eine für ihn größere Realität hineinwachsen und sich der fünften Dimension mehr annähern.

Die Vierte Toröffnung hat am 11. August 1999 stattgefunden, zeitgleich mit der großen Sonnenfinsternis am Himmel über Europa. Die Toröffnung und die Sonnenfinsternis stehen im engsten Zusammenhang. Der Mond hat sich an diesem Tag vor die Sonne geschoben. Symbolisch gesehen drückt dieses Bild folgende Themen aus: Der weibliche Teil wird vor den männlichen geschoben, das heißt: der weibliche Teil soll entwickelt werden. Der Mond war bei der Sonnenfinsternis genau so groß wie die Sonne. Das deutet darauf hin, daß der Kosmos am Himmel ein Symbol erscheinen läßt, das auf einer absoluten Gleichberechtigung zwischen Männlichem und Weiblichem hinweist. Beziehungen werden davon profitieren, das Rollenverhalten Mann/Frau kann in dieser Zeit genaustens unter die Lupe genommen und alte Zöpfe endgültig abgeschnitten werden. Da der Mond symbolisch auch für die Seele steht, soll uns die Seele nun den Weg zeigen.

Mangel an Geld oder Krankheiten, die ausbrechen, machen natürlich Angst. Genau diese Ängste sollen wir nun kritisch betrachten, denn sie bringen uns nicht weiter – im Gegenteil: aus Angst machen wir oft falsche Schritte oder Rückschritte, oder greifen sogar auf die Werte der dritten Dimension zurück. Und genau das Gegenteil ist angesagt: Die Umpolung kann nur stattfinden, wenn Angst zur Liebe, wenn Zweifel zum Vertrauen und Mangel in die Fülle führen. Wir denken uns solche neuen Werte in unser Leben und steuern sie an. Wenn wir auf diesem Kurs bleiben und alle Muster, die sich dazwischenstellen, lösen, werden sich unsere Träume während dieser wunderbaren Kraft des Vierten Tores schnell und groß in unserem Leben manifestieren können.

VIERTE TORÖFFNUNGSESSENZ

Der Weg zur Seele geht über das Vertrauen. Die Möglichkeit besteht, immer mehr im Zustand "seelenruhig" bleiben zu können, auch wenn es in unserem Leben stark auf und ab geht. Die Zeiten werden unruhiger und manifestieren Dinge, die gegensätzlich sind. Auch Überraschungen können auf uns warten. Also sollen wir nun in uns gefestigt sein und unerschütterlich wissen, wo und wie unser Weg verläuft. Wir lassen uns nicht mehr verunsichern, sondern gewinnen Klarheit aus unserem Innern.

All das fördert die Essenz *VIERTE TORÖFFNUNG*. Sie macht uns innerlich stabil, aber gleichzeitig beweglich, flexibel und wendig, um auf das bewegte Außen optimal reagieren zu können. Geschehenlassen ist das große Zauberwort dieser Essenz. Wir entwickeln ein inneres, größeres Akzeptieren, wie auch immer die Realität aussieht. Wir können die Realität in einer größeren Bandbreite erkennen und unterscheiden, was stimmig ist und was nicht. Wir verzweifeln nicht an den unvollkommenen Realitäten, sondern im Gegenteil, sie spornen uns an, es anders zu machen. So lassen wir viele alte Verhaltensmuster los und stellen uns vermehrt auf das Neue ein, das nun greifbar vor uns liegt. Neue Ideen werden sofort umgesetzt. Auf diese Weise wachsen wir in eine für uns größere Realität hinein, und das Tolle ist: Wir erschaffen sie selbst! Es lohnt sich also, sich zu getrauen, einen Sprung zu machen in eine neue Dimension, von der wir schon lange geträumt haben. Diese Essenz gibt uns Mut und Kraft, Altes und Widerwärtiges loszulassen. Wir merken, daß die Zeit der vielen Kompromisse vorbei ist, und atmen innerlich auf. Lange mußten wir uns auf Kompromisse einlassen, die unsere Realität eingeschränkt und kleiner gemacht haben, denn die Zeit war noch nicht reif für die tief in uns verborgenen Ideale.

Unsere Seele nimmt mehr wahr und ist auf das Kommende vorbereitet. Geben wir ihr mehr Raum, können wir aus vielem herauswachsen, was für unser kleines Ich noch wichtig war. So werden wir ein Stück größer. Breitschultrig stehen wir da, in einem noch nie gekanntem, großen Vertrauen, nach dem Motto: Dein Wille geschehe, nicht meiner!

Wir werden mit dieser Essenz vieles in Ordnung bringen, denn wir brauchen weniger Materielles und mehr Spielraum, um unsere Spiritualität zu leben. Loslassen fällt leicht, und wir genießen es, unsere Energien freier fließen zu lassen und unbelasteter dazustehen.

Dennoch – und das ist kein Widerspruch – können wir uns vielleicht lang gehegte, materielle Wünsche erfüllen, obwohl wir noch nicht genau wissen, woher das Geld dafür kommen soll. Und auch hier braucht es Vertrauen. Wir bekommen das, was wir brauchen, weil es für uns als nächster Schritt wichtig ist. Nun ist die Zeit da, uns auch diese Träume zu erfüllen.

Die Spreu trennt sich in dieser Zeit noch mehr vom Weizen. Viele Beziehungen brechen auseinander, wenn die Ausrichtung oder die Motivationen nicht mehr übereinstimmen.

POTENTIAL: Großes Selbstwertgefühl, Standfestigkeit, Vertrauen, Akzeptanz, Verzeihen, Loslassen, Ordnung schaffen, alte Träume verwirklichen, Sprung ins Neue

Diese Essenz wurde auf einem kleinen Atoll auf den Malediven geboren. Das Schöne daran war, daß ich dorthin geführt wurde, ohne zu wissen, daß Solara, die Verbreiterin der Vision 11:11, die Energien des Vierten Tores ebenfalls auf einem Atoll verankert hatte.

SCHWINGUNGSMITTEL FÜR DIE ÄUSSERE ANWENDUNG

Bei *La Sylphide* gibt es ebenfalls Schwingungsmittel für die äußere Anwendung, die wichtig sind und wohltuend wirken.

Das sind zum einen die *CHAKRAÖLE*, die jedem Chakra zugeordnet sind. Diese Öle aktivieren, harmonisieren und reinigen das Chakra und regulieren es in seiner Größe.

Dann das *FUSSCHAKRAÖL*, das stark erdend wirkt und uns mit Mutter Erde verbindet und zusätzlich alle Bewegungschakren im Körper anregt.

Weiter das *HANDCHAKRAÖL*, in dem viel Liebe und Heilkraft enthalten und für therapeutische und heilerische Zwecke anzuwenden ist. Über die Hände erleben wir eine erhöhte geistige Führung.

Für schwangere Frauen ist das *WALÖL* kreiert worden, das die Haut an Bauch und Damm zur Geburtsvorbereitung elastisch und weich macht und den Geburtsvorgang sehr erleichtert. Durch das Auftragen nach der Geburt wird der Rückbildungsvorgang unterstützt. In diesem Öl ist Wal-Essenz enthalten.

Für die Aura bieten wir *AUMA* an, die Aura-Lotion. *AUMA* ist angereichert mit allen vier energetischen Transformationsessenzen und macht die Aura rein und klar, graue Partikel und andere Unreinheiten lösen sich auf.

Dann gibt es die *SCHWINGUNGSTROPFEN FÜR WASSER*. Sie geben dem Wasser seine ursprüngliche Information zurück, füllen es mit Licht auf, machen es rechtsdrehend, energetisieren es und machen daraus wunderbares Trinkwasser. Dieses Wasser schenkt Energie, macht munter und wach.

Ebenfalls sehr sinnvoll sind die *SCHWINGUNGSTROPFEN FÜR GEMÜSE UND FRÜCHTE*. Sie vitalisieren die Lebensmittel, füllen sie mit Licht auf und ziehen belastende Gifte heraus.

La Sylphide hat auch verschiedene *AURASPRAYS* im Programm. Mit ihnen können wir von außen zusätzlichen Schutz zuführen. Das normale *AURASPRAY* dient für den Schutz von Kindern, zum Beispiel wenn sie von anderen Kindern angegriffen werden oder allgemein zu dünnhäutig sind.

Weiter gibt es das *ROTE AURASPRAY*. Es ist für Erwachsene gedacht und bewirkt einen energetischen Aufbau und schützt gegen mentale, emotionale und astrale Angriffe.

Und schließlich, ebenfalls für Erwachsene, das *AURASPRAY AR*. Es ist für Lichtarbeiter bestimmt, die sich durch ihre Arbeit für das Licht öffnen und dadurch auch für negative Energien angreifbar werden. Durch das Spray baut sich der eigene Schutz gegen Angriffe von nicht-lichtvoller Seite auf.

Ein neues Auraspray mit dem Namen *STRAHLENSCHUTZ* ist gerade eben neu kreiert worden. Natel- oder andere Handy--Strahlen werden im Körper abgebaut.

La Sylphide verfügt noch über eine Reihe anderer hochschwingender Essenzen, die allerdings von der geistigen Welt noch nicht freigegeben worden sind, weil die Zeit dafür noch nicht reif ist (siehe Schwingungsskala). Sie können aber bereits jetzt zur äußeren Anwendung genutzt werden, zum Beispiel in Form einer Energiekugel, die am Körper getragen werden kann, oder größerer Energiekugeln, die zur Schwingungserhöhung und als Raumschmuck in Therapie- und Meditationsräumen aufgestellt werden können. Diese Energiekugeln haben eine große Ausstrahlung und wirken sehr stark. Mit einer Energiekugel rufen wir den jeweiligen Meister oder das hohe Lichtwesen herbei und laden es ein, mit uns zu arbeiten:

Energien von Lady Nada, St. Germain, Hilarion, Rowena, Ashtar, Delphine und anderen.

Und schließlich gibt es noch eine Energiekugel mit der unten angeführten Essenz *POWER AUF DAUER* als Schutz gegen niedrig schwingende Frequenzen und schädliche Strahlen.

POWER AUF DAUER

Irgendwann auf unserem Weg beginnen wir auf die ganz verschiedenen Energien, die im Außen herrschen, zu reagieren. Wir spüren plötzlich vermehrt, daß uns manche Energien guttun und andere nicht. Manchmal leiden wir sogar, wenn wir uns in einer negativen Schwingung aufhalten müssen. Auch in unserer Wohnung ist nicht immer die beste Schwingung vorhanden. Dort haben sich Informationen und Schwingungen festgesetzt, die nicht zu uns gehören, zum Beispiel von unseren Vormietern. Es braucht lange und verlangt von uns den Einsatz vieler Energien, bis wir solche Schwingungen mit unserem Licht umgewandelt haben.

Als Schutz gegen solche Schwingungen und zum beschleunigten Aufbau einer guten Schwingung in unseren Wohnräumen wurde uns *POWER AUF DAUER* geschenkt - eine wunderbare Energie aus dem Kosmos. Sie erschafft in unseren Räumen eine erhöhte Schwingung, bringt neue Frequenzen und viel Licht hinein. So kann sich die Schwingung im Außen unserer inneren Schwingung angleichen, und wir fühlen uns wohl. Ist diese äußere Schwingung aber niedriger als die innere, geben wir von unserer bereits erarbeiteten positiven Schwingung ab. Darum ist *POWER AUF DAUER* so wichtig, da die Essenz kosmische Strahlung in unsere Räume bringt und andere, für uns belastende Strahlungen im Raum abbaut, auch Elektrosmog. So können höherschwingende Frequenzen hereinkommen. Darum sollte eine Flasche *POWER AUF DAUER* auf das Fernsehgerät oder den Computer gestellt werden, sie wird viele schädigende Strahlen umwandeln. Das Energiezelt, das mit den fünf Flaschen von *PO-*

WER AUF DAUER aufgebaut wird, schützt uns ebenfalls vor belastenden Einflüssen, die von außen, also von der nächsten Umgebung des Hauses, auf uns einstrahlen können. Im Innern der Wohnung entsteht eine reinere Atmosphäre. Man kann *POWER AUF DAUER* nur für einen bestimmten Bereich wie den Therapie-, Arbeits- oder Meditationsraum verwenden, nutzt ihn aber meistens für den ganzen Wohnbereich. Seine Schwingung ist auch für Kinder und Haustiere eine Wohltat.

ANWENDUNG

POWER AUF DAUER ist ein Fünf-Flaschen-Set. In die äußersten vier Ecken der Wohnfläche oder des Hauses (Erdgeschoß) werden vier Flaschen gesetzt. Die fünfte Flasche befestigt man an der Decke des Wohnraums oder stellt sie im Haus auf den Estrich, etwa in die Mitte der übrigen vier Flaschen. Dadurch ergibt sich ein Energiezelt in Form einer Pyramide. (Die fünfte Flasche kann durch einen ästhetischen Raumschmuck in Form einer Kristallglasspirale ersetzt werden.)

Sind die Flaschen aufgestellt, können wir sie zusätzlich mit einer Meditation aktivieren.

MEDITATION

Nachdem wir alle fünf Flaschen wie beschrieben aufgestellt haben, verbinden wir uns geistig mit der ersten Flasche und ziehen eine Verbindungslinie von ihr zur zweiten Flasche. Dann machen wir dasselbe von der zweiten zur dritten, von der dritten zur vierten und zurück von der vierten zur ersten Flasche. Damit schließt sich der Energiekreis.

Nun aktivieren wir die fünfte Flasche als den oberen Mittelpunkt der anderen vier und ziehen von der ersten, dann von der zweiten, der dritten und der vierten Flasche eine geistige Verbindungslinie zu der fünften Flasche hinauf. Somit ist das Energiezelt optimal aktiviert.

Innerhalb dieses Energiezeltes werden nun über die Flaschen kosmische Energie und kosmische Informationen aufgebaut. Diese kosmische Energie ist für uns wichtig, denn da wir uns in unseren Breitengraden zuviel in geschlossenen Räumen aufhalten, ist die Verbindung zum Kosmos beeinträchtigt. Das ist zum Beispiel einer der Gründe, warum Naturvölker unter freiem Himmel leben. Mit dieser Lebensart können sie den Kontakt zum Kosmos und zu den Sternen behalten. Eine spürbare Energieerhöhung in den Räumen geschieht gleich beim Aufstellen und Aktivieren der Flaschen. Bis der ganze Energieaufbau abgeschlossen ist, dauert es etwa acht Wochen. Die kosmische Energie bringt viel Licht und eine Information des ewigen Fließens in die Räume hinein. Die Flaschen sollten einmal im Jahr mit Wasser neutralisiert oder mit Rauch gereinigt werden.

Diese Energetisierung des Raumes mit POWER AUF DAUER läßt sich wunderbar mit Feng Shui kombinieren.

DIE WIRKUNG DER *LA SYLPHIDE*-ESSENZEN

Alle *La Sylphide*-Essenzen wirken klärend und reinigend. Sie öffnen uns für das Außen, aber auch für unsere Seele und letztendlich für unser Höheres Selbst. Bei allen Essenzen führt der Weg über das Herzchakra.

Es ist wichtig zu wissen, daß alle hier aufgeführten Essenzen sich kontinuierlich zu unserer Seele durcharbeiten, hat die Seele doch einen wichtigen Stellenwert für unseren spirituellen Fortgang. Leider bekommt sie in der heutigen, schnellebigen Zeit zu wenig Raum. Für die Beschäftigung mit der Seele brauchen wir genügend Zeit. Man kann sie gut vernehmen, wenn man nach innen horcht. Sie weiß viel mehr als unser kleines Ich, da sie alle Erfahrungen ihrer früheren Leben in sich trägt. Sie kennt auch den Seelenplan, den wir in uns tragen und den wir vor dem Sprung in diese Inkarnation auf geistiger Ebene zusammengestellt haben. Die Seele wird uns diesen Plan Stück für Stück enthüllen, sobald wir beginnen, mit ihr zusammenzuarbeiten. Wenn wir die Seele über unser Leben bestimmen lassen, dann geht unser Weg ins Licht viel schneller, ohne weitere unnötige Umwege.

Haben wir uns mit unserer Seele verbunden, wird sie uns weiter mit unserem Hohen Selbst verbinden, denn der Weg zum Hohen Selbst führt über die Seele. Sie macht diesen Weg frei. Unsere Seele arbeitet dann intensiv mit dem Hohen Selbst zusammen.

Das Hohe Selbst steht für unser größeres Wesen, unser Sternenwesen, oder den Stern, der wir sind. Über das Bewußtseinszentrum Hohes Selbst sind wir mit vielen anderen Wesen auf der Erde und im Kosmos verbunden und an viele Wissensbibliotheken im Kosmos angeschlossen. Der viel erwähnte Aufstieg bedeutet einen Aufstieg ins Herz und ins Hohe Selbst.

Alle Essenzen von *La Sylphide* arbeiten an der Feinstofflichkeit des Menschen, also auch mit allen feinstofflichen Körpern, die die Aura ausmachen. Vor allem mit dem Emotionalkörper und dem Mentalkörper gibt es viel zu tun, da beide noch viele Programme in sich tragen, die uns hindern, uns dem Fluß des Lebens hinzugeben. Es sind Programme, die unser Ego im Laufe vieler Vorleben konstruiert hat und die uns vom größeren Ganzen abtrennen - viele ungute Gefühle und viele falsche Denkmuster.

Die Essenzen arbeiten auch an unseren feinstofflichen Zentren, den Chakren, denn wir vollziehen unseren Aufstieg über die Chakren, Stufe um Stufe, in ein immer höheres Bewußtsein hinein. Vor allem die Sternenessenzen und Licht-Energieessenzen wirken auf die vorderen Chakren, indem sie sie reinigen und neu in Gang setzen.

Als nächstes sollten die Energetischen Transformationsessenzen eingesetzt werden. Die Transformationsessenzen lehren uns dann, wie wir die neu erworbene Feinstofflichkeit schützen und unser Inneres noch weiter klären können. Sie arbeiten mit den Chakraausgängen hinten. So können sich die einzelnen Kräfte der Chakren im Lauf der Zeit miteinander verbinden und zu einem einzigen, großen Fluß werden. Das kann später durch die Meisteressenzen abgerundet werden, also wenn die Chakren schon alle geöffnet und bearbeitet sind. Sind die Chakren nicht geöffnet und drehen sich nicht oder nicht richtig, fühlt sich der Mensch nicht im Einklang. Durch die Essenzen wird unser System feinstofflicher. Wir beginnen, höher zu schwingen, und unser Wahrnehmungsvermögen erhöht sich. Außerdem werden die Lichtbahnen in unserem Körper durch diese Essenzen verbreitert.

Die Palette der *La Sylphide* Essenzen ist für spirituell Erwachte entstanden, oder, wie man sie auch nennt, für die Lichtarbeiter. Spirituell Erwachte haben in dieser Welt einen Auftrag. Sie sind nach hier gekommen, um Licht und Liebe und ein erhöhtes Bewußtsein auf den Planeten zu bringen. Diese Essenzenpalette hilft ihnen, auf diesem Wege schneller voranzukommen.

Mit den Essenzen als "Werkzeug" können wir zügig an uns arbeiten und dadurch unsere Potentiale zum Ausdruck bringen und dabei immer tiefer in die Ich-Findung gehen und zum eigenen, inneren Licht vordringen. Es ist wichtig, daß wir unsere Potentiale hervorholen, denn nur so kommen wir in unsere ganze Kraft. Genau diese Potentiale sind unsere Werkzeuge, mit denen wir die Aufgaben ausführen können, die unsere Seele sich gestellt hat.

Die *La Sylphide*-Essenzen fördern aber nicht nur eine überpersönliche Entwicklung, sondern auch eine persönliche. Sie bringen einen Ausgleich zwischen diesen beiden Polen. Niemand von uns ist nur wegen eines geistigen Auftrags hierher gekommen, sondern auch, um persönlich zu wachsen. Und sicher gilt es, uns hier mit der Dichte der Materie anzufreunden. Das bedeutet auch, unseren Körper, den wir hier auf dieser Erde haben, wirklich anzunehmen und unser Wesen ganz in ihn hineinzulassen, denn je tiefer wir im Körper verankert sind, umso höher können wir auch auf die lichten Ebenen gelangen. So nach dem Prinzip: Je tiefer die Wurzeln des Baumes in die Erde reichen, umso höher kann er in den Himmel wachsen. Das schließt auch mit ein, das Hier und Jetzt, also das Leben hier auf der Erde, in seiner ganzen Pracht und Fülle genießen zu können. Besonders die Gewürz-Energieessenzen sind dabei eine große Hilfe, da sie die Schwingungen der Freude, Liebe und Fülle, die die Qualitäten der fünften Dimension ausmachen, in uns bejahen. So legen wir den Weg zu unserem inneren Kind frei und heilen es. Wir lernen, uns selbst die Berechtigung zu geben, diese oben erwähnten Qualitäten zu leben und diese wunderschönen Vibrationen auf dem Planeten zu verbreiten. Auch das bedeutet Lichtarbeit.

Die Essenzen arbeiten daran, uns in die eigene Mitte und in Harmonie zu bringen. Sie helfen, unser wahres Wesen zu finden und immer mehr im Gleichklang mit dem Kosmos zu schwingen. So können wir uns als Mensch auch vermehrt als einen Bestandteil der Natur sehen. Die Natur mit all ihren Wesen ist ganz auf den Kosmos ausgerichtet. Indem wir uns immer tiefer in den kosmischen Fluß begeben und lernen, das Leben fließen zu lassen, passen wir uns der göttlichen Ordnung an. Wir schwingen mit dem Kosmos und werden zu einem Teil der Natur, sind nicht länger von ihr getrennt. Und durch unsere eigene Entwicklung bringen wir die kosmische Ordnung auf diese Welt.

Die Sterne sind uns dabei ein großes Vorbild. Sie stehen da, strahlend und funkelnd am Himmelszelt, in ihrer vollen Größe und im Bewußtsein des *ICH BIN*. Jeder zieht unbeirrt seine Bahn, ist im Einklang mit dem Kosmos und stellt einen Teil der kosmischen Ordnung dar.

Wie weit wir auf dem Essenzenweg, der auch ein Aufstiegsweg ist, voranschreiten wollen, ist jedem selbst überlassen. Die Einladung zu diesem Weg ist über diese Essenzenpalette nun da. Wir können über die Essenzen zur inneren Vollkommenheit und Einheit gelangen, wenn wir den Weg immer weiter gehen. Allerdings erfordert ein solcher Weg eine ständige Arbeit an sich selbst, auch über einen längeren Zeitraum hinweg, denn alles, was in uns noch nicht lauter und heil ist, soll bearbeitet werden. Das ist der Aufstiegsweg, der vom Solarplexus ins Herz oder von der dritten in die fünfte Dimension führt. Im Herz wird unser neues Zentrum sein. Den Lohn für die Mühen dieses Weges werden wir uns selbst geben, indem unser Leben in einer höheren

Ordnung zu schwingen beginnt und Liebe, Freude, Fülle, Harmonie und Frieden darin herrschen werden. Sind wir im Gleichklang mit dem Kosmos, leben wir in einem ewigen Austausch mit ihm und es mangelt uns an nichts mehr. Aber jeder von uns soll letztendlich selbst entscheiden, wie weit er auf diesem Weg gehen und wie stark er sich vom Leben fordern lassen möchte. Jeder spürt das Ziel seines Weges in sich. Es steht in seinem Seelenplan. Mit den *La Sylphide*-Essenzen, ein Geschenk der geistigen Welt, können wir Stufe um Stufe ins Licht gehen.

Es ist im Sinne der Schöpfung, wenn wir diesen Weg mit Freude oder mit einem inneren Aufatmen im Sinne von "endlich nach Hause!" gehen können. Keinesfalls mit Zwang, oder gar, indem wir uns diesen Aufstiegsweg als ein spirituelles Muß auferlegen. Der Weg ist das Ziel. In ihm liegt die Bereicherung, und er soll Spaß machen. Auf diesem Weg machen wir unsere Erfahrungen, die uns reifen lassen und den Erfahrungsschatz unserer Seele und den Wissensspeicher unseres Selbst vergrößern.

Die Essenzen machen uns geistig wacher und bewußter. Sie bringen uns ins Hier und Jetzt. Wir werden in unserem Leben plötzlich vermehrt Zusammenhänge erkennen und Zeichen sehen, die uns auf unserem Weg gegeben werden. Wir lernen, uns mit dem Leben, so wie es ist, zu versöhnen, indem wir es annehmen, so wie es ist, und diese Realität ebenfalls. Die Essenzen lehren uns auch, daß wir in unserem Leben immer das als Nächstes bekommen, was wir brauchen. Entweder, um uns daran zu erfreuen, oder um daran zu wachsen. Alles, was auf uns zukommt, haben wir selbst kreiert. Darum lohnt es sich, es genau zu betrachten. So lernen wir, uns und die Gesetze das Lebens besser zu verstehen.

Jede *La Sylphide*-Essenz birgt die göttliche Information, wie das Potential in uns, das die Essenz darstellt, im kosmischen Sinne genutzt und gelebt werden kann. Durch diese Informationen in der Essenz trägt sie automatisch zu einer schnelleren Lösung eines Problems oder einer Blockade bei, oder bietet die Motivation, sich ganz auf die Kraft des Potentials einzulassen.

Außerdem stärken die Essenzen unsere Seele. Sie geben ihr Kraft und wirken als "Seelenfutter". Da die ganze Essenzenlinie ein Projekt von Jesus Christus ist und er dieses auch leitet, trägt jede Essenz Christusbewußtsein in sich und wird von seinem Christusstrahl begleitet. Dieses Christusbewußtsein ist unabhängig von jeglicher Religion zu verstehen. Dieses Essenzen-Projekt ist ein spirituelles Projekt und an keinerlei religiöse Form geknüpft, sondern steht in seiner Energie frei da, direkt dem kosmischen Meister Jesus Christus unterstellt.

Wie manifestiert sich die Wirkung der Essenzen im Alltag?

Es gibt Essenzen, bei denen spürt man vom ersten Tag an eine Wirkung. Meistens jedoch ist es so, daß sich die Energien zuerst in uns aufbauen und sich dann nach einer gewissen Zeit, so nach zwei bis drei Wochen, allmählich im Außen manifestieren.

Es gibt Essenzen, mit denen fühlt man sich sofort besser, getragen, gestärkt und unterstützt. Sinn und Zweck einer solchen Phase kann sein, vorausgegangene Schritte, die neu und wichtig waren, zu festigen. Oder es soll zuerst einmal eine Stärkung und Stabilisierung des Wesens angestrebt werden, um dann mit weiteren Essenzen einen neuen Prozeß einzuleiten. In solch einer Stabilisierungsphase merkt man von der Wirkung der Essenzen nicht viel, fühlt sich aber wohl und gestärkt. Es gibt auch Essenzen, die sich mit der Zeit als unser Konstitutionsmittel herausstellen. Auf diese können wir immer wieder zurückgreifen, weil sie uns am effektivsten auf dem Weg unterstützen.

Dann gibt es Essenzen, bei deren Einnahme man deutlich spürt, daß innerlich etwas geschieht, ein neuer Prozeß im Gang ist. Mit solchen Essenzen steht man in einer Durchbruchsphase. Mit ihnen werden wir vor neue Situationen gestellt oder zu neuen Themen gebracht. Aber es kann auch sein, daß ein uns schon wohlbekanntes, altes Thema wieder aufbricht. Wenn dem so ist, ist die Zeit da, uns noch einmal damit zu beschäftigen, um es vielleicht (endlich) lösen zu können. Die richtige Lösung wird sein, wenn sie zum Wohle aller ist und im Gleichklang mit dem Kosmos steht. Dafür aber müssen wir oft die Mauern unseres Egos durchbrechen und lernen, in Demut mit der jeweiligen Situation zu fließen – das heißt: geschehen zu lassen, denn nur so kann sich uns das Thema voll offenbaren. Wir müssen das ganze Problem erkennen, denn im Problem ist immer auch die Lösung enthalten. Die gilt es zu entdecken. Aus dieser Sichtweise bekommt alles, jede Situation, in der wir stecken, einen tieferen Sinn. Wenn wir den Weg so gehen, nutzen wir die Chancen des Lebens, die uns geboten werden, und wachsen daran.

Die *La Sylphide*-Essenzen wirken bewußtseinserweiternd, das heißt: altes Bewußtsein in uns wird geweckt, das kosmische Bewußtsein. Die Essenzen nehmen uns die Angst vor der Spiritualität, auch die Angst, wegen unserer Spiritualität belächelt zu werden, denn sie wecken in uns das alte Wissen, daß Spiritualität ein natürlicher Teil des Lebens ist.

Es wäre falsch, wenn wir annehmen würden, die Essenzen verändern etwas. Wir sind es, die über die Energien der Essenzen neue Schritte tun. Die Essenz gibt nur Impulse, wie ein guter Freund, der uns unterstützen will und immer wieder nachfragt: Wie weit bist du schon gekommen? Hast du das erledigt, was du machen wolltest? Wollen wir keine neuen Schritte tun, setzen wir, meist unbewußt, die Essenz wieder ab. Denn wer will schon solche Fragen hören, die uns zwar unterstützen, wenn wir sie im

Moment nicht hören möchten? Die Essenz ist mit einem Motor zu vergleichen, der unseren Prozeß, in dem wir stecken, beschleunigt. Sie bietet Unterstützung und Inspiration an. Aber letztendlich sind wir es, die neue Schritte tun. Mit Hilfe der Essenzen werden wir immer wieder herausgefordert, aus gewohnten und festgefahrenen Mustern auszubrechen. Das braucht Mut und erfordert eine innere Erlaubnis, neue Schritte tun zu dürfen. Denn unsere Umgebung, Familie oder Partner, reagiert nicht immer unbedingt positiv auf diese neuen Schritte. Aber dadurch sollten wir uns nicht entmutigen lassen. Unser Hohes Selbst bestimmt den Transformationsweg, und auch, wie schnell und tiefgreifend der Prozeß sein soll. Es kennt unsere Situation umfassend und sieht sie in einem größeren Zusammenhang.

Die Entwicklungsschritte können bei dem einzelnen sehr unterschiedlich ausfallen, was auch von seinem Temperament abhängt. Dabei können alte, noch ungelöste Themen wieder hochkommen. Solche, die wir schon meist in- und auswendig kennen und gegenüber denen wir vielleicht bereits resigniert haben. Oder Themen, von denen wir am liebsten nichts mehr wissen möchten. Es geht aber gerade bei einem solchen Prozeß darum, immer wieder dort anzusetzen und weiterzumachen, wo wir letztes Mal aufgehört haben. Ausgerechnet bei Themen, die immer wieder hochkommen, werden wir mit der Zeit feststellen, daß sie die wichtigsten sind. Sie ziehen sich wie ein roter Faden durch unser Leben. Wir werden sie nicht los. Das soll auch so sein, denn genau durch die Lösung unserer schlimmsten Probleme werden wir zum inneren Meister.

Die Essenzen führen uns öfter und im verstärkten Maße in Situationen hinein, an denen wir wachsen können. Dadurch kommen wir schneller auf unserem Weg voran. Sie bieten uns aber außerdem eine schnelle Lösungsfindung an. Es geht also hier nicht darum, immer wieder, wie wir es vielleicht von früher noch kennen, mit einem Prozeß zu beginnen, um dann die Auflösung doch nicht zu finden und wieder in die altbekannten Fehler zurückzufallen. Dieses Mal ist es anders: Wenn wir diesen Essenzenweg gehen, verlieren wir die illusionären Ängste, unsere Probleme nie lösen zu können. Wir bekommen Mut und Zuversicht, weil wir zurückschauen und sehen können, wieviel wir bereits auf diesem Weg schon aufgelöst haben. Wir beginnen, an unsere Kraft und Transformationsfähigkeit zu glauben. Dadurch entsteht ein größeres Selbstbewußtsein. Das kann sogar so weit gehen, daß wir Lust und Freude empfinden, wenn wir merken, daß sich uns wieder eine neue Herausforderung nähert. So weichen wir dem Leben nicht mehr aus, sondern lassen es auf uns zukommen und lösen es ein. Dieser Weg kann aufregend und spannend sein und führt zu einer immer größer werdenden Befreiung unseres Selbst.

Unsere Seele weiß es schon lange, und wir erinnern uns allmählich daran: Durch Herausforderungen wachsen wir am meisten und indem wir sie annehmen, legen wir an Kraft und Stärke zu und erweitern stetig die Grenzen unseres Seins, die wir uns selbst auferlegt haben. Es sind die Grenzen unseres Egos, die nun bröckeln. Und je mehr unser Ego verschwindet, desto mehr sind wir im Fluß.

Aber es wäre falsch anzunehmen, man bräuchte nur eine Essenz einzunehmen und über Nacht wären alle Probleme wie von selbst verschwunden. Eine Essenz ist kein Wundermittel. Solche Wunder gibt es nicht; der Wunsch danach stammt aus unserer Illusionskiste. Nein, die Essenzen verändern unser Bewußtsein so, daß wir plötzlich die Lernchance hinter einem Problem erkennen können. Lösen wir das Problem, haben wir die Herausforderung gemeistert. Schließlich geht es darum, mit der Zeit Meister über unser Leben zu werden und die Probleme, die sich unsere Seele für dieses Leben ausgesucht hat, zu knacken.

Über den Weg der dauernden Transformation lernen wir immer besser, wie wir mit unseren Problemen arbeiten können. Auf jeden Fall lernen wir, sie ernst zu nehmen und sie immer wieder zu betrachten, bis wir verstehen, was sie uns sagen wollen. Nichts in unserem Leben ist rein zufällig. Alles, was an uns herankommt, hat etwas mit uns zu tun. Die Essenzen bieten in einem gewissen Sinne ein Vergrößerungsglas an, durch das wir besser sehen können, was abläuft. Sie helfen uns, vom Nebel, der uns umgibt, vermehrt in die Klarheit zu kommen.

Die Essenzen können auch nur für eine ganz bestimmte Phase verwendet werden, in der sie helfen, eine wichtige Situation in unserem Leben optimal zu unterstützen. Letztlich ist diese Essenzenlinie aber als Hilfe entstanden, über einen längeren Zeitraum immer weitere Prozesse zu durchlaufen. Die meisten Menschen, die diese Essenzen kennen, gehen mit ihnen in ihrer Entwicklung unaufhaltsam und ständig weiter. Sie hören mit der Einnahme der Essenzen gar nicht mehr auf, weil ihnen bewußt geworden ist, daß einem abgeschlossenen Prozeß sofort ein neuer folgt.

Mit der Zeit greifen wir auf diesem Weg immer tiefer in das eigene System ein. Vor allem mit den höherschwingenden Essenzen können wir uns auch von ganz alten Strukturen und Konditionierungen befreien, die sich tief in uns eingekerbt haben, weil wir sie in der langen Kette der Inkarnationen immer wieder gelebt haben. Diese Muster erkennen wir gar nicht mehr, weil wir meinen, sie würden zu uns gehören. So werden wir von unserer Vergangenheit frei und können uns endlich der Zukunft zuwenden. Um aber die "richtigen", zukünftigen Ziele für unser Leben setzen zu können, erfordert es wiederum eine genaue Bewußtwerdung unser selbst, wer wir sind, was wir wollen, und auch, was wir brauchen. Die Essenzen helfen auch hier bei der Klärung.

Der Transformationsweg mit den Essenzen bietet uns also die Möglichkeit, unsere ganze Inkarnationskette, also alle unsere Leben, die wir schon hatten, aufzuarbeiten und uns von deren Belastungen zu befreien. Auf diese Weise holen wir Stück um Stück unser Potential, das in uns schlummert, hervor. Es hat Zeiten auf diesem Planeten gegeben, in denen volles Bewußtsein da war. Und auch in diesen Zeiten haben wir gelebt. Aber die heutige Zeitqualität, in der wir stehen, ist noch nicht so weit, daß wir bis zum Anfang aller Dinge zurückgehen können. Diese Möglichkeit wird uns mit den weiteren Toröffnungen Stück um Stück gegeben.

Im Moment werden auf unseren Planeten Energien eingestrahlt, die uns an die Zeiten von Atlantis erinnern sollen, damit wir an die Fähigkeiten, die wir dort erlangt haben, wieder herankommen. Außerdem werden jetzt die ersten Energien für die Matriarchatszeit freigesetzt.

In Sachen Transformation ist heute vieles möglich, weil wir in einer, spirituell gesehen, außergewöhnlichen Zeit leben, in der es um den Abschluß einer langen Phase geht. Wir stehen vor der Tür eines neuen Zeitalters. In diesem Zeitalter werden wir uns auf einer höheren Ebene, der Ebene der fünften Dimension, weiterentwickeln. Um aber auf diese Ebene gelangen zu können, müssen wir Altes loslassen, weil es ausgedient hat und wir es für die neue Zeit nicht mehr brauchen. Dann können wir, frei von Belastungen aus der Vergangenheit, im Jahre 2012 durch das Tor des Goldenen Zeitalters schreiten.

Ich muß an dieser Stelle betonen, daß diese Essenzen nicht für Menschen entwickelt wurden, die sich im Leben schwach fühlen und Hilfe erwarten. Für sie gibt es viele andere gute Mittel. Die *La Sylphide*-Essenzen wurden für Menschen geschaffen, die innerlich stark und reif sind, die ihren Weg immer weiter gehen und auf dieser Erde eine Aufgabe erfüllen möchten. Menschen, die offen für die Spiritualität sind; die bereit sind, der eigenen Realität, die sie ja selbst geschaffen haben, ins Auge zu blicken und mit dieser Realität weiterzuarbeiten. Menschen, die die Sehnsucht in sich tragen, in die eigene Tiefe zu gehen, um sich und anderen in dieser, vielleicht noch ungewohnten Tiefe begegnen zu können.

Im Innern ist alles enthalten. Wir kreieren unser Außen aus unserem Innern heraus. Unser äußeres Leben ist nur das Erscheinungsbild unserer inneren Welt. Die ganze Göttlichkeit liegt in uns, der Schlüssel. Verändern wir etwas im Innen, wird sich auch das Außen verändern. Aber es braucht den Weg des Vertrauens, auch das Vertrauen in uns selbst. Und es gilt alles in uns aufzuarbeiten, was dieser größeren Realität noch im Wege steht, damit wir die göttlichen Geschenke, die in uns liegen, endlich in Empfang nehmen können. Der Transformationsweg zu diesen göttlichen Geschenken geht Schicht um Schicht vonstatten - vergleichbar mit einer Zwiebel, die sich immer weiter schält. Dieser Weg ist anspruchsvoll und es dauert seine Zeit, bis innerlich alles abgetragen ist, in Ordnung gebracht und nur noch das Echte, das Wahre, in uns übrigbleibt.

Obwohl, oder gerade weil die Essenzen auf der feinstofflichen Ebene wirken, bilden sie eine wichtige Prophylaxe gegen Krankheiten, denn je mehr wir unsere innere Mitte gefunden haben und je mehr wir unsere Potentiale, die wir in uns tragen, leben und zum Ausdruck bringen, umso weniger können wir krank werden. In der kommenden Zeit lernen wir vermehrt, nicht nur Harmonie und Einklang anzustreben, sondern auch, darin verbleiben zu können. Dazu werden Essenzen immer wieder als geeignete Schwingungsmittel eingesetzt.

Essenzen werden auch im neuen Zeitalter eine wichtige Therapiemöglichkeit darstellen. Es wird später weniger Krankenhäuser geben. Die Menschen werden lernen, viel bewußter mit sich und der Umwelt umzugehen. So entsteht eine natürliche Harmonie. Und wenn wir lernen, die Gesetzmäßigkeiten unserer menschlichen Natur und der Natur, die uns umgibt, zu respektieren, kommt wieder alles ins Lot. Frieden und Gleichklang breiten sich aus. Wo soll denn da eine Krankheit noch Fuß fassen können?

Wo liegt der Unterschied zwischen den *La Sylphide*-Essenzen und den Blüten-Essenzen?

Für die Herstellung der Blütenessenzen dienen die Blüten von verschiedenen Bäumen und Pflanzen. Die *La Sylphide*-Essenzen enthalten Informationen und Symbole unserer Sternengeschwister, die sich in feinstofflicheren und lichtvolleren Ebenen aufhalten als wir es tun. Sie geben uns ihre Energien, um uns den Aufstieg ins Licht zu erleichtern.

Viele Menschen finden den Weg von den Blütenessenzen zu den *La Sylphide*-Essenzen, weil sie in höhere Schwingungen gelangen und vermehrt mit der geistigen Führung in Kontakt treten möchten. Die *La Sylphide*-Essenzen greifen tiefer in das eigene System ein. Es ist ein allumfassendes, ausgeklügeltes Programm, um alles Alte aus vielen Vorleben transformieren zu können.

Beide Essenzen-Arten, Blütenessenzen und *La Sylphide*-Essenzen, können wunderbar miteinander kombiniert werden. Es ist durchaus möglich, mit den *La Sylphide*- Essenzen zu arbeiten und dann, um die Entwicklung zu vervollständigen, wieder auf die Blütenessenzen zurückzugreifen. Wenn zum Beispiel ein tiefer Schock in uns sitzt oder uns immer wieder übermäßige Ängste heimsuchen, oder wir mit vielen (unnötigen) Schuldgefühlen zu tun haben, lohnt es sich, auf die Blütenessenzen zurückzugreifen, da sie tiefer schwingen. Sie decken auf der Schwingungsskala die Stufe 0 – 1 ab und wirken auf ganz elementarer Ebene. Ist dort, an der Basis, also elementar etwas nicht in Ordnung, kann die Entwicklung nicht weiter aufgebaut werden. Höhere Schwingungen greifen dann nicht. Die Blütenessenzen sind wunderbare Mittel, und Dr. Edward Bach hat mit seinen Bach-Blüten ein revolutionäres Tor für die Essenzenwelt geöffnet. Mit seinen Essenzen ist sehr viel in Bewegung geraten und dank ihrer konnten und können viele belastende Gemütszustände geheilt werden.

Austesten der Essenzen

Das Austesten kann auf verschiedenen Wegen geschehen - intuitiv oder über die Ziehung der Essenzen, durch Pendel oder Biotensor, Muskel- oder Pulstest. Oder man kann eine Meditation machen und sich innerlich auf die Frage einstellen, bis die Antwort da ist. Beim Austesten sollte man sich mit dem eigenen Höheren Selbst verbinden, und gegebenenfalls mit dem Höheren Selbst des Klienten.

Beim Testen können wir uns auch mit der Licht-Ebene und ihre Wesen verbinden, von der die *La Sylphide*-Essenzen stammen, indem wir einen Lichtkanal vom Kronenchakra hinauf durch die dazwischen liegende Astralwelt bis auf die Ebene des reinen, weißen Lichts schaffen. Dort werden wir dann die richtige Information erhalten.

Beim Auswählen der Essenzen sollte man noch folgendes wissen: Jede Essenz gleicht aus, ein Zuwenig wie auch ein Zuviel. Es kann also durchaus sein, daß jemand *MARS* einnehmen sollte, obwohl er eigentlich schon zu aktiv ist. Er denkt dann sicherlich, es würde ihm etwas anderes besser tun. Aber manchmal ist es wichtig, sich noch einmal mit einem Thema zu beschäftigen, das sich bereits schon fest, oder zu fest, in uns manifestiert

hat. Aber die Heilmittel wirken unterschiedlich, und das ist auch bei den Essenzen so: Manchmal wird Gleiches mit Gleichem geheilt, und manchmal mit dem Gegenteil. Darum ist ein gründliches Austesten der Essenzen sehr wichtig.
Einnahme der Essenzen

Es reicht, nur eine Essenz einzunehmen. Zwei Essenzen allerdings sind zum Einnehmen ideal (Zusatzmittel wie Auraspray oder Chakra-Öle sind hier nicht mit eingerechnet). Eine Essenz kann zwischen sechs und neun Wochen lang eingenommen werden, also durchschnittlich sieben bis acht Wochen. Dann ist die Kur mit dieser Essenz zuerst einmal abgeschlossen. Die empfohlene Tropfenzahl sollte eingehalten werden. *La Sylphide* Essenzen sind stark, jeder Tropfen zählt. Wird zuviel eingenommen, wird auch der Prozeß zu stark beschleunigt. Dann kann das Aktivierte nicht mehr genügend erfaßt und verarbeitet werden. Wir werden dann unruhig und können vielleicht nicht mehr schlafen.

Ein gutes Beispiel dazu: Eine Frau wollte die Essenz *PLUTO*, mit sieben Tropfen pro Tag, einnehmen. Davon wurde ihr abgeraten und sie auf die Gefahren einer solchen Dosierung aufmerksam gemacht. Sie wollte es aber trotzdem probieren.

Sechs Tage ging es ihr glänzend. Aber am siebten Tag kam so viel hoch, daß sie dringend einen Termin bei ihrem *La Sylphide*-Therapeuten brauchte. Dort wollte die Sitzung fast nicht mehr enden, es kam immer noch Weiteres hoch. Nachher ging die Frau erschöpft nach Hause und konnte das *PLUTO*-Fläschchen nicht mehr sehen. Kurzerhand warf sie es zum Fenster hinaus. Danach brauchte sie eine vierwöchige Erholungszeit ohne die Einnahme von Essenzen.

Bei akuter Krankheit wie Grippe usw. sollten die Essenzen abgesetzt werden, bis sich der Körper wieder ganz erholt hat.

Die Einnahme der Essenzen kann morgens oder abends erfolgen. Passive Essenzen werden abends besser vertragen, aktive sind geeigneter für den Tag. Aber es soll vor allem nach dem eigenen Gefühl gehandelt werden. Essenzen unverdünnt auf die Zunge geben. Eine Viertelstunde nichts trinken und nichts essen.

Für Kinder und Haustiere sind nur die GEWÜRZ-ENERGIEESSENZEN geeignet, also keine anderen *La Sylphide*-Essenzen. Diese aber wirken ausgezeichnet, um das Wesen im Kind oder das Wesen im Tier optimal zu unterstützen. Bei kleinen Kindern die Hälfte der Dosierung einsetzen.

Bei Schwangerschaft soll beim Testen der Essenzen das Kind mit einbezogen werden. Wenn die angehende Mutter während der Schwangerschaft Essenzen einnimmt, ist dies für das Gedeihen des Sternenkindes wunderbar. Die Dosierung der Essenzen, auch während der Stillzeit, sollte sorgfältig ausgetestet werden. Meist wird in dieser Zeit eine geringere Dosierung gebraucht.

Wie bereits gesagt, setzen alle Essenzen von *La Sylphide* beim Feinstofflichen an. Trotzdem kann es vorkommen, daß wir auf gewisse Essenzen körperlich reagieren. Wenn das so ist, liegen tiefere Ursachen vor, die sich bereits auf körperlicher Ebene manifestiert haben und mit der Essenz angetastet werden. Die körperliche Reaktion ist dann eine Begleiterscheinung. Der Symptomschmerz des laufenden Prozesses sollte zugelassen werden. Solche Erscheinungen sind in ein paar Tagen vorbei. Körperlich hat sich dann etwas aufgelöst. Wir können dann zum Arzt gehen, aber er wird nichts auf der körperlichen Ebene feststellen.

Es kann auch sein, daß wir plötzlich körperliche Reaktionen an den Tag legen, die an vergangene, vielleicht schon lange zurückliegende Krankheiten erinnern. Dann arbeiten wir, über die Essenz, noch einmal an ihrem Thema. Irgend etwas, auf tiefer Ebene, scheint noch nicht ganz ausgeheilt zu sein. Es sind Restteile von Krankheiten, die durch Medikamente unterdrückt worden sind oder durch vorzeitiges Abbrechen der Genesungszeit nicht ganz ausheilen konnten.

Wenn wir die Essenzen längere Zeit einnehmen, werden wir bemerken, daß wir über unsere neu erworbene Feinstofflichkeit empfindlicher auf Genußmittel reagieren. Bei Wein und Bier genügt plötzlich die Hälfte. Auch unsere Eßgewohnheiten können sich ändern. Wir suchen plötzlich nach leichter Kost und meiden deftige Speisen, bevorzugen vermehrt Früchte und Gemüse. Auch meiden wir plötzlich Fleisch und können vielleicht sogar spüren, daß sich durch den Verzehr von Fleisch unsere Energien wieder mehr verdichten.

Unser Wesen in der spirituellen Entwicklung

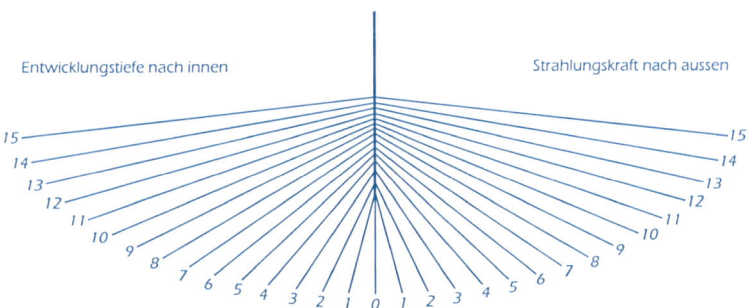

Am Anfang der spirituellen Entwicklung (Ziffer 0) geht das Wesen noch nicht so tief, sondern kratzt an der Oberfläche. Das Wesen beginnt sich abzuschälen (wie die Zwiebel, Schicht um Schicht), mit hoher Schwingung geht es bis zum Innersten. Der Fächer verbreitert sich, das Wesen öffnet sich immer mehr und kann sich in seiner ganzen Bandbreite ausdrücken, entwickelt sich bis hin zur Vollkommenheit (Ziffer 15).

DIE SCHWINGUNGSSKALA DER *LA SYLPHIDE*-ESSENZEN
1992 - 1999

Die Schwingungsskala der *La Sylphide*-Essenzen zeigt die zeitliche Herstellungsfolge aller Essenzen auf (außer den Kraftplatz-Essenzen, sie werden im Fortsetzungsbuch erläutert) und ist nach den verschiedenen Toröffnungen eingeteilt. Daraus ist ersichtlich, welche Essenzen zu welchem Zeitpunkt entstanden sind und in welchen Toröffnungen der Kosmos welche Energien auf die Erde geschickt hat, die dann ebenfalls als Essenzen festgehalten wurden.

Des weiteren dient diese Schwingungsskala dazu, Schwingungshöhe und Schwingungsbreite jeder Essenzengattung oder jeder einzelnen Essenz aufzuzeigen. Obwohl diese Schwingungsskala bis Stufe 15 geht, werden in diesem Buch nur Essenzen bis zur Stufe 8 behandelt und alle anderen im zweiten Band beschrieben, weil wir uns heute noch nicht in der Zeitqualität und Schwingungsstufe bewegen, die für diese Essenzen die Voraussetzung sind.

Die meisten Lichtarbeiter bewegen sich heute zwischen den Schwingungsstufen 0 - 8, der größte Teil davon zwischen 1 - 6, der absolute Durchschnitt ist also die Stufe 3. Nun hat aber jeder von uns einen höchst und einen niedrigst schwingenden Punkt in seinem System. Beide sollten bei der Einstufung erfaßt und über Essenzen abgedeckt werden, wobei der am niedrigsten schwingende Punkt bei der Auswahl der Essenzen mehr Priorität bekommen sollte, weil es sinnvoll ist, vor allem den schwächsten Punkt in unserem System zu stärken. Ideal ist, mit beiden Punkten, dem höchsten und dem niedrigsten, zu arbeiten (diese können mit Hilfe eines Pendels oder anderer Testmöglichkeiten herausgefunden werden). Wenn man so arbeiten möchte, lohnt es sich, mit drei Essenzen gleichzeitig zu arbeiten (die dritte würde

SCHWINGUNGS–SKALA ESSENZEN

			0 1 2 3
1999	Vierte Toröffnungsessenz	2 – 8	
	Vierte Toröffnung: 11. August 1999		
1999	Essenz Das Quellenselbst	7 – 15	
1999	Essenz Mutter Maria	6 – 13	
1999	5 neue Strahlen, hohe Licht-Meisteressenzen	6 – 14	
1999	Erzengelessenzen	4 – 12	
1998	7 Strahlen, Hohe Licht-Meisteressenzen	3 – 11	
1998	Essenz Wale	7 – 15	
1998	Essenz Delphine	6 – 12	
1998	Essenz Asthar	4 – 8	
1997	Gewürz-Energieessenzen, dritte Stufe	4 – 10	
1997	Gewürz-Energieessenzen, zweite Stufe	1 – 6	
1997	Gewürz-Energieessenzen, erste Stufe	0 – 3	
1997	Dritte Toröffnungsessenz	3 – 6	
	Dritte Toröffnung: Mai bis Oktober 1997		
1997	Cassiopeia-Essenz	4 – 8	
1996	Die Fünf-Körperessenzen	3 – 8	
1996	Essenz Power Auf Dauer	2 – 10	
1995	Herzfrequenzen	3 – 10	
1994	Meisteressenzen	4 – 8	
1993	Sternenfamilien-Essenzen EL AN RA	4 – 6	
1993	Baum-Energieessenzen	1 – 3	
1993	Energetische Transformationsessenzen	1 – 5	
1993	Licht-Energieessenzen, rot	3 – 4	
	Zweite Toröffnung: 05. Juni 1993		
1993	Licht-Energieessenzen, blau	2 – 3	
1992	Sternenessenzen	1 – 2	
	Erste Toröffnung: 11. Januar 1992		

1992 - 1999 LA SYLPHIDE

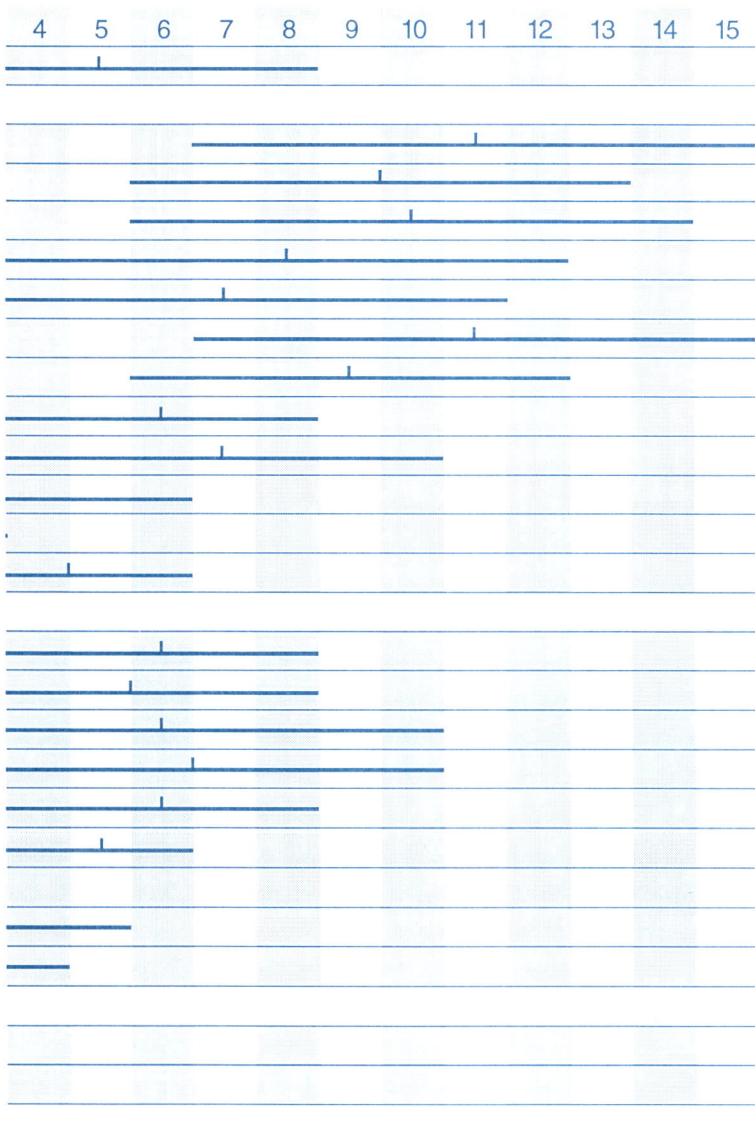

dann das Mittelmaß darstellen). So kann eine größere Breite unseres Entwicklungfeldes abgedeckt werden.

Die meisten der Blütenessenzen, die der Markt bietet, liegen schwingungsmäßig zwischen 0 und 2. Andere geistige Essenzen bewegen sich zwischen den Stufen 1 - 3, sind also den Sternenessenzen und den Lichtenergieessenzen mit blauer Etikette von *La Sylphide* schwingungsmäßig gleichzusetzen. Schwingungsmittel, die Farben, Öle, Kräuter und Edelsteine enthalten, bewegen sich zwischen den Stufen 0 und 4. Da der Durchschnitt von uns im Moment etwa auf Stufe 3 steht, sind die Licht-Energieessenzen mit rotem Etikett und die Energetischen Transformationsessenzen für die nächste Entwicklungszeit besonders wichtig, da sie sich auf den Stufen 1 bis 5 bewegen. Dann folgen die Meisteressenzen, die zwischen den Stufen 4 und 8 liegen. Es ist also sehr sinnvoll, unsere verschiedenen inneren Entwicklungsstufen durch die entsprechenden Essenzen gleichzeitig abzudecken.

Die Bandbreite der Schwingungen auf der Erde ist bereits groß und wird sich noch weiter stark ausweiten. Es wird Menschen geben, die sehr schnell in ihrer Entwicklung vorwärtsgehen und andere, die sich nicht viel bewegen. Zudem strömen immer höher schwingende Energien auf die Erde ein. Wir werden in noch viel, viel höhere Schwingungen hineingeführt, als wir sie bis jetzt kennen.

Die hier abgebildete Schwingungsskala mit ihren verschiedenen Stufen soll Ihnen helfen, sich in der eigenen Entwicklung schwingungsmäßig einstufen zu können. Das erleichtert die Auswahl der richtigen Schwingungsmittel enorm, denn die richtige Schwingung heilt, weil sie es ist, die ins Schwarze trifft. Bitte achten Sie darauf, keine Schwingungsmittel mehr einzunehmen, die früher geholfen haben. Sie haben ausgewirkt und bieten Ihnen nicht mehr die richtigen Schwingungen an.

Diese Skala soll ein Instrument für Therapeuten und Selbstanwender sein und dabei helfen, die richtige Essenz zu finden, denn der Markt ist inzwischen voll mit Essenzen. Für jede Entwicklungsstufe wird die geistige Welt Schwingungsmittel geben.

Wenn man sich oder andere mit dieser Schwingungsskala einstuft, geht es nicht darum, die Entwicklung zu bewerten, und es geht auch nicht um ein ehrgeiziges Herausfinden, wo man selbst oder andere schwingungsmäßig stehen. Die Schwingungen aller entstandenen Essenzen von *La Sylphide* sind extrem unterschiedlich, es liegen Welten dazwischen. Deshalb ist es wichtig, alle in einer Skala einzuordnen und diese Skala als Arbeitsmittel einzusetzen.

Die Schwingungsskala zeigt zugleich die verschiedenen Ebenen der geistigen Hierarchie auf, die an den Herstellungen der Essenzen mitgewirkt und ihre Energien dafür hingegeben haben. Diese Hierarchie bildet aber nicht, wie wir meinen könnten, unerreichbare Gruppen von Wesen, die hoch über uns thronen. Sie sind unsere Vorbilder, leiten uns und unsere Seelen, sind mit ihnen allen verbunden, bewußt und unbewußt.

Da diese Essenzenlinie ein Christusprojekt ist, die viel hohe Schwingung und Licht enthält, möge gesagt sein, daß Menschen, die an diese Essenzen herangeführt werden, auch immer wieder auf diesem Weg stark geprüft werden. Es wurde schon ein paar Mal versucht, diesen Lichtweg schlecht zu machen, indem negative Informationen über diese Essenzen – oder über die Herstellerin – verbreitet wurde. So wird versucht, andere Menschen, die sich auf diesem Weg befinden, wieder davon abzubringen.

JESUS CHRISTUS UND DAS CHRISTUSBEWUSSTSEIN

Warum dieser Lichtweg?

Für mich ist der Lichtweg etwas ganz Natürliches und Selbstverständliches, denn ich weiß, daß ich im Grunde geistiger Natur bin und hier auf der Erde als Gast verweile. Für diesen Besuch habe ich einen physischen Körper angenommen, damit ich mich hier wieder ein Stück mehr realisieren und zugleich einen geistigen Auftrag, den ich mir ausgesucht habe, ausführen kann. Viele haben diesen Auftrag. Er lautet: Licht auf die Erde zu bringen. Aber auch wenn ich aus einem geistigen Grund hier bin, genieße ich das Leben hier. Die Erde hat viele Reichtümer und große Schönheit zu bieten und sie lädt uns ein, ganz tief in Gefühle und Empfindungen einzutauchen. Das ist ein Erlebnis wert! Es ist schön, auf der Erde zu sein, obwohl hier wahrhaftig nicht immer der Himmel auf Erden herrscht.

Ich empfinde mein Bewußtsein hier als begrenzt. Aber ich liebe die Erde. Sie stellt ein Paradies dar, birgt in sich eine unendliche Vielfalt von Möglichkeiten. Es ist auch möglich, durch ein größer werdendes Bewußtsein die Grenzen hier auf der Erde zu sprengen! Über ein zunehmendes spirituelles Wachstum und Reinigung auf allen Ebenen unseres Seins werden wir trotz Bindung an diese dichtschwingende Erde freier und die Realität unbegrenzter. So gelangen wir zu großer Schöpferkraft.

Wir sind vor langer Zeit in die Spirale der Dualität eingestiegen, um mit ihr Erfahrungen zu machen. Wir haben vieles falsch gemacht, vieles richtig. Zurück können wir nicht mehr gehen, weil wir vor langer Zeit unseren Weg so gewählt haben. Auf diesem Weg können wir zwar stagnieren, uns im Kreis drehen, Umwege machen, oder stehenbleiben. Aber eigentlich bleibt uns nur ein Vorwärts. Wir sind erst erlöst, wenn wir den Weg wieder aus dieser Spirale zurück in die Einheit gefunden haben.

Wenn wir gewillt sind, uns weiterzuentwickeln, bekommen wir von geistiger Seite viel Hilfe. Haben wir Blockaden und Karma aufgelöst, Wissen und Erfahrungen angesammelt und verwertet und das realisiert, was sich unsere Seele vorgenommen hat, können wir aus der Spirale der Dualität aussteigen. Die meisten von uns sind von dem langen Weg, der schon viele tausend Jahre dauert, etwas müde und abgekämpft. Wir können nicht glauben, daß es heute so weit sein soll und die Erlösung so nahe ist.

Aber es ist soweit. Wir können alles Unbereinigte aus früheren Situationen, alles Unklare und alle karmischen Belastungen lösen und ablegen. Wir erlösen uns selbst. Wenn dies geschehen ist, die Vergangenheit bewältigt, sind wir frei, können neu entscheiden und auf der Ebene der fünften Dimension den Weg weitergehen. Als Hilfe strömen viele höher schwingende Energien auf unseren Planeten ein, die es uns leichter machen sollen, Altes abzuwerfen.

Daß es eine geistige Welt gibt, ist nicht erst heute offenbart worden. Es hat viele gegeben, die es uns prophezeit und versucht haben, es in unser Bewußtsein zu bringen. Allen voran vor zweitausend Jahren Jesus Christus, der auf diese Erde gekommen ist, um uns die fünfte Dimension vorzuleben. Er hat uns einen Erlösungsweg aufgezeigt. Vieles, was er getan hat, war symbolisch. Er wollte es uns vorleben. Zu dieser Zeit haben jedoch nur wenige diesen Weg verstanden.

Später versuchte die Kirche, uns als Vorbild zu dienen, wie der Weg begangen werden sollte. Leider sind viele Fehler geschehen. So wurde der Originaltext in der Bibel und in den heiligen Schriften abgeändert oder Teile davon ganz weggelassen. Und die Kirche führte die Buße ein. Als Folge machten sich die Menschen automatisch kleiner und versuchten, sich mit Geld von ihren Sünden freizukaufen. Solche Entwicklungen wurden von der Kirche sogar gefördert, aus Profitgier. Zu Macht und Mißbrauch der Macht war es dann nicht mehr weit. Das alles hat sich auf die Menschheit verheerend ausgewirkt. Sicher war das nicht der Weg, den Jesus uns vorgelebt hat. Sein Weg hätte von der Kirche bestärkt und für die Menschen gangbar gemacht werden sollen. Das wäre der Auftrag der Kirche gewesen. Statt dessen sind daraus Sackgassen entstanden.

Die Seelen vieler Menschen sind in früheren Inkarnationen von der Kirche stark geprägt, das heißt unterdrückt, worden. Deshalb haben viele heute Schwierigkeiten, daran zu glauben, daß sie, aus geistiger Sicht, großartige Wesen sind und Schöpferkraft besitzen. Sie haben diese Qualitäten nur Jesus, Maria, den Engeln und natürlich dem Vater im Himmel zugeschrieben. Sie machen sich kleiner als sie sind, und es ist schwierig, aus dieser falschen Demutshaltung herauszukommen. Jesus wollte zeigen, daß wir das, was er kann, auch tun können, wenn wir den Weg, den er aufgezeigt hat, gehen. Er wollte Mut machen und zeigen, daß es auch in der Dichte der dritten Dimension möglich ist, ein geistiges, halbätherisches Wesen zu sein, mit einem freiem Willen und guten Absichten, und daß Heilungen und Wunder geschehen können, wenn Gnade herrschen darf. Er kam, um uns den Weg zu zeigen und durch seine Inkarnation das Christusbewußtsein auf der Erde zu manifestieren.

Nun ist die Zeit gekommen, wo wir an der Reihe sind. Aber keiner von uns soll ein Heiland Nummer Zwei werden. Wir müssen vom Vorbilddenken wegkommen. Es geht darum, das Christusbewußtsein in uns zu erwecken und aus ihm heraus zu handeln. Jeder ist fähig, Dinge zu tun, die Jesus getan hat, wenn er dem Lichtweg folgt. Das Christusbewußtsein kann überall auf der Welt zum Wachsen und Blühen gebracht werden, und zwar jetzt!

Das heißt aber nicht, daß der geistige Weg so einfach wäre.

Um weiterzukommen brauchen wir bestimmte Ausbildungen und Seminare. Das neue Wissen des Wassermann-Zeitalters soll integriert werden. Das kostet natürlich Geld.

Die Seele und der Geist brauchen auch Nahrung, wollen wir sie nicht verkümmern lassen. Im Ganzen haben wir fünf Körper in unserem System. Jeder Körper braucht seine Nahrung, damit er gedeihen kann. Viele meinen, Geld sei nur für irdische Zwecke bestimmt. Geld ist auch Energie, und wir entscheiden, für welche Ebenen wir das Geld ausgeben wollen. Wir haben einen Mentalkörper, einen Emotionalkörper, einen Lichtkörper, einen physischen Körper und einen Ätherkörper. Wenn wir nun das Geld aufteilen, würde das etwa so aussehen: Etwas für das Denken, etwas für das Gemüt, etwas für das Geistige, etwas für den Körper und etwas für die Gesundheit. So stimmt es. Dann haben wir ganzheitlich für uns gesorgt. Dieses ganzheitliche Denken ist nötig, um aus der Dichte der dritten Dimension herauswachsen zu können.

Wenn man das Gottesbewußtsein in sich wieder erweckt hat, kommt man damit oft in ein falsches Licht. Man wird nicht verstanden, die Betroffenen gehen zuerst einmal auf Distanz, meinen, man gehöre einer Sekte an. Nimmt man Gottes Name in den Mund, wird man als dubioses Subjekt angeschaut. Man spürt eine gewisse Distanz, ja Abwehr, und wird sofort niedriger eingestuft. So nach dem Motto: Glaubt die denn noch an Märchen? Oder: Das hätte ich nicht gedacht, daß die sich in so was noch verfängt.

Oft stelle ich Bilder auf, die medial übermittelt und gemalt wurden. Sie stellen Wesen dar, hohe Lichtwesen aus der geistigen Welt. Wenn Kinder, die etwas älter sind, zu uns kommen, bekommt meine Tochter oft zu hören, wir seien in einer Sekte, weil wir solche "Heiligenbilder" aufstellen. Die Menschen scheinen vergessen zu haben.

Auch mit den Essenzen verhält es sich oft so. "Ich brauche keine Hilfsmittel, ich werde sonst abhängig davon." "Ich muß es mit eigener Kraft schaffen", ist oft die Devise. Wir müssen es sowieso mit eigener Kraft schaffen. Die Essenzen nehmen uns den Weg nicht ab, aber sie helfen uns, ihn leichter zu gehen und unser Ziel nicht aus den Augen zu verlieren. Die geistige Welt steht hinter uns und mit Hilfe der Essenzen kann sie besser mit uns arbeiten. Ich habe noch niemanden gesehen, der nach dem Absetzen von Essenzen Entzugserscheinungen an den Tag legte.

Wenn ich sage, ich lasse mich führen, werde ich oft belächelt. Und ich lese Gedanken wie: "Wie kann man nur so hirnverbrannt sein." Automatisch denkt man, ich gebe meine Verantwortung ab. Dabei empfinde ich es als genau umgekehrt. Ich habe begriffen, daß meine geistige Führung ein größeres Bewußtsein hat als ich und daher geeigneter ist, mich zu führen. Ich nehme auf diese Weise meine Verantwortung für meinen Plan, den ich in mir trage, ernster, denn dieser Plan ist viele Male nicht verwirklicht worden, weil der Mensch sich nicht führen ließ! So kann die geistige Führung ihn nicht zu wichtigen Punkten lenken, wo er seinen Plan weiter erfüllen und andere Menschen, mit denen er vor diesem Leben eine Vereinbarung getroffen hat, treffen kann. Wer sich vermehrt führen läßt, wird merken, daß der Verstand immer dazwischenfunkt. Er rebelliert, weil er die Kontrolle über uns verliert. Vom logischen Verstand her ist vieles, wenn wir uns der Führung überlassen, unvernünftig, weil der Mensch noch linear denkt und nicht ganzheitlich.

Auf diesem Weg gibt es allerdings auch Stolpersteine - Prüfungen. Der Mensch lernt mit der Zeit, sie zu erkennen und die Probleme im Sinne des Großen und Ganzen zu lösen, auch wenn es oft sehr schmerzhaft ist. Und manchmal ist es notwendig, sich dem Schmerz zu stellen und unangenehme Situationen zu ertragen, um restliches Karma aufzulösen.

Jeder Mensch trägt das Göttliche in sich, ob es ihm bewußt ist oder nicht. Wenn diese göttliche Kraft freigesetzt wird, wird der Mensch frei, unabhängig und stark - und unbeirrbar, wenn er beginnt, dem Weg der Wahrheit, des Lichts und der Liebe zu folgen. Solch einen Menschen kann man nicht mehr beherrschen oder manipulieren. Er wächst aus den Machtstrategien der dritten Dimension endgültig heraus, ist für die Beherrscher dieser Dimension verloren. Die dunklen Kräfte aber wollen uns um jeden Preis in der dritten Dimension festhalten und werden uns immer neu mit Illusionen berieseln. Sie wollen, daß wir weiterhin konsumieren und vom Konsum abhängig werden. Dann sind wir voll damit beschäftigt, diese Illusionen zu verwirklichen, indem wir uns halbtot arbeiten und dann keine Zeit mehr haben, uns unserem Inneren und dem Göttlichen zuzuwenden.

JESUS CHRISTUS ALS BEGLEITER AUF DEM LICHTWEG

Von außen gesehen scheint dieser Lichtweg der gleiche Weg zu sein, wie die Kirche ihn uns angeboten hat. Dort hat man aber das Göttliche im Außen gesucht. Der heutige Lichtweg jedoch führt ins Innere. Dort findet man sich selbst, seine Potentiale, seine Kraft und die innere Stimme. Dieser Weg führt zu Selbstvertrauen und innerer Gewißheit. Wir werden freier, tun, was wir aus dem Innern heraus für richtig empfinden, schlagen einen individuellen Weg ein. Die Motivation "Ich muß es auch haben, weil es mein Nachbar hat" gilt nicht mehr. Auf diesem Weg spürt man immer mehr, was man wirklich braucht – für Körper, Seele und den Geist. Wenn der Ruf ertönt, unseren Weg weiterzugehen, müssen wir ihn streckenweise sogar alleine gehen, auch wenn uns in dieser Zeit vielleicht niemand mehr versteht. Wir lernen, für uns, für unseren Weg, für unseren Körper und für das eigene Leben die größtmögliche Verantwortung zu übernehmen. Wir wissen, daß wir für jede Entscheidung, die wir treffen, selbst verantwortlich sind, ebenso wie für die Konsequenzen. Wir lernen, die Gewißheit, auf dem richtigen Weg zu sein, aus einem inneren Gefühl heraus zu beziehen.

Je mehr wir diesen Weg des inneren Empfindens und Erspürens gehen, um so mehr können wir uns darauf verlassen, bekommen "Zeichen", die von der Seele und vom Hohen Selbst stammen. Dieser Weg braucht Geduld und Demut, denn, wenn das Zeichen nicht kommt, sollte man gelassen weiter warten und nicht unbedingt etwas tun wollen. Das sind Prüfungen. Sie zeigen auf, wieweit wir bereit sind, alle Phasen des Werdens durchzumachen. Der Mensch will immer möglichst schnell alles wissen, um dementsprechend handeln zu können. Dabei geschieht vieles voreilig. Aber es gibt Zeiten des Handelns, und Zeiten des Abwartens. Alles muß reifen. Wie ein Apfel, der sich zuerst in der Befruchtungs- und Blütenzeit befindet, dann noch längere Zeit grün und irgendwann reif zum Pflücken ist. Die Natur ist uns da ein großer Lehrmeister, sie trägt eine große Weisheit in sich. Wir können alle Gesetzmäßigkeiten des Kosmos in ihr finden! Der Weg, die Dinge geschehen zu lassen, braucht Demut und viel Vertrauen. Viele Male noch werden wir ins Wollen geraten und haben plötzlich keine Geduld mehr.

Das sind Prozesse der Demut - geschehen und sich entwickeln zu lassen. Zuschauen zu lernen, wie die Energie fließt. Loslassen, damit sie so fließen kann, wie sie soll. Für die Menschen geht es immer noch viel zu oft um Manipulation und Festhalten an Situationen. Somit hat die Energie keine Möglichkeit, dorthin zu fließen, wo sie hin soll oder wo sie hingehört. Das heißt, wenn wir die Energien so fließen lassen, wohin sie wollen, respektieren wir den Willen anderer und einen höheren Willen noch dazu. Dann sind wir so weit, daß wir Situationen nicht mehr zu unseren Zwecken hinbiegen wollen. Das ist die Prüfung auf dem Weg zur Demut, ob und wieweit wir unseren Eigenwillen zurücknehmen können. Dafür entsteht in uns die Fähigkeit, geschehen zu lassen und die Wahrheit zu erkennen - daß alles einem Willen und einem Plan unterstellt ist.

Zu Demut gehört Vertrauen – unerläßlich auf dem Weg zum göttlichen *ICH BIN*. Das heißt: sich auf sich verlassen, auf die innere Stimme zu hören. Wir lassen uns nicht mehr auf inneren oder äußeren Druck ein, weil wir sonst gefährdet sind zu handeln, obwohl die Zeit dafür noch nicht reif ist. Es gilt auszuharren, abzuwarten und doch die Ausrichtung beizubehalten. Das sind Prüfungen, die von geistiger Seite her an uns gestellt werden und die uns enorm weiterbringen können. Wenn wir noch sichtbare Resultate brauchen, um "bei der Stange zu bleiben", werden wir diese Prüfung nicht bestehen. So ein Vertrauensprozeß kann Jahre dauern.

Viele Male geht er auch über Krankheiten. Dabei läßt man sich innerlich von Station zu Station führen, lernt, die Verantwortung nicht mehr einfach in die Hände anderer Menschen abzugeben, "die es doch besser wissen müssen", sondern geht auf das innere Gefühl in der inneren Gewißheit, daß jede Krankheit ein neues Bewußtsein fordert – mit dem Wissen, daß man aus jeder noch so schweren Belastung wieder hinausfinden kann, wenn man gewillt ist, das zu erkennen, was die Krankheit von uns als Korrektur fordert.

Ich selbst habe mehrere solcher Vertrauens- und Glaubensprüfungen hinter mir. So hatte ich vor einiger Zeit von meinem Arzt erfahren, daß ich an einer Gebärmuttersenkung litt. Der Arzt riet mir zur Operation. In mir wehrte sich alles, ich wollte meine Gebärmutter behalten. Daraufhin begann ein langer Weg, auf dem ich nach Alternativen suchte, die ich mit der Zeit auch fand, aber nur bruchstückhaft. Unter anderem ging ich zu einem philippinischen Heiler, was natürlich Geld kostete. Es zog sich über Jahre hin, bis sich der gesundheitliche Zustand spürbar verbesserte. Ich mußte vieles lernen. Die Gebärmutter wurde zu meiner Lehrmeisterin. Bei jedem lauten Wort reagierte sie mit einem schmerzhaften Stechen. Also lernte ich, auf laute Worte zu verzichten. Ich merkte allmählich, wann ich nicht sorgsam mit mir umging. Und ich lernte die Liebe zu mir, die sie mir regelrecht "aufzwingen" mußte. Heute tue ich Dinge, die gut für mich sind und die ich brauche. Sie hat mir zu einer gesunden Lebensart verholfen.

Auf diesem langen Weg habe ich mich immer wieder gefragt, ob es wirklich ohne chirurgischem Eingriff ginge. Es war ein Glaubensprozeß, meinem Gefühl, das ich immer wieder befragte, zu vertrauen. Der Zustand blieb hartnäckig schlecht. Der Verstand flüsterte mir viele Zweifel ein, Argumente wie: Kapazitäten, Ärzte, ja gute Freunde raten zu einer Operation. Oder: Die Gefahr des spirituellen Weges besteht darin, seine Grenzen nicht zu erkennen. Oder: Wenn ich mir nun selbst etwas vormache, nicht realistisch, sondern eigensinnig bin?

Heute bin ich über dem Berg. Durch die vielen Gespräche, die ich mit meiner Gebärmutter führte, haben wir uns versöhnt. Ich empfinde sie heute als weise und habe Achtung vor ihr.

Eine andere Geschichte, die Sie, wie Jesus Christus meint, wissen sollten, bezieht sich auf das Haus, in dem ich heute wohne. Auch da ging es um einen großen Vertrauensprozeß.

Es war das erste Mal, daß ich mich der geistigen Welt völlig auslieferte. 1994 waren die ersten Essenzen geboren. Es war für mich Zeit, aus der großen Naturidylle, in die ich mich für den Start dieses Essenzenprojekts zurückgezogen hatte, zu den Menschen zurückzukehren. Ich wollte wieder nach Aarau, in die Stadt, in der meine Tochter und ich früher gelebt hatten. Also bat ich die geistige Welt, für mich einen Platz zu finden, an dem ich meinen Auftrag optimal weiter ausführen konnte. Ich sagte: Ich habe drei Wünsche, die mir dabei wichtig sind. Erstens: Ich möchte wieder im selben Viertel wie früher wohnen. Zweitens: Ich möchte, daß meine Tochter wieder zurück in die gleiche Schule gehen kann, die ihr schon vertraut ist. Und drittens: Wenn ich aus einem Fenster der neuen Wohnung schaue, möchte ich Bäume oder etwas Grün sehen. Denn ich hatte mich während des Landlebens sehr an die Natur gewöhnt und sie lieben gelernt.

Nun begann der Glaubensprozeß. Manchmal hatte ich echt Angst, daß ich im letzten Loch von Aarau landen könnte. Diese Angst kam, weil ich mich der geistigen Welt das erste Mal völlig auslieferte. Ich horchte auf meine Impulse, so wie ich es immer tat, wenn ich mich führen lassen wollte. Dauernd achtete ich auf sie. Ich las die Wohnungsanzeigen in der Zeitung, meldete mich aber nur, wenn ich einen Impuls verspürte. Es kam nur einer. Es war ein Inserat von einem "Gärtnerhaus". Ich meldete mich, obwohl mein damaliger Freund mir davon abriet und meinte, ich mit meinem bescheidenen Gehalt hätte eh keine Chance, dieses Haus zu bekommen. Er mußte es wissen, denn er arbeitete in der Immobilienbranche. Trotzdem vertraute ich meinem Impuls und bewarb mich. Es vergingen sieben Wochen. Unterdessen ging es am alten Ort zügig auf den Auszugstermin zu. Manches Mal kroch Angst in mir hoch mit Gedanken wie: Plötzlich stehst du mit deinem Kind auf der Straße. Trotzdem kamen keine weiteren Impulse mehr. Ich mußte aushalten und durchhalten. Dann die Zusage! Ich war im siebten Himmel, hatte ich mich unterdessen doch schon in das Häuschen verliebt. Trotzdem, ich konnte es fast nicht annehmen, denn es war schön, neu renoviert, in einem schönen Park. Erst als ich ein paar Wochen in dem Haus wohnte, wurde mir bewußt, daß sich alle meine Wünsche erfüllt hatten. Wir waren im selben Viertel wie früher, Joyas alte Schule war gleich neben dem Haus. Sie konnte von ihrem Schulzimmer zu unserem Haus herübersehen. Und ich war rundum umgeben von alten, wunderschönen Bäumen. Ich war geradezu überwältigt, wie die geistige Welt meinen Traum erfüllt hatte. Die Menschen, die zu Seminaren oder Sitzungen kommen, können das viele Grün und die alten Bäume immer wieder neu genießen. Es ist in allen Bereichen ein optimaler Platz. Das Allerschönste für mich aber war, nicht der Wille meines Egos war geschehen, sondern *sein* Wille.

Im Gegensatz zum Lichtweg arbeitet der dunkle Weg mit der Illusion, der Angst, der Abhängigkeit, der Unterdrückung. Die Menschen lassen sich von der Angst leiten, geben ihr Kraft. Sie glauben eher anderen als sich selbst, weil sie sich selbst noch nicht spüren. Sie werden zu Mitläufern, suchen im Außen und lassen sich von öffentlichen Meinungen beeinflussen und abhängig machen. Sie machen das, was alle tun, um dabei zu sein und mitreden zu können, wollen möglichst gleich sein wie die andern, gleich leben, gleich aussehen, um nur ja akzeptiert zu werden. Sie brauchen den Schutz der Masse, die ihnen Sicherheit gibt, geben Glauben und Vertrauen an jemanden ab, "der es besser wissen muß" - ein Arzt, Pfarrer, Wissenschaftler, Autor usw., im guten Glauben, daß es ihnen dadurch gut geht. So setzen sie sich mit vielen Themen nicht auseinander, sondern nehmen Gesagtes oder Geschriebenes als bestehende Tatsache hin, geben Verantwortung ab, entscheiden und denken nicht selbst, sondern vertrauen Kräften, die sie gar nicht kennen. Bei vielen Menschen ist in dieser Hinsicht das Vertrauen in die "falschen" Kräfte zu groß.

Wenn man mit der Masse geht, sitzt man mit ihr im selben Boot. Das heißt, man muß auch alle Erfahrungen, die die Masse für ihre Evolution braucht, mit ihr durchlaufen. Durch die Medien werden nur gezielte und dosierte Informationen weitergegeben. Die Menschen werden "geschont", damit ja keine Panik ausbricht. So wissen die meisten Menschen gar nicht, in welchem Zustand die Erde und das Leben auf der Erde heute ist. Das objektive Bild fehlt.

Das massive Abholzen der Bäume weltweit wird uns und unsere Erde in ein großes Ungleichgewicht bringen, drastische Klimaveränderungen werden die Folge sein. Die Tiere auf der Erde sind nicht dazu da, gequält zu werden, sondern der Mensch ist verantwortlich für sie. Das bedeutet, für sie so zu sorgen, daß es ihnen gut geht und ihr Leben nicht bedroht wird. Die vielen giftigen Chemikalien, die in fast allem enthalten sind, werden die Menschheit krank machen. Es ist ein Irrtum zu glauben, daß die Lebensmittelhersteller, die Maler, die Kleiderfabriken usw. – sie alle müßten es besser wissen als wir. Wir sind die Betroffenen und konsumieren. Wir tragen die Verantwortung für unseren Körper und die Erde. Also müssen wir uns einsetzen für eine bessere Lebensqualität.

Auch hier gilt es wieder, vermehrt auf das innere Gefühl zu gehen. Ist unser Gefühl gegenüber einer Situation oder einer Sache gut, sollten wir uns vertrauen. Aber dieses Gefühl kommt aus dem Bauch, aus dem Herzen, nicht aus dem Kopf. Wir handeln dann aus dem immer mehr erwachenden Christusbewußtsein in uns. Wer weiterhin alles den anderen nachmacht, ohne auf die eigene innere Stimme zu hören, wird in nächster Zeit sicherlich in größere Erfahrungsprozesse hineingeführt werden, denn die Zeitqualität erfordert von uns mehr und mehr Bewußtsein. Diese Korrekturen werden die Menschen zwingen, vermehrt zu lernen, auf sich selbst zu hören und aus sich selbst heraus zu entscheiden.

BOTSCHAFT VON JESUS CHRISTUS

Meine lieben Lichtkinder,
die ihr alle überall verstreut seid auf dieser Erde - auf dieser Erde, die von uns aus gesehen so leuchtet und so etwas Wunderbares ist. Ihr habt beschlossen, ihre Schwingung zu erhöhen. Darum seid ihr da, und wir sind euch dafür dankbar. Dieser große Auftrag wird der Erde große Heilung und Segnung bringen, aber euch auch. Ihr könnt mitwachsen, vieles ablegen von eurer Vergangenheit, die ihr auf dieser Erde gehabt habt. So werdet ihr frei und offen für eine Realität des Friedens, der Harmonie, der Leichtigkeit, der Liebe und des Lichtes. Es wird sich euch alles erfüllen, so ihr den Weg geht.

Ich möchte euch Mut machen, durch alles, was kommt, hindurchzugehen und es anzunehmen. Es ist ein Weg, bei dem ich und meine vielen Helfer euch begleiten. Keiner ist alleine auf diesem Weg. Ich kenne jeden von euch und biete jedem die Hand zum Aufstieg. Kommt näher in Kontakt mit uns, ruft uns an! Wir freuen uns darüber. Wir brauchen eure Arbeit, die ihr auf Erden ausführt für das Licht.

Dieser Essenzenweg wurde von mir, zusammen mit vielen anderen Lichtwesen, Meistern und mit vielen hohen Schwingungen aus dem Kosmos zusammengestellt. Es ist ein Werk unter meiner Führung. Es ist ein ganzheitlicher Weg, der eure Energie schnell und direkt erhöhen wird. Es ist eine Energiestufenleiter. Ihr könnt sehen, wie ihr damit höher kommt, immer mehr abwerfen könnt, freier werdet und an Übersicht gewinnt.

Der Weg mit den Essenzen macht es euch einfacher, denn der Aufstiegsweg muß nicht unnötig kompliziert sein.

Dieser Weg führt euch aus dem Menschlichen heraus in eine Ebene der Existenz hinein, die ihr schon immer gewesen seid und die jetzt wieder zur vollen Blüte kommen darf: Zum vollbewußten Menschen. Ihr werdet mit vollem Bewußtsein in der Dichte der Erde leben, Irdisches und Geistiges verbinden können. Ihr werdet das Licht, das in euch entfacht wird, auf die Erde und die Menschen verteilen können. Dadurch wird es viel lichtvoller auf eurem Planeten, auf dem noch eine gewisse Schwere herrscht.

Auf jeder Stufe dieser Essenzenleiter erwarten euch himmlische Helfer, Eingeweihte, die euch den Weg weiter zeigen und in neue Lektionen hineinführen, die euch an die Hand nehmen. Diese Helfer sind den Weg schon gegangen, sie sind kundig, ihr könnt ihnen vertrauen. Es ist ein Spiel auf verschiedenen Ebenen. Je mehr ihr steigt, desto mehr nähert ihr euch mir. Ich begleite jeden von euch und freue mich, wenn ihr näher zu mir findet. Alles ist gegeben, also geht diesen Weg. Wir warten auf euch. So schicke ich euch viel von meiner Liebe, die aus meinem Herzen strahlt, viel Heilkraft, die aus meinen Händen fließt, und hoffe, mit meinen Worten Mut zu machen für diesen Lichtweg.

Der geistige Himmel, die geistige Welt, freut sich über eure weltweite Wanderschaft ins Licht. Wir grüßen euch alle und erwarten euch mit viel Freude.

Ich bin die Wahrheit, das Licht und das Leben.

Eurer
Jesus Christus auf Erden

DER WEG INS LICHT

In der fünften Dimension wird das Geben sehr wichtig. Jesus Christus hat nur gegeben, im Wissen, daß er sowieso alles bekommt, was er braucht. Es gilt nichts zu erringen. Es kommt von selbst. Haben wir dieses Vertrauen, können wir ganz loslassen und geschehen lassen, frei abwarten, was uns gegeben wird, was auf uns zukommt und was von uns gefordert wird. So werden wir zu einem gut funktionierenden Werkzeug für die geistige Welt. Beweglich genug, frei genug und vertrauensvoll genug, um uns für die geistige Welt ganz zur Verfügung zu stellen.

Es ist wirklich wahr, wir bekommen immer das, was wir brauchen. Auf jeder Stufe, in jeder Situation, ob noch Karma vorhanden ist oder nicht. Es wird gegeben, und es kommt das auf uns zu, was die nächste Entwicklung fördert.

Mir kommt in diesem Zusammenhang eine Channeling-Sitzung in den Sinn, die ich 1992 hatte. Die geistige Welt sagte damals zu mir, daß ich kein "normales" Leben mehr führen könne, denn ich sei mit ihnen verlobt und habe die "Hochzeit" bereits versprochen. Einerseits hat mich das innerlich sehr gerührt, andererseits war ich etwas erschrocken darüber. Türen gingen für mich auf, offenbar aber andere zu. 1997 dann, als ich in England die Kraftplatz-Essenzen *STONEHENGE*, *AVEBURY* und *GLASTONBURY* hergestellt hatte (diese werden im Fortsetzungsbuch beschrieben), bekam ich von geistiger Seite die Information, daß ich mit ihnen nun verheiratet sei und mein Leben stark auf sie eingestellt hätte. (Da ich ein romantischer Mensch bin, konnte ich mir die Frage nicht verkneifen, ob ich nun hier unten keine Heirat mehr eingehen könne. Scherzend kam zurück: Natürlich könne ich das, aber es wäre gut, einen Partner zu wählen, der mit der bereits bestehenden Heirat einverstanden sei.) Ich war wieder einmal verblüfft und realisierte erst da, wie stark ich mich ihnen bereits in die Hände gegeben hatte. Auch heute denke ich manchmal, wenn jemand diesen Weg nicht versteht, meint er sicher, ich hätte mich ausgeliefert. Das stimmt aber nicht. Ich habe mich diesem Weg nur völlig hingegeben und möchte auch keine andere Arbeit tun. Meine Haltung ist nicht ein Zeichen von Schwäche, sondern resultiert aus meinem inneren Wunsch heraus, dem Göttlichen zu dienen. Ich gebe letztendlich dem Göttlichen in mir nach. Ich werde über meine dienende Haltung von geistiger Seite her nicht geschwächt, sondern zu immer größerer Selbständigkeit erzogen, in noch größere Aufgaben hineingeführt. Unterdessen weiß ich auch, daß alle Meister oder Erzengel oder anderen hohen Licht-Lehrer oder geistigen Führer völlig im Dienen sind. Dieses Dienen ist für diese Wesen selbstverständlich und kommt aus dem tiefsten Bedürfnis heraus, sich für den All-Einen einzusetzen.

ERFAHRUNGSBERICHTE

Eine Therapeutin erzählt

Seit bald zwei Jahren trifft sich unsere *La Sylphide*-Gruppe alle zwei Monate zur Meditation und Essenzenlesung. Beim letzten Treffen entschied ich mich, eine Meditation mit der Essenz *CHIRON* zu machen. Am Vorabend setzte ich in jede Ecke sowie in die Mitte des Raumes ein Fläschchen *CHIRON*. Fasziniert konnte ich beobachten, wie sich die Chiron-Energie sekundenschnell im Raum aufzubauen begann. Nach zehn Minuten war die Energie bereits so stark spürbar, daß ich wohlig, in der Mitte des Raumes sitzend, in der CHIRON-Energie "baden" konnte.

Als wir im Oktober 1997 auf der Meielisalp mit Silvia Mutti die Dritte Toröffnung feierten, durften wir die geistige Welt um die Erfüllung eines Wunsches bitten. Meine Tochter wünschte sich ein Baby, und neun Monate später wurde Jasmin Alessia Angelina in der sogenannten "Sternguckerstellung" geboren. Die Hebammen und Schwestern sagten meiner Tochter, dieses Baby sei etwas ganz Besonderes. Schon während der Schwangerschaft wählte meine Tochter Essenzen, die für sie selbst und für das Baby stimmig waren. Gegen Ende der Schwangerschaft nahm sie die Gewürzessenz *VANILLE* ein. Nach der Geburt nahmen meine Tochter und das Baby dann *RESCUE*, um das Geburtstrauma besser verarbeiten zu können. Jasmin bekam *RESCUE* mit der Muttermilch. Bereits nach sieben Wochen schlief Jasmin nachts durch.

Es kam die Zeit, als Jasmin zu fremdeln begann. Mit *GEWÜRZNELKE* änderte sich ihr Verhalten innert eines Monats. Sie legte alle Schüchternheit und Angst gegenüber uns Großeltern ab. Bei der nächsten Essenzenziehung für sich und das Baby zog meine Tochter die Sternenessenz *MARS*. Mit *MARS* wurde Jasmin sehr aktiv. Sie begann in der ganzen Wohnung herumzukrabbeln. Am liebsten verfolgte sie das Zwerghäschen durch die Wohnung.

Im Moment nehmen Mutter und Tochter *BOCKSHORNKLEE* ein. Jasmin kann seit zwei Wochen laufen und schaut dabei sehr selbstbewußt drein. Auch will sie vermehrt ihren eigenen Willen durchsetzen. Wir alle sind gespannt, wie sich Jasmin weiterentwickeln wird und wie ihr die Essenzen helfen werden, ihre positiven Seiten zu fördern und hervorzubringen.

Vor elf Jahren mußte ich mich einer Unterleibsoperation unterziehen. Die Wunde heilte rasch, doch die Operationsnarbe schmerzte mich über lange Zeit. Besonders schmerzhaft war die Narbe bei Wetterwechsel. In der Folge behandelte ich mich selbst und ließ mich von verschiedenen Menschen behandeln, um diese Schmerzen loszuwerden. Eine befreundete Kinesiologin entstörte die Narbe. Alles half nur kurze Zeit. Dann kreierte Silvia Mutti das *RESCUE-ÖL*. Ich massierte es sanft in die Unterleibsnarbe ein. Sofort hatte ich ein wohliges, warmes Gefühl in der ganzen Bauchgegend. Am nächsten Tag verspürte ich eine deutliche Besserung. Von da an wandte ich *RESCUE-ÖL* morgens und abends an. Nach einer Woche waren meine Narbenschmerzen im Unterleib verschwunden.

* * * * *

RESCUE-Tropfen für Schnittblumen

Am Valentinstag bekamen wir drei Rosen.

Als ich die Rosen nach einer mehrstündigen Heimreise auspackte, ließ die eine den Kopf völlig hängen.

Obwohl ich damit keine guten Erfahrungen gesammelt hatte, Blumen über Nacht ins Wasser zu legen, schnitt ich den Stiel behutsam ab und füllte das Becken mit Wasser.

Ich legte die Blume hinein mit dem Gedanken: Versuchen wir es ein weiteres Mal. Dabei fiel mein Blick auf das Badezimmerregal, auf dem die *RESCUE*-Tropfen standen.

Sofort folgte ich dem Impuls, einige Tropfen ins Wasser zu tun.

Am nächsten Morgen ging ich voller Neugierde ins Badezimmer und schaute nach der Rose. Zu meinem Erstaunen war sie wieder aufgerichtet und wirkte sehr lebendig und stark.

Eine Woche lang beobachtete ich die Rose und verglich sie mit den anderen.

Der Unterschied war verblüffend.

Die in *RESCUE*-Tropfen gebadete Rose hatte bis zum Schluß eine unbeschreibliche Schönheit und öffnete sich wunderbar. Sie verwelkte in aufgerichtetem Zustand und blieb schön. Die anderen Rosen waren fade im Ausdruck und ließen bald den Kopf hängen.

* * * * *

Arbeit in der Praxis

Als Körpertherapeut stoße ich bei vielen Patienten an alte Wunden, verhärtete Blockaden oder festgefahrene Muster.

Sehr viel Zeit und Energie ist erforderlich, die Ursachen, bzw. den Kern der Probleme zu finden, und dann viele weitere Sitzungen, um diese Disharmonien aufzulösen.

Selbst wähle ich am liebsten den direkten Weg, um ans Ziel zu gelangen, und vermeide ausgedehnte Umwege, die nur Kraft und Zeit rauben.

Mit den diversen Ölen von *La Sylphide* habe ich ein ideales Hilfsmittel gefunden, eben diese Umwege zu vermeiden. Sie helfen einen Prozeß zu starten, ihn durchzuhalten und zu transformieren.

Gleichzeitig lernt der Patient durch die regelmäßige Anwendung eines oder mehrerer Öle, mehr Selbstverantwortung für sein Heilwerden zu übernehmen, das heißt, es geschieht eine Bewußtseinserweiterung.

* * * * *

Vorgehen in der Therapie

Welches Öl oder welche Kombination von Ölen ich für eine Sitzung verwende, hängt vom Ist-Zustand des Patienten ab. Ein festes Schema gibt es nicht, auch keine fixe Reihenfolge, höchstens Richtlinien.

Sicherlich macht man nichts Falsches, mit dem *RESCUE-ÖL* zu beginnen, wenn nicht ganz klar ein Thema ersichtlich ist.

Dabei lasse ich mich stark von meiner Intuition und meiner

Wahrnehmung leiten. Durch ein Vorgespräch und eine klare Zielfindung wird oft schon klar, ob es zum Beispiel um Macht, unterdrückte Bedürfnisse, Fixierung oder mentale Blockaden geht, um nur einige aufzulisten. Natürlich ist das Hineinspüren in den Patienten für mich dann das Entscheidende. So lokalisiere ich diejenige Körperstelle oder -stellen, die momentan "reif" sind, um daran zu arbeiten. Natürlich kann dies auch mit kinesiologischem Test, Pendeln, Hellsicht oder anderen Testverfahren herausgefunden werden. Sobald dies geschehen ist, verwende ich das oder die Öle bereits für die Sitzung, damit der Patient im vertrauten Rahmen erfahren und erfühlen kann, wie die Öle wirken.

Beispiel
Ein 39-jähriger Mann, ich nenne ihn hier Edi, kam zu mir in die Praxis wegen Gleichgewichtsstörungen. Nach zwei Cranio-Sacral-Sitzungen stellte sich heraus, daß das Problem einen viel komplexeren Hintergrund hatte als nur die Gleichgewichtsorgane. Edi wirkte eher machohaft, litt jedoch an der Angst, als Erwachsenenbildner vor der Klasse zu versagen. Er wollte perfekt sein, überspielte seine Unsicherheit mit schnellem Reden.

Er nahm dann das Basischakraöl und Halschakraöl mit und hatte drei Wochen lang keine Symptome. Dann wieder ein Rückschlag und die Erkenntnis, daß er, sobald er sich besser fühlte, wieder ins alte Fahrwasser von Streß hineinschlitterte. Er erkannte, daß er eigentlich seinen ganzen Tagesablauf anders managen sollte. Also bleiben wir dran, "mit ölen und tröpfeln."

* * * * *

CHIRON

Seitdem ich die "*La Sylphide*" Essenzen nehme, ist ein neues Lebensgefühl in mir wach geworden. Ich habe eine andere Beziehung zu unserer Schöpfung, das heißt, zu meinen Mitmenschen, zu den Tieren und Pflanzen, zu der Nahrung, und zu allem, was um mich ist. Der Grund für diese Veränderung ist das große Geheimnis der Liebe und des Lichtes, das mehr und mehr durch die Erfahrung mit den Essenzen spürbar wird. Ich merke erst jetzt, wie lieblos ich bisher gelebt habe und wie sehr an der Wahrheit vorbei. Ich bin manchmal heißhungrig nach neuen Erkenntnissen und sehne mich nach diesen starken Gefühlen, die durch die Essenzen ausgelöst werden. Dabei ist mir bewußt, daß dieser Weg alles andere als einfach ist, denn in diesen zwei Jahren habe ich nicht nur Glücksgefühle, sondern auch viel Schmerz erlebt und bin daran gewachsen.

CHIRON war die dritte Essenz, die ich damals eingenommen habe und die bisher wirkungsvollste. *CHIRON* hat für mich auch entschieden, daß ich meinen Weg mit den Essenzen weitergehe, denn die anderen Essenzen hatten bei mir nichts Besonderes ausgelöst.

Das Thema "Mitgefühl" ist ein zentrales Thema in meinem Leben. Ich sitze seit meiner Geburt im Rollstuhl und war als Kind viel krank. Als Erwachsene leide ich viel mit, wenn es Menschen, die mir nahestehen, nicht gut geht. Dieses Leiden hat mich in den letzten Jahren viel Energie gekostet. Mit *CHIRON* erkannte ich mein Muster, indem ich bei der ersten und dritten Einnahme der Essenz körperlich krank wurde. Dabei lernte ich, daß ich auch schwach sein und Mitgefühl auch für mich selbst entwickeln darf und soll. Ich lernte, daß Mitgefühl allen Beteiligten mehr hilft als Mitleid.

CHIRON hat mir auch geholfen, meine Gefühle zuzulassen. Durch mehr Demut, die in mir gewachsen ist, gelingt es mir nun, bei wichtigen Lebensentscheidungen nicht jedesmal zuerst meinen Kopf nach seiner Meinung zu fragen, sondern zu hören, was mein Herz dazu sagt.

Ich wünsche allen Menschen dieses Planeten von Herzen, daß sie Erfahrungen mit den kosmischen Essenzen sammeln möchten, wollen und können.

* * * * *

Meine Erfahrungen mit *PAPRIKA*

Ich war gerade im Kurs bei Silvia Mutti, als ich mich in einer etwas schwierigen Endphase einer Beziehung befand. Ich spürte, daß diese Beziehung ihre Vollendung erreicht hatte, und ich meinen Weg alleine weitergehen wollte. - Wann ist dieses Loslassen nicht mit Schmerzen und Ängsten verbunden? -

Mit der Einnahme von *PAPRIKA* spürte ich meinen Körper immer besser. Ich empfand Wärme, Power und Lust. Meine Aurafarben wechselten von Blau-violett auf Grün-orange. Ich war ganz im Einklang mit mir.

Die Angst, den geliebten Menschen loszulassen, wich immer mehr, und mit großem Vertrauen wagte ich den Schritt in eine neue Zukunft - dankbar für das, was war, und eins mit meinem kosmischen Sein auf dem irdischen Weg. -

Die *PAPRIKA*-Tropfen halfen mir und unterstützten meinen Ablösungsprozeß.

* * * * *

MARS

Als ich im Essenzenkurs in der Meditation *MARS* in die Hand nahm, hatte ich plötzlich ganz stark das Gefühl, daß sich mein Hals verschließt.

Ich fühlte mich sehr schwer. Plötzlich sah ich meinen Vater vor mir und mußte ununterbrochen weinen.

Ich nahm dann *MARS* ein. Dabei wurde mir bewußt, daß mit fünf Jahren etwas mit meiner Weiblichkeit geschehen war. Aber ich wußte noch nicht genau was. Mir wurde auch bewußt, daß ich in früheren Leben meinem jetzigen Vater sexuell ausgeliefert gewesen war. Dieser Prozeß setzte sich mit meinem ersten Kontakt mit der *MARS*-Flasche in Bewegung.

* * * * *

Die Wirkung der *La Sylphide*-Essenzen
(Einsichten eines Ex-Body-Builders)

Seit etwa zwei Jahren nehme ich *La Sylphide*-Essenzen und bin an einem Punkt angelangt, der mir tiefere Einsichten in die Wirkungsweise dieser Essenzen vermittelt. (Dies muß übrigens nicht immer so lange dauern.)

Ich habe erkannt, daß sie wertvolle Helfer auf dem spirituellen Weg sind und (beim richtigen Umgang damit) die eigene Entwicklung stark fördern.

Die Betonung auf "Helfer" und "richtigen Umgang" soll hier noch einmal verdeutlichen, daß es sich nicht um irgendwelche "Wässerchen", "Mittelchen" oder "Tröpfchen" handelt, die man einfach so konsumiert und die einen dann automatisch vorwärtsbringen.

Im Gegenteil. Sie fordern stark heraus und regen die geistige Entwicklung an. Die Arbeit muß man aber <u>selbst</u> leisten. Das ist in etwa vergleichbar mit dem <u>körperlichen</u> Training, zum Beispiel im Body Building. Hier kann man einfach an den Geräten trainieren (das entspricht der eigenen geistigen Arbeit) und erzielt somit ganz nette Fortschritte, je nach den gegebenen Grundvoraussetzungen.

Wenn man aber zusätzlich entsprechende Nahrung und Nahrungsergänzungsmittel zu sich nimmt, geht die Entwicklung viel besser voran. Alleine genommen, ohne (oder mit verminderter Intensität ausgeführtem) Training, bringt die Kombination aus hochwertiger Ernährung und gesunden Präparaten nichts und kann sich im Extremfall sogar negativ auswirken. Wenn man nämlich zum Beispiel extra viel Kohlenhydrate zum Muskelaufbau zu sich nimmt, aber nicht gleichzeitig sehr intensiv trainiert, setzt man Fett an und schadet somit der Gesundheit.

So muß man auch hier geistig "trainieren". Oft extrem hart. Dafür bekommt man aber mit den *La Sylphide*-Essenzen extrem hochwertige Hilfsmittel, die die spirituelle Entwicklung stark beschleunigen können. Beim richtigen Umgang damit sind die Erfolge geradezu phänomenal.

Allerdings gilt auch hier das gleiche wie beim körperlichen Training: Vergleiche dich nicht mit anderen! Jeder geht seinen eigenen Weg, ausgehend von individuellen Grundvoraussetzungen.

Bei *La Sylphide* ist auch schön geregelt, daß man nicht gleich mit den hohen Gewichten (= höhere Essenzen) anfängt. Dies würde, wie beim Body Building, zu einer Überlastung führen, die man nicht verarbeiten könnte, da diese Essenzen sehr intensiv wirken.

Das alles wurde mir in der letzten Zeit durch die *RIX*- Essenz verdeutlicht.

Ein wichtiger Punkt hierbei ist die Entwicklung bzw. Stärkung des "Vertrauens". Aber es war definitiv nicht so, daß ich die Essenz genommen habe und –"Schwupps"- das Vertrauen da war.

Im Gegenteil: In nahezu allen Lebensbereichen wurde gerade in letzter Zeit mein Vertrauen hart auf die Probe gestellt. Vor allem in den Bereichen Geld, Beziehung(en) und Gesundheit gab es bei mir gerade in der *RIX*-Zeit sehr häufig leichte bis schwere Krisen, verbunden mit einer mehr oder weniger starken Hoffnungslosigkeit (was ja das Gegenteil von Vertrauen darstellt). Ich war regelrecht fix und fertig und hatte des öfteren nicht mehr die größte Lust, in die (von mir gefürchtete) Zukunft zu gehen.

Mit größten eigenen Anstrengungen und "Helfern" aller Art schaffte ich es aber (bisher) immer wieder, in meine Mitte zurückzukommen und diese Tiefs zu überwinden. Danach fühlte ich mich jedes Mal spirituell stark gereift und bereit für neue Aufgaben (bzw. "Trainingseinheiten")...., und die kommen sicher... und die "Gewichte" werden auch nicht leichter.

P.S. Diesen Text habe ich Anfang 1999 geschrieben. Es ist jetzt – ein Jahr später - interessant, zu beobachten, wie sich bei der erneuten Einnahme von *RIX* alles nahezu exakt wiederholt. Nur, wie vorhergesagt, mindestens eine Stufe härter.

Gerade in den letzten Wochen hatte ich immer wieder kurze Phasen völliger Hoffnungslosigkeit und war voll von Zukunftsängsten. Ohne die Rückkehr zum Vertrauen hätte ich das nicht "überlebt". Dabei hat mich die geistige Welt immer wieder stark unterstützt und entsprechende "Helfer" zur richtigen Zeit geschickt. Aber immer nur, wenn ich es wirklich sonst nicht mehr alleine geschafft hätte, da nur so die eigene Reifung vorangebracht werden kann.

Das Ganze erweist sich für mich (leider oft erst <u>nach</u> den "Prüfungen", wenn ich wieder den Überblick gefunden habe) immer wieder als großes Lichtprojekt, und ich bin allen sehr dankbar, daran teilhaben zu dürfen.

* * * * *

ZUM AUSKLANG

Liebe Leserin, lieber Leser,

ich möchte Sie, bevor dieses Buch endet, an einem Erlebnis teilhaben lassen, das ich mit den Essenzen von *La Sylphide* gehabt habe:

Nicht immer ist es mir als Verlegerin möglich, alles, was wir herausbringen, persönlich auszuprobieren. Dieses Projekt jedoch war mir so wichtig, daß ich mich entschloß, eine Ausbildung bei Silvia Mutti in der Schweiz zu machen, um selbst die Wirkung der Essenzen zu spüren.

Ich hatte mich zuvor gerade intensiv mit einem anderen, neuen Buch unseres Verlages beschäftigt, *Einssein mit Gott* von Barbara Vödisch, als ich in die Schweiz zu meinem ersten Seminar bei Silvia fuhr.

Hier ist mein Erlebnis, das für sich selbst spricht:

Eine Einweihung mit *NEPTUN*

Während der Meditation mit *NEPTUN* sah ich in tiefer Entspannung die Farben Orange und Gelb in Schwaden vor meinem geistigen Auge vorüberziehen und sich im Laufe der Zeit mit Lila und Violett mischen.
Plötzlich spürte ich mich als Baum, spürte meine Wurzeln fest verankert in der Erde, und meine Krone reckte und streckte sich hinauf in den Himmel, immer höher und höher.
Ich *war* der Baum.
Spürte seine Kraft und Stärke in mir, fühlte mich erfüllt von dieser Kraft und Stärke.
Und fühlte mich als Verbindung zwischen Himmel und Erde.
Plötzlich öffnete sich mein Kronenchakra und ich spürte, wie kosmisches Licht in mich einströmte und ein Gefühl des

Einsseins mit allem, was ist, durchzog mich.

Unendliche Liebe und Geborgenheit durchflossen mein ganzes Sein.

Und dann war ich plötzlich ein Tiger, spürte seine Geschmeidigkeit, seine Schnelligkeit, glitt behende durch den Urwald.

Und nur einen Moment später war ich eine kleine weiße Blume auf einer Wiese, spürte eine Biene, die aus meiner Blüte Nektar schlürfte, und verspürte ein Kitzeln.

Und wieder das Gefühl des Einsseins mit allem, was ist – war von Liebe und Licht durchdrungen.

Und einen weiteren Moment später war ich eine Ameise, die emsig über den Waldboden lief, spürte ihre Schnelligkeit und - *war* die Ameise.

Und schließlich spürte ich mich treiben im Fluß des Lebens, fühlte mich getragen, löste mich auf und war nur noch Fließen, Fließen, Fließen ...

Als ich wieder ins Alltagsbewußtsein zurückkehrte, war ich tief berührt und konnte mein Erlebnis kaum in Worte kleiden. Nie zuvor habe ich mich so eins mit Gott und allem, was ist, empfunden.

Ich wünsche Ihnen, liebe Leserin und lieber Leser, von ganzem Herzen tiefe spirituelle Erlebnisse mit den *Kosmischen Essenzen* von *La Sylphide*, die Sie auf Ihrem Weg in die fünfte Dimension begleiten möchten.

Ihre

Mara Ordemann

ÜBER DIE AUTORIN

Silvia Mutti wuchs als Kind in einer Gärtnerei und inmitten von großen Rosenfeldern auf. Bereits in jungen Jahren beschäftigte sie sich mit Astrologie, betrieb Yoga und Autogenes Training. Sie absolvierte eine Astrologieausbildung, gab Kurse über Tarot und später vor allem über Bachblüten, da sich ihr Herz immer mehr zu den Essenzen hingezogen fühlte.

Seit fünfzehn Jahren begleitet sie Menschen mit Essenzen durch das Leben und sieht sich heute in ihrer Berufung als "Geburtshelferin für Spiritualität".

Seit einen geistigen Auftrag im Jahre 1992 gibt sie sich in erster Linie als Kanal von neuartigen Energie-Essenzen hin, die von vielen Lichtebenen aus dem Kosmos über sie auf die Erde geschickt werden. Durch Seminare vermittelt sie das große Sternenwissen, das diesen Essenzen zugrunde liegt.

DANKSAGUNG

Ich fühle mich verschiedenen Menschen und Wesen zu einem "Danke" verpflichtet.

Als erstes Dank an alle Essenzenfreunde, denn sie haben mich sehr ermutigt, dieses Buch zu schreiben, weil sie sich schon im voraus darauf freuen.

Ich danke allen Menschen, die im Laufe meines Lebens meinen Weg gekreuzt haben. Ich danke denen, die noch immer in meinem Leben geblieben, aber auch denen, die eine gewisse Strecke mit mir den Weg gegangen sind. Ihr alle seid für mich eine Bereicherung gewesen, denn über die Begegnung mit Euch konnte ich vieles lernen und erkennen. Ganz großen Dank meiner Tochter Joya, die mich mit größtem Verständnis im Essenzenprojekt sowie auch beim Schreiben dieses Buches unermüdlich unterstützt hat. Danke, mein großer Herzschatz!

Ebenfalls ganz großen Dank meiner Verlegerin Mara Ordemann, die sehr offen für dieses Essenzenbuch war und sich spontan dazu entschied.

Von ganzem Herzen danke ich meiner guten Führung. Und natürlich den vielen Lichtwesen, den großen und den kleinen, die dieses Projekt und Buch begleitet haben. Besonders lieben Dank an Lady Nada, die in der Zeit des Schreibens niemals von meiner Seite wich, und auch El Morya, der mir am Schluß noch viel Kraft gab. Es war wundervoll, mit Euch allen zusammenarbeiten zu dürfen! Die ganz unterschiedlichen, aber einmalig schönen Energien, die während des Schreibens um mich herum waren, haben mich sehr unterstützt, und es hat mich mit großer Freude erfüllt, sie in das Buch miteinfließen zu lassen.

Als Dank mögen sie zu allen Menschen fließen, die offen für Eure Schwingungen sind. Mögen sie sie erhören, stärken und heilen.

Danke, danke, danke!

Dieses Buch ist aus eigenen Erfahrungen heraus geschrieben worden. Dabei hat mich die geistige Welt sehr unterstützt, inspiriert und geleitet. Die Meditationstexte zu den jeweiligen Essenzen wurden von mir aus der geistigen Welt gechannelt. Alle Worte der Meditationen sind energetisch stark mit den Energien der jeweiligen Essenz geladen.

* * * * *

BEZUGSQUELLEN FÜR DIE ESSENZEN

Deutschland:
Essenzenverkauf (bitte schriftliche Bestellung):
Seminare und Vertrieb
„Leben in Licht und Liebe"
In der Steubach 1
D-57614 Woldert
Tel.: 02684.97 88 08
Fax: 02684.97 88 05
E-Mail: smaragd-verlag@t-online.de
www.blaue-lichtburg.de

Essenzenverkauf und Beratung
Uta Baier
Baiersdorferstr. 10a
D-91391 Forchheim
Tel.: 09191.14 384
Fax: 09191.61 56 016

Schweiz und Österreich:
Essenzenverkauf und Beratung sowie
Informationen über Ausbildungskurse
in Deutschland, Österreich und der Schweiz:
La Sylphide
Postfach 3240
CH-5000 Aarau
Tel.: 0041.62 824 33 33
Fax: 0041.62 824 33 36
E-Mail: info@sylphide.ch
www.sylphide.ch

Barbara Vödisch
Lady Nada: Botschaften der Liebe
196 S., DIN A 5, Softcover, ISBN 3-926374-75-6

Hier ist die Antwort der geistigen Welt zu einem Thema, das die Menschheit seit jeher bewegt hat.
Nada, Aufgestiegene Meisterin, spricht über das Thema Liebe in all seinen Facetten: Die Liebe zu sich selbst und zu anderen; zu Pflanzen und Tieren; Kontakt mit der geistigen Welt – das sind nur einige Themen dieses Buches, aus dem so viel Liebe strömt, daß einem bei der Lektüre ganz warm und das Herz ganz weit wird.

Barbara Vödisch
Botschaft von Andromeda – Lebe den Himmel auf Erden
ISBN 3-926374-91-8

Die Wesenheiten von Andromeda sprechen hier erstmals aus ihrer Welt unendlicher Liebe und unendlichen Seins zu uns Menschen. Ihre Botschaft lautet: Unser wahres Zuhause, unser göttliches Selbst und die göttliche Liebe sind nicht außerhalb unseres Selbst und unseres Lebens zu finden, sondern in unserem konkreten Leben auf der Erde.

Barbara Vödisch
Einssein mit Gott – das Ende jeder Suche
192 S., brosch. ISBN 3-934254-08-X

Mit überwältigender Intensität und Dringlichkeit über Wochen, von einer nicht beschreibbaren unendlichen lichten, in allem enthaltenen Energie erfaßt, empfing die Autorin innerhalb kürzester Zeit diese Durchgaben von "ES", göttliches Sein, das zu uns Menschen spricht, um uns zu helfen, die Einheit mit Gott zu erfahren.
Einssein mit Gott ist nicht Erleuchteten in Indien, Mönchen oder Asketen vorbehalten. Es ist jedem Menschen zu jeder Zeit möglich.
Dieses Buch räumt daher mit Mißverständnisse und Tabus auf und ermutigt und hilft dem spirituell erfahrenen, aber auch dem unerfahrenen und skeptischen Leser, aller Suche ein Ende zu machen und unendliches göttliches Sein, unendliche göttliche Liebe für immer gewahr zu werden.

Claire Avalon
Die Weiße Bruderschaft
EL MORYA: Was ihr sät, das erntet ihr!
256 S. brosch., ISBN 3-926374-59-4

EL MORYA, Aufgestiegener Meister und Herrscher des Ersten Strahls, zeigt in diesem Buch über Karma sehr anschaulich, daß es keinen strafenden Gott gibt, sondern jede Seele für das verantwortlich ist, was ihr widerfährt und daß jedes noch so kleine oder große Problem seine Ursache hat. Vor allem läßt er uns spüren, daß der Vater allen Seins mit unendlicher Liebe und Güte auf die Rückkehr jeder Seele wartet. Auch für Therapeut/inn/en ein wichtiges Buch.

Claire Avalon
Wesen und Wirken der Weißen Bruderschaft
ISBN 3-926374-90-X

*"Wie wir wurden, was wir sind –
Und wie wir werden dürfen, um zu sein."*
Die Autorin vermittelt in einfacher und klarer Sprache den Aufbau der Großen Weißen Bruderschaft, einer rein geistigen Hierarchie für unsere Erde, und geht dabei weit zurück bis zu den Ursprüngen unseres Seins.
Außerdem weisen die Aufgestiegenen Meister und Weltenlehrer, wie Jesus, Helios, Kuthumi, Maha Cohan, Maitreya, Sanat Kumara, anhand gechannelter Texte den Weg zurück ins Licht.

Claire Avalon
Channeling – Medien als Botschafter des Lichts
128 S. brosch., ISBN 3-926374-73-X

Claire Avalon schreibt – witzig und anschaulich – über ihre praktische Arbeit als Medium der Großen Weißen Bruderschaft und spricht u.a. folgende Themen an: Die Grundlagen des Channelings, physische und psychische Voraussetzungen auf beiden Seiten, Karma und Reinkarnation, Umgang mit dem Karma; Vertrauen und Beweise; Fragen und Antworten.
Im letzten Kapitel werden die Aufgestiegenen Meister und Lenker der Sieben Strahlen vorgestellt und kommen mit jeweils einer eigenen Botschaft zu Wort: El Morya, Konfuzius, Rowena, Serapis Bey, Hilarion, Nada und Saint Germain.
Eine wichtige Einführung in die wunderbare Zusammenarbeit mit den geistigen Ebenen.

Jason Leen
Die andere Seite der Tür
196 S., DIN A 5, Softcover, ISBN 3-926374-86-3

„Das Schicksal der Erde ist ein völliges Eintauchen in das Wunderbare. Die Trennung von Gott, die sich die Menschheit vorstellt, existiert in Wahrheit nicht." John Lennon schildert über das Medium Jason Leen seinen Einweihungsweg durch die sieben Tempel und lüftet den Schleier des Geheimnisse: Was wird aus uns und der Erde? Eine Botschaft voller Liebe und Hoffnung.

Worte der Aufgestiegenen Meister
Gesammelt und zusammengestellt von Stella Maris
52 Karten + Begleitheft in einer Box. ISBN 3-934254-13-6

Immerwährende Weisheiten von El Morya, Hilarion, Maitreya, Jesus Christus Sananda, Serapis Bey, Kwan Yin, Lady Nada, Rowena, St. Germain und vielen anderen Aufgestiegenen Meistern.
Man zieht eine Karte als Motto der Woche, um die Energie des einzelnen Meister oder der Meisterin in sein Leben einzuladen und so den Alltag besser zu bewältigen. Eine praktische Lebenshilfe in einer Zeit der Hektik und des Stresses.

"Der Weg der Erleuchtung liegt in der Entscheidung, sich der göttlichen Kraft zu öffnen und das Göttliche im Alltäglichen zu lieben". (Lady Nada)

Weisheiten der Liebe
Gesammelt und zusammengestellt von Stella Maris
52 Karten + Booklet in einer Box, ISBN 3-934254-22-5

Worte der Liebe für den Alltag und ein liebevolles Miteinander, von Heine, Goethe, Novalis, Hesse, u.v.a.: Als Liebeserklärung, als Botschaft des Lächelns, als Gedanken der Ruhe in der Hektik des Tages, als Zeichen der Versöhnung nach einem Streit ... Für Liebende und alle, die mehr Liebe in ihr Leben bringen möchten:

"Und könnte ich reden mit Menschen und Engelszungen und hätte der Liebe nicht, so wäre ich ein tönernes Glas oder eine hölzerne Schelle."

"Wer die schwache Stunde einer Frau ausnützt, ist vielleicht ein Schurke – aber wer sie nicht ausnützt, ist bestimmt ein Trottel." Heinrich Heine.

Anna Amaryllis
Die Weiße Bruderschaft – Freunde im Licht
160 S. brosch., ISBN 3-926374-52-7

Dieses Buch gibt einen Einblick in das Wirken der Weißen Bruderschaft, zu deren Mitgliedern u.a. Jesus, Daskalos, El Morya, St. Germain, die Indianerin No-Eyes und Yogananda gehören. Es vermittelt Zuversicht, Kraft und Freude all denen, die um die Frunde im Licht wissen und sich diesen Energien öffnen.

Das Einstiegsbuch zum Thema DIE GROSSE WEISSE BRUDERSCHAFT.

Barbara Ardinger
Meditieren mit der Göttin
Aus dem Amerikanischen von Momo Edel
256 S., Großformat, gebunden, ISBN 3-926374-88-8

Frieden Mitgefühl und Weisheit finden – das ist die Essenz dieser wunderschönen Einweihung in das Herz der Göttin.
Mehr als siebzig geführte Meditationen und Rituale mit der Großen Göttin – u.a. die kraftvolle Säulen-Meditation aus der Kabbala; mit Aphrodite die Herzensliebe wecken; mit Wonder Woman Mut und Stärke gewinnen; mit Hestia den Segen des Hauses sichern; mit Shakti die Weisheit des Körpers erfahren; mit der Weißen Büffelfrau Fehler bearbeiten.
Schließen Sie die Augen ... und laden Sie die Große Göttin ein, Sie mit ihren Meditationen durch den Alltag zu begleiten.

Schwestern der Großen Göttin
ausgewählt und vorgestellt von Marina Grünewald

128 S., geb., mit zahlr. Schwarz-Weiß Abb., ISBN 3-926374-84-5

Alles begann mit der Großen Göttin. Die uralten matriarchalischen Religionen und Kulturen gebaren immer neue Göttinnen – die Schwestern der Großen Göttin. Heute gibt es keine neuen Göttinnen mehr, und so schauen wir sehnsuchtsvoll zurück und erinnern uns an die Erdgöttinnen und Himmelsköniginnen vergangener Zeiten, u.a. Ischtar, die Königin der Himmel über Babylon; Ursula, Heilige und keltische Bärengöttin; Sara la Kali, die schwarze Göttin der Zigeuner; Mutter Meera, die jetzige Inkarnation der göttlichen Mutter.

Heilerinnen
ausgewählt und vorgestellt von Marina Grünewald

128 S., geb., mit zahlr. Schwarz-Weiß Abb.
ISBN 3-926374-89-6

Die weisen Frauen und Priesterinnen waren zu allen Zeiten stets auch Heilerinnen. Überlieferte Kenntnisse über Pflanzen, Kräuter und Tinkturen unterstützten ihr sanftes Wissen um Geburt, Krankheit und Tod – oft auch gegen die patriarchalische Medizin. Heute entdecken wir sie wieder, zum Beispiel:
Trotula, eine Ärztin im Mittelalter, Mashudu, die weiße Zauberheilerin; Florence Nightingale, u.v.a.

Schamaninnen
Ausgewählt und vorgestellt von Marina Grünewald

128 S., geb., mit zahlr. Schwarz-Weiß Abb.
ISBN 3-926374-78-0

Helfen mit Hilfe der Götter in Trance und Ekstase, oder durch das geheime Wissen vom Wesen der Natur. So lebten und wirkten die Schamaninnen in alten Zeiten und der Gegenwart. Sie sind die leuchtenden Vorbilder für alle Menschen, die anderen helfen wollen, zum Beispiel:
Frau Holle, die große Wettermacherin; Baba Yaga, die alte Frau des Herbstes; Dina Rees, die Mutter der Schamaninnen; Maria Sabina, die Stimme der heiligen Pilze; Johanna Wagner, die weiße Mganga, u.v.a.

HOHE PRIESTERINNEN
ausgewählt und vorgestellt von Marina Grünewald

128 S., geb., Format 14,8 x 18 cm, mit zahlr. Schwarz-Weiß Abb., DM 24,80, öS 181,00, sfr 23,00; ISBN 3-926374-64-0

Priesterinnen waren und sind die Trägerinnen des Wissens. In allen Religionen und Kulturen nahmen sie deshalb einen besonderen Rang ein. Einige ragten heraus, führten ein außergewöhnliches Leben, wurden spirituelle Vorbilder. Etwa so, wie man ein Feuer entzündet, das entweder still vor sich hinglüht, vielleicht zur tanzenden Flamme wird oder sich gar in eine lodernde Fackel verwandelt. Vom Altertum bis heute nennt man diese Frauen *Hohe Priesterinnen*.
Dazu gehören u.a. die *Päpstin Johanna*, die Priesterin der Schwarzen Isis *Dion Fortune, Morgan le Fay, Salome* und *Marie Laveau*, die Voodoo-Königin von New Orleans.

Sandhan
Colours of the Rainbow
CD . 60 Min. ISBN 3-934254-16-0

Musik voller Freude, Frische und Lebendigkeit. Wie klare Abendluft nach einem warmen Sommerregen. Melodische Klänge verbinden sich wohltuend mit kraftvollen Rhythmen zu einem harmonischen Tanz der Elemente

Sandhan
Piano of Love

CD . 40 Min. – ISBN 3-926374-80-2
Piano of Love trägt den Zuhörer auf den kraftvollen Wogen prickelnder kraftvoller Klänge in lichte Sphären lustvoller Entspannung. Eine liebevoll spielerische Einladung, sich selbst zu begegnen.

Sandhan
Reiki – Music for Healing

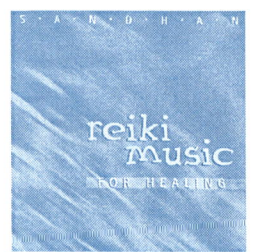

CD . 60 Min. – ISBN 3-926374-81-0
Diese Musik entfaltet im Zuhörer eine unendliche Weite und läßt heilende Energien fließen. Geeignet für Reiki und jede Art von Körper– und Energiearbeit.

Sandhan
Dreams of Avalon

CD . 53 Min. – ISBN 3-926374-96-9
Sehnsuchtsvolle, mystische Klänge tragen den Hörer durch die weiten Landschaften seiner Träume. Er findet Zugang zu den allumfassenden Wurzeln seines Seins. Instrumente: Keyboards, Percussion, Flöte, Shakuhatschi und Stimme.

Chinmaya
Beyond Eternity
CD . 60 Min. ISBN 3-934254-19-5

Durch ein harmonisches Klangfeld geführt, wird der Zuhörer in einen schwebenden Zustand geleitet. Leichte und verträumte Melodien, gespielt von Gitarren, Flöten und Shakuhachis (jap. Bambusflöte), wechseln sich ab mit sphärischen Klängen, Klangschalen und Natursounds. Musik zum Entspannen, Abschalten und Meditieren.

Chinmaya
Fire Sinking Into Water
CD . 60 Min. ISBN 3-.934254-20-9

Sehr tief wirkende Entspannungsmusik, die den Zuhörer innerhalb kürzester Zeit in einen Trancezustand bringt, in dem totales Loslassen vom Weltlichen möglich ist. Ursprünglich komponiert für die Vertonung des *"Tibetischen Totenbuchs"* läßt sich diese Musik auch hervorragend für Meditation oder Körperarbeit anwenden.

Chinmaya
Secrets ... Tea For An Empty Cup
CD . 45 Min., ISBN 3-934254-05-5

Entspannende, meditative Musik, die in die Stille führt, ausschließlich gespielt mit akustischen Instrumenten: Querflöte, Konzertgitarre, indische Harfe, Monochord und Koto (jap. Saiteninstrument).

Chinmaya
Talking Red Bamboo
CD . 56 Min. ISBN 3-934254-06-3

Tief entspannende Musik zum Meditieren oder Träumen, für Körperarbeit oder Phantasiereisen. Unterschiedlichste Instrumente und Musiker treffen hier zusammen: Shakuhachi, Konzertgitarre, Klavier, Querflöte, Keyboards, Baß, Wassertrommeln und Naturklänge. Diese Musik führt durch ihre Klangbilder zur inneren Stille.

Bitte fordern Sie unser kostenloses Verlagsverzeichnis an:

Smaragd Verlag
In der Steubach 1
57614 Woldert (Ww.)
Tel: 02684.978808
Fax: 02684.978805
E-Mail: Smargd-Verlag@t-online.de
www.smaragd-verlag.de

Oder besuchen Sie uns im Internet unter der obigen Adresse.